KB232967

어린이철학,
도덕교육에 대한 또 다른 목소리

어린이철학, 도덕교육에 대한 또 다른 목소리

박찬영 지음

한국학술정보(주)

|들어가는 말|

　어린이와 철학은 만날 수 있을까? 그 가능성 여부의 논의만으로도 이는 우리 교육을 차분하게 돌이켜 보는 물음의 계기가 된다. 이미 우리는 어린이와 철학의 만남의 가능성뿐만 아니라, 의미 있는 만남의 과정과 결과에 대한 여러 보고를 갖고 있다. 다만 아직까지 우리 교육에서 어린이철학은 여전히 관심 차원을 맴돌 뿐, '어린이와 철학'이라는 주제가 우리교육에 있어서 하나의 굵은 선으로 자리 잡지 못한 것이 현실이다.

　어린이 없는 어린이 교육. 이는 우리 학교의 단면이다. 아무리 좋게 생각해도 현실에는 유사 학교가 너무나 많다. 철학함이 없는 우리 교육. 이 역시 우리 학교의 단면이다. 현실의 여러 모순들로 우리의 학교는 성찰과 소통의 부재에, 인간의 사물화에 손을 놓고 있다. 적지 않은 학교는 분노는커녕, 이를 조장하는 현실에 최소한의 성찰도 그리고 저항도 보여주지 못한다. 우리의 학교는 부끄러움을 잃었다. 우리의 학교는 함께 성찰하고 배려하는 공동체와 어린이라는 존재를 동시에 망각했다.

　그러나 무엇으로 어린이와 공동체를 다시 회복할 수 있을까? 만병통치약과 같은 비책은 없다. 어느 문제의 측면을 보다 강조하여 원인으로 돌릴 수 있지만, 이에 대한 처방은 다양한 입각점에서 각각의 모색으로 나아가는 것이 현실적으로 바람직하다. 여기서 우리는 한 가지 길로 어린이철학을 숙고한다. 우리는 이를 매력적인 대안이라고 생각한다. 왜냐하면 이는 어린이와 철학을 동시에 고려하고 있기 때문이다.

어린이철학이란 어린이와 철학의 만남을 통해서 어린이의 삶을 보다 생명력 있게 북돋우려는 교육이다. 이는 어린이를 위한 교육일 뿐만 아니라 어린이를 매개로 삶을 사는 초·중·고 교사와 학부모 모두를 위한 교육이다.

일반적으로 어린이철학이란 어린이를 위한 철학을 가리키지만 이 글에서의 어린이철학은 어린이의 존재 탐구, 어린이와 함께 하는 철학 그리고 기성의 어린이를 위한 철학을 포괄한다. 우리가 특히 전자의 접근을 고려하지 않을 수 없는 것은 어린이의 존재는 결코 녹록한 철학적 주제가 아닐 뿐만 아니라, 이에 대한 철학적 반성은 어린이에 대한 우리의 선입견을 다시 살피게 하기 때문이다. 또한 이러한 성찰은 어린이 역시 넓은 의미의 철학을 할 수 있다는 가능성을 열어주고 우리 교육을 반성하게 하는 진지한 물음이 되기도 한다.

어린이철학은 어떤 의미에서 인권교육이다. 이는 어린이철학이 어린이의 존재 탐구든 아니면 어린이와 함께 하는 철학이든 어린이의 삶을 건강하고 풍성하게 만드는 데 목표를 두고 있기 때문이다. 사고할 수 있는 어린이에게 침묵과 규율만을 강요하거나 사고조차도 도구적 이성의 발달에만 치중하는 기성의 교육은 어린이의 사유 권리를 부정하거나 간과하는 반교육적인 것에 지나지 않는다. 어린이의 존재와 사유의 결을 제대로 읽지 못한다면, 어린이 없는 어린이 교육으로서는 충실하겠지만, 어린이의 삶이 지닌 생명력은 사상시키고 말 것이다.

그러나 현실적으로 어린이철학의 구현은 쉽지 않다. 어린이철학을 할 수 있는 교사의 능력 확보도 문제지만, 기성의 어린이관에 대한 태도 변경과 아울러 어린이와 함께 사유할 수 있는 교실을 만드는 데에도 적지 않은 시간과 노력을 요구하기 때문이다. 또한 어린이와 함께 철학을 하는 데에는 이를 가능하게 할 학교 안팎을 가로지르는 최소한의 환경도 수반되어야 하는데 이 역시 또 하나의 과제이다. 현실의 학교는 대체로 철학과 무관하거나 반철학에 가깝다. 안타깝지만, 우리의 학교는 어딜 가더라도 대체로 아름답지 않다. 근원적으로, 그리고 현실적으로 함께 성찰하고 배려하는 공동체로서 학교를 요청하지 않으면 어린이철학은 또 하나의 수업 방법으로 전락할 우려가 있다. 이러한 현실에서 어린이와 함께 철학을 한다는 것은, 우리 교육의 왜곡된 의사소통구조를 바로잡으려는 구체적인 실천에 다름 아니다.

일본의 경우 1950년대 소위 도덕교육 논쟁이 있었다. 공교육 속에 도덕교육을 교과로서 도입하는 문제를 둘러싸고, 대체로 진보주의자들은 도덕교과 폐지론을 지지하고, 보수주의자들은 애국심을 지향하는 도덕교과를 강력하게 요구하였다. 오늘날 우리 역시 기성의 도덕교육을 두고, 일각에서 초등도덕의 경우는 폐지론으로, 중등도덕의 경우는 철학교육으로 전환할 것을 요구하고 있다. 지금과 같은 덕목 중심의, 게다가 덕목조차도 개인과 사회를 동시에 균형 있게 보고 느끼는 데 부적절한 덕목들의 도덕교육이라면 여기에 큰 기대를 두는 것 자체가 어리석은 일일 것이다.

그러나 기성의 도덕교육을 반복하지 않으면서도, 새로운 도덕교육이 모색가능하다면 우리가 추구해야 할 것은 손쉬운 폐지만은 아닐 것이다. 우리는 초, 중등 도덕교육 모두 넓은 의미의 철학교육으로 전환되어야 한다고 생각한다. 어린이철학은 기성의 도덕교육의 한계에 자유롭고, 도덕교육을 다양한 방식으로 함의하고 있으며, 일부지만 그 가능성을 현실화시키고 있다.

이 책은 어린이철학의 한 가지 측면을 살피고 있다. 이 책에서는 새로운 도덕교육론을 어린이철학의 관점에서 시론적으로 제시하고 있다. 여기서는 구체적인 논의 대상을 기성의 도덕교육과 IAPC 어린이철학프로그램으로 삼았다. 물론 이들은 비판적 성찰의 대상이다. 미국의 어린이철학 프로그램이 전 세계 20개국 언어로 번역되고, 이제는 50개국에서 실시할 정도여서 이를 국제적인 어린이철학프로그램으로 간주하기도 한다. 그러나 '우리 어린이철학'의 모색을 위해서 그들이 시도해 온 유의미한 어린이철학논의와 결과물을 고려하지 않을 수 없지만, 이를 단순히 이식하는 것은 바람직하지 않다. 오늘날 어린이철학이 논술교육의 붐을 타고 마치 논술교육을 위한 한 가지 수단으로서, 혹은 이와 맞물려 시장에 유통되는 듯하나, 이러한 결과는 단지 오도된 논술교육만의 문제는 아니다. 물론 유행하는 논술교육과 일각에서 진행되는 어린이철학은 구분되어야 하겠지만, 근원적인 반성 없이 미국의 어린이철학을 직수입한 우리나라 어린이철학론자들의 문제의식은 왜곡된 논술교육 현상의 비성찰적 추세와 무관하지 않다.

이 책은 먼저 어린이철학의 범주 제시를 시작으로, 기성의 어린이철학에 대한 비판적 성찰을 통해서 도덕교육론의 새 지평을 탐색하고자 한다. 우리는 비판 대상인 립맨의 어린이철학의 의의를 다양한 각도에서 제시할 것이며, 립맨의 어린이철학의 한계 또한 간과하지 않을 것이다.

이를 좀 더 자세히 언급하면 다음과 같다. 1장에서는 어린이철학의 범주에 대한 논의를 제시하였다. 아동기에 대한 철학적 탐구를 통해서 철학교육의 여러 모델의 가능성과 실제를 제시한다는 점을 중심으로 어린이철학의 범주가 가능함을 제시하며, 세 가지 하위 범주로 어린이를 위한 철학, 어린이와 함께 하는 철학, 그리고 철학분과로서의 아동기 철학을 제시하였다. 2장부터 4장은 어린이철학, 특히 립맨의 어린이철학을 중심으로 우리 도덕교육을 반성하고 구성하였다. 2장은 어린이철학의 철학적 탐구공동체는 콜버그의 도덕교육론과 정의공동체, 그리고 리코나의 인격교육론과 도덕공동체와 비교할 때 보다 세련되고 효과적인 접근임을 제시하였다. 3장은 이를 준거틀로 하여 우리의 도덕교육론을 비판하는 논거로 삼았다. 4장은 철학적 접근에 기초한 도덕교육 대안 모델을 구성하여 제시하였다. 임의적으로 제시된 소주제는 그 동안 어린이들과 함께 나누었던 대화들을 중심으로 정리했다. 5, 6장은 어린이 철학의 철학적 탐구공동체가 민주시민교육과 젠더를 성찰하게 하는 유의미한 방법론인지 여부를 성찰하면서 어린이철학의 도덕교육적 함의를 보다 구체적인 방식으로 드러냈다. 이를 통해서 독자는 IAPC 어린이철학의 의의와 한계에 대해서 보다 구체적으로 확인할 수 있을 것이다. 7장과 8장은 립맨의 어린이철학에 대한 비판적 성찰이다. 7장은 립맨의 『해리의 발견』을 중심으로 립맨의 어린이철학은 영미철학을 배경으로 한 그들의 어린이철학임을 밝혔으며, 8장에서는 립맨의 철학적 탐구공동체가 함축하는 사회정치적 성격이 듀이의 정신에 의존하면서도 이탈한, 그 의의와 한계를 동시에 제시했다. 9장은 그 동안 우리나라의 어린이철학의 동향을 번역서 중심으로 평가하고, 우리어린이철학의 가능성과 우리교육에서의 앞으로의 과제를 제시하였다.

이 책의 일부 글은 여러 해 동안 울산을 중심으로 교사들에게 소개되었다. 특히 2006년에는 전교조 울산지부의 직무연수에서 집중적으로 탐구되었고 또한 진주 교대 학부 강의 때도 다루어졌다. 현직교사와 예비교사들의 적극적인 참여를 통해서, 적어도 우리교육을 위한 어린이철학의 유의미성에 대한 나의 확신은 보다 정당화되고 강화되었다.

권철호, 김영희, 오창진 선생은 같은 문제의식으로 여러 해 동안 어린이철학 연구를 함께 해 오고 있다. 방학 때마다 함께 모여 어린이철학에 관한 글들을 읽어왔는데, 그들과의 논의는 여러 가지로 내게 유익하였다. 이 책과 관련해서 특히 김영희 선생은 바쁜 가운데 원고 전체를 읽고 여러 측면에서 귀한 조언을 주었다. 일찍부터 립맨의 어린이철학은 그의 어린이철학일 뿐임을 확신했지만, 어린이철학의 새로운 깃발을 드는 데 정보주 선생님의 격려는 큰 힘이 되었다. 여기 글 중 어떤 부분은 선생님과 오랜 시간 나눈 대화 속에서 이미 논의되고 정리된 것들이다.

끝으로, 일본에서 박사논문 연구를 하게 되었을 때, 여러 자료 등 성가신 부탁에도 언제나 내 일처럼 챙겨 보내준 두 동생에게, 그리고 내 학문의 길을 항상 격려해주시는 부모님께, 일상을 어린이철학으로 풍성하게 만들어주는 아내와 딸 다인이에게 이 책이 반가운 작은 선물이 되었으면 좋겠다.

어린이철학에 대해 관심을 가진지 꽤 시간이 흘렀지만 여기서는 담론 차원 이상의 구체적인 제언을 충분히 하지 못했다. 이는 이후의 과제이다. 다만 이 책이 우리교육 안팎에서 언급되는 어린이철학에 대한 논의에 촉발제가 되면 그로써 충분할 뿐이다. 우리의 학교가 넓은 의미의 철학할 수 있는 환경과 역량을 확보하는데 이 책이 한 가지 논의의 발판이 되기를 기대한다.

2008년 2월 1일
名古屋에서 박찬영

|목 차|

제3부 어린이철학과 도덕교육의 만남 _ 131

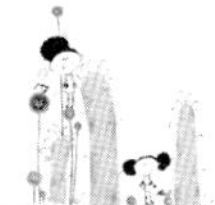

제4부 립맨 어린이철학에 대한 비판 _ 189

제5부 우리 어린이철학의 길_253

제1부　어린이철학이란 무엇인가

제1장 범주로서 어린이철학의 가능성

1. 범주로서 어린이철학

우리 사회에 어린이철학이 언급된 지 20여 년이 훨씬 지났지만 그동안의 주된 논의는 어린이철학 그 자체에 대한 비판적 성찰보다는 수업 방법론에 국한된 것이 대부분이었다.[1] 보다 근본적으로 말하면 어린이철학에 대한 진지한 관심 자체가 애초부터 결여되었다고 할 수 있다.[2] 여기에는 어린이철학의 의미를 분명히 하지 않은

---

[1] 여기서 어린이란 유, 초, 중, 고의 모든 학생을 지칭하는 것이다. 어린이철학의 대상이 유치원생과 초등학생일 것이라는 일반적인 오해와는 달리 그 대상은 유아에서 미성년의 학생을 포괄한다. 어린이철학은 청소년철학을 이미 함의하는 것으로서 그 교육과정은 유치원부터 12학년에 걸쳐 있다.(Matthew Lipman, Ann M. Sharp and Frederick S. Oscanyan, *Philosophy in the Classroom*, chapter. 5.)

[2] 그동안 어린이철학은 우리의 교육담론과 실제가 그렇듯이 지나치게 방법론에 치우쳐 편의적으로 소개되었다. 이는 어린이를 위한 철학 교재와 지도서 번역은 상대적으로 충실하였지만 어린이철학에 대한 진지한 반성을 다룬 저서의 번역은 대체로 그러하지 못했다는 데서 드러난다. 립맨과 샵, 그리고 오스캐년이 지은 『교실에서의 철학』(Matthew Lipman, Ann M. Sharp, and Frederick S. Oscanyan, *Philosophy in the Classroom*(Philadelphia: Temple University Press, 1980), 서울교대철학연구동문회 옮김, 『어린이를 위한 철학교육』(서울: 서광사, 1986)), 어린이철학논문집인 『철학으로 크는 아이들』(Matthew Lipman and Ann Margaret Sharp(ed.), *Growing up with Philosophy*(Philadelphia: Temple University Press. 1978), 여훈근 · 송준만 · 황경식 옮김, 『세살철학 여든까지』(서울: 고려원, 1992), 매튜스의 『아동기 철학』(Gareth B. Matthews,

채 진행시켜 온 그간의 논의방식 또한 이러한 문제점 생산에 일조했다. 이종훈은 그가 어린이철학연구소를 세웠을 때, "몇몇 교수들이 '어린이철학'이 초등학생에게 철학교육을 하자는 것인지, 어린이철학이란 것이 따로 있는지, 심지어 그 어려운 철학을 어린이에게 어떻게 가르칠 수 있느냐고 물었다"3)고 한다. 이에 대해 그는 "공자나 맹자, 플라톤이나 칸트, 퇴계나 율곡 등의 사상을 쉬운 말로 풀어서 가르치는 것이 아니라 비판적(논리적) 사고력을 키워주는 것"4)이라고 했는데 이종훈의 이러한 답변은 앞으로 드러나겠지만 의도적이건 비의도적이건 '어린이를 위한 철학'(philosophy for children) 담론과 관련되어 있다.

오늘날 일반적으로 언급하는 어린이철학이란 철학 교과서와 교육과정, 그리고 독특한 철학교육방법론을 확보하고 있는 '어린이를 위한 철학'(Philosophy for Children: 이하 PfC)이라는 철학교육모델이다. 이 모델은 매튜 립맨(Matthew Lipman)을 위시한 일군의 어린이철학론자들, 다시 말해서 이들로 구성된 어린이철학개발연구소(the Institute for the Advancement of Philosophy for Children: 이하 IAPC)에서 생산한 철학교재, 교사용 지도서, 교육과정, 그리고 탐구공동체라는 방법론을 공유하는 철학교육패러다임이다.

The Philosophy of Childhood(Cambridge: Harvard University Press, 1994), 이영주·우동하 옮김, 『유년기 어린이철학』(서울: 교육과학사, 2006)), 립맨의 『교육에서의 사고』(Matthew Lipman, *Thinking in Education*. 2nd ed(Cambridge University Press, 2003), 박진환·김혜숙 옮김, 『고차적 사고력 교육』(서울: 인간사랑, 2005))에 대한 자세한 비판적 논의는 9장, 우리나라 어린이철학의 수용과 전개라는 절에서 다룰 것이다.

3) 이종훈, 「어린이철학! 무엇이고 왜인가?」(『철학과 현실』 2006 겨울호), 208쪽.

4) 이종훈, 「어린이철학! 무엇이고 왜인가?」, 208쪽.

그러나 필자는 어린이철학의 내포와 외연을 어린이를 위한 철학에만 한정시키지 않을 것이다. 이러한 문제의식은 무엇보다 어린이를 위한 철학이 꽤 영향력 있는 철학교육이기는 하지만 그것이 충분히 만족스러운, 그리고 유일한 어린이철학론이 아니라는 데 있다. 우리는 어린이를 위한 철학 이외의 또 다른 접근으로, 보다 자유롭고 그만큼 비형식적인 '어린이와 함께 하는 철학'(Philosophy with Children: 이하 PwC)모델을 살필 것이며, 여기에 철학교육만이 아니라 아동기 철학(Philosophy of Childhood: 이하 PoC)이라는 하나의 철학분과 역시 고려할 것이다. 철학분과로서의 어린이철학은 어린이에 대한 기성의 선이해를 다시 성찰하고, 어린이 개념을 철학적으로 검토하는 데서 '어린이를 위한 철학'과 '어린이와 함께 하는 철학' 모델을 뒷받침할 뿐만 아니라 이들과 유기적으로 관련되어 있다. 이는 기실 PfC와 PwC를 대표하는 어린이철학론자인 립맨과 매튜스 역시 아동기 개념 그 자체를 다시 성찰하거나 어린이철학불가론자들이 전제하고 있는 어린이에 대한 선이해 혹은 오도된 연구방법론을 비판하면서 각자 어린이철학(PoC)을 제시하는 데서 잘 드러나고 있다.

이 글에서는 이들에 대한 일별을 통해서 어린이철학의 내포와 외연을 어린이철학(Child Philosophy)[5]의 이름 아래, 철학교육과

---

5) 여기서 우리가 범주로서 제시하는 어린이철학(Child Philosophy)의 명명은 매튜스의 통찰과 용법을 보다 발전적으로 사용한 것이다. 그는 그의 저서, 『철학과 어린이』(Gareth B. Matthews, *Philosophy and the Young Child*(Cambridge: Harvard University Press, 1980) 이 책은 서울교대철학연구동문회 옮김으로『어린이와 함께 하는 철학』(서울: 서광사, 1987)의 이름으로 번역된 바 있다)와 『어린이와 함께 하는 대화』(Gareth B. Matthews, *Dialogues with Children*(Cambridge, Mass: Harvard University Press, 1984) 이 책은 황경식 · 김성옥에 의해『어

철학분과를 포괄하는 하나의 범주로서 성찰하려고 한다.

2. 어린이철학 1 - 어린이를 위한 철학

1) 어린이를 위한 철학의 목표와 교육과정

오늘날 가장 영향력 있는 철학교육모델은 '어린이를 위한 철학'(philosophy for children)이다. 이는 매튜 립맨(Matthew Lipman)을 중심으로 구성된 IAPC가 1969년에 발족된 이후, 1980년에 전 세계 수천 개의 교실에서 이 프로그램이 실시되었고,[6] 1995년에는 어린이철학을 위한 교사 교육, 교육과정 개발, 그리고 교육 연구에 종사하는 전 세계 지부 센터가 40개, 그리고 이 무렵 IAPC에서 생산한 교육과정과 교과서가 부분 혹은 완역된 것이 20개 언어,[7] 지금은 40개 언어 이상으로 번역 소개된다는 점에서 잘 드러난다.[8]

어린이를 위한 철학은 립맨과 함께한 여러 동료들의 40년 노력

린이를 위한 철학이야기』(서울: 샘터사, 1994)라는 이름으로 번역되었다)를 어린이와 철학적 대화를 나눈 철학교육의 결과물일 뿐만 아니라 "어린이의 목소리(와 마음!)를 매개로 한 철학입문서"(p.6.)이자 "어린이철학(child philosophy)을 널리 알리기 위한 시도"(p.132.)라고 간주한 바 있다.(Gareth B. Matthews, *The Philosophy of Childhood*)

6) Matthew Lipman, Ann M. Sharp, and Frederick S. Oscanyan, *Philosophy in the Classroom* (Philadelphia: Temple University Press, 1980), p.51.

7) Matthew Lipman, *Natasha: Vygotskian Dialogues*(New York: Teachers College Press, 1996), p.xxiii.

8) Matthew Lipman(박진환 · 김혜숙 옮김), 『고차적 사고력 교육』(서울: 인간사랑, 2005), 책 처음, 독자에게 전하는 립맨의 글 중에서.

이 깃들어 있다. 그러나 처음의 문제의식에서부터 철학 교과서와 교사용 지도서, 그리고 철학교육담론의 생산에 이르기까지 실제적이고 주도적인 역할을 한 이가 립맨이기 때문에 우리는 립맨의 문제의식을 시작으로 어린이를 위한 철학의 의의를 살펴보고자 한다.

립맨의 어린이철학은 1960년대 후반 무렵으로 거슬러간다. 컬럼비아 대학교 철학과 교수 시절 그는 당시 대학생들의 추론과 판단 능력의 결여를 두고 이를 논리학 교수법의 문제라기보다는, 논리적 사유를 접하지 못한 이전 교육과정의 문제로서 간주했다. 그는 논리적 사유의 자극을 보다 이른 시기, 이를테면 11세 혹은 12세 정도에서 시작했어야 한다는 생각을 바탕으로9) 1968년 어린이 추론 훈련 저서로 이를 구체화시켰다. 여기서 우리가 주목해야 하는 것은 립맨이 처음부터 이후 어린이철학의 방향을 정초할 정도로 뚜렷한 방법론에 기초해서 제시하였다는 것이다.

> 누군가가 나에게 어린이 소설 형식으로 논리를 제시해 보라고 하였다. 나는 그 가능성에 호기심이 갔다. 그것은 한 아이가 이야기 할 때, 여러 아이들이 스스로의 사고 과정이 어떻게 진행하는지, 그리고 효과적인 사고 과정과 그렇지 않은 사고과정이 어떻게 구분될 수 있는지를 발견해 가는 이야기다.10)

어린이를 위한 철학(philosophy for children)의 최초의 교과서, 『해리의 발견』(*Harry Stottlemeier's Discovery*)11)은 이와 같이 여

---

9) Saeed Naji, "An Interview with Matthew Lipman"(*Thinking: The Journal of Philosophy for Children*, Vol.17, No.4, 2004), p.23.

10) Matthew Lipman, "Philosophy for Children", Matthew Lipman(ed.), *Thinking Children And Education*(Kendall / Hunt Publishing Company, 1993), p.373.

러 아이들이 공동으로 탐구하면서 사고의 논리성에 대한 감수성을 갖출 수 있도록 자극하는, 곧 탐구와 공동체의 의의에 기초해서 나온 것이었다. 이후 그는 연습 문제를 포함한 교사용 지도서도 만들었는데, 하나의 교과로서 철학교육을 확보하려 했던 것은 철학 교육이 타 교과의 학습신장에 도움이 된다는 도구적인 의의를 넘어서서 철학교과 그 자체가 지닌 의의를 의식한 데서 나온 것이었다. 철학을 하나의 교과로서 요청하고 이를 위해 형식적 교육과정을 점차적으로 만들어 갔다는 것에서부터 우리는 어린이를 위한 철학이 이후 가지게 된 세계적 영향력의 소이를 추정할 수 있다. 이는 어린이를 위한 철학이 하나의 교육으로서 보다 분명하게 강조된 데에서도 잘 드러난다.

> 나는 우리가 이를 통해서 풍성하게 하고, 계몽시키고, 자유롭게 하는 교육, 이해력을 촉진하고, 판단력을 기르며, 추론을 증진시키고, 탐구와 인간성의 증대의 관련성에 대한 명확한 이해를 전하는 교육이 확보되기를 바란다. 다행스럽게, 이런 목표가 가능함을 분명하게 보여주는 교육에로의 접근은 이미 존재한다.12)

어린이를 위한 철학은 하나의 교육, 다시 말해서 사고력 교육이다. 그것은 사고에 관해 가르치는 것이 아니라 사고를 위한 교육이다. 립맨은 사고 중의 중요한 요소로 비판적 사고를 강조하는데, 그는 비판적 사고란 어린이들에게 단지 비판적 기술을 가르치는

---

11) Matthew Lipman, *Harry Stottlemeyer's Discovery*, IAPC. 1982. 이 책은 『해리의 발견』(황경식 옮김, 열림원, 1996), 『노마의 발견』(한국철학교육아카데미 옮김, 1999)이라는 이름으로 각각 번역된 바 있다.

12) Matthew Lipman, *Thinking in Education* 2nd ed, "Introduction to the second edition"(Cambridge University Press, 2003), p.6.

것이 아니라 판단을 위한 기준(criteria)에 의거한 자기 수정과 맥락에 대한 감수성으로 드러나야 하는 것임을 강조한다. 이는 맥락에 대한 감수성이 없는 사고는 둔하고, 자기 교정이 결여된 사고는 무비판적이고 비합리적이라는 문제의식에 기초해 있다.[13] 어린이를 위한 철학은 철학함이 갖고 있는 교육적 측면, 특히 교육 내에서의 사고 교육을 강조한다. 그러나 립맨은 비판적 사고를 철학교육의 중요한 요소로 간주하지만 그것을 사고력 교육의 전체로 간주하지는 않는다. 이는 그가 사고력의 대상으로서 처음부터 제시한 고차적 사고(higher-order thinking)에서나 최근에 제시한 다차원적 사고(multidimensional thinking)의 제시에서도 일관되게 유지되는 생각이다. 고차적 사고는 추론과 비판적 판단이라는 비판적 사고, 그리고 기예와 기교, 그리고 창조적 판단을 포함하는 창조적 사고로 이루어지는데, 그의 통찰을 빌려 말하면 양자는 창조적 판단의 매개 없이는 비판적 사고는 없고 비판적 판단의 매개 없이는 창조적 사고가 없는, 상호요청의 관계를 취한다. 최근에 그가 다차원적 사고를 제시하며 비판적 사고와 창조적 사고 이외에 배려적 사고를 추가시킬 때 역시,[14] 사고의 여러 측면들이 상호작용하며 서로를 강화시킨다는 가정은 여전히 유지되고 있다.

사고력 교육으로서의 어린이를 위한 철학은 교과서와 교육과정, 방법론, 그리고 훈련된 교사를 바탕으로 어린이로 하여금 스스로 생각하는 방법을 배우게 하는 데 목적이 있다. 이를 보다 구체화시켜 나타내면 추론 능력 향상, 창조성의 발달, 상호 인격적 성장,

---

13) Matthew Lipman, "Philosophy for Children and Critical Thinking", p.684.

14) Matthew Lipman, *Thinking in Education.* 2nd ed, pp.197-203.

윤리적 이해력의 발달, 경험에서의 의미 발견에 목적을 둔다고 할 수 있다. 인격성장과 윤리적 이해능력, 경험의 의미를 유기적으로 확보하려는 립맨의 어린이철학은 우리가 주목하는, 사고력 교육의 방법론이라고 할 수 있는 탐구공동체를 매개로 전개된다.[15)]

2) 어린이를 위한 철학의 방법론: 철학적 탐구공동체

립맨 어린이철학에서는 그들의 교육과정과 교과서, 그리고 교사의 양성도 눈여겨보아야 하지만, 우리가 이 못지않게 주의 깊게 살펴야 할 것은 탐구공동체라는 교실교육에 대한 그의 방법론이다. 철학적 탐구공동체에 대한 강조는 그의 저서, 『교육에서의 사고』(*Thinking in Education*)에서 초등학교 교육이 비판적 사고 교육에 실패한 여러 가지 이유와 그에 대한 대안을 제시할 때 보다 분명하게 드러난다.

> "교육에서의 사고" 운동에 관한 대부분의 교육학들이 부적절하다는 것을 사람들은 알아채지 못하였다. 보다 완전한 유일한 교육학은 "탐구공동체 접근"이라고 불리는 한 가지뿐이며, 상대적으로 대부분의 교사는 그 접근에 충분하게 준비되지 못하였다.[16)]

어린이를 위한 철학의 교실수업 전개는 철학적 탐구공동체의 건설을 통해서 이루어지는데, 이는 어린이를 위한 철학이 철학 교수의 목표 혹은 내용만을 고려하는 것이 아니라 어린이와 교사가 철

---

15) Matthew Lipman, Ann M. Sharp, and Frederick S. Oscanyan, *Philosophy in the Classroom*, pp.53 – 81.

16) Matthew Lipman, *Thinking in Education*. 2nd ed, p.5.

학을 함께하는 그 과정 자체 역시 교육적 유의미성을 간과하지 않으려는 것이다. 탐구공동체 건설을 하나의 철학교육 과제로 설정한 이들의 태도가 이를 잘 보여준다.

> 탐구 공동체의 건설은 단순한 열린 환경의 제공 이상의 보다 실질적인 성취이다. 어떤 조건들은 선결조건이다. 가령 추론에 기민하고, (어린이들끼리, 그리고 어린이와 교사 사이에)상호 존중하며, 교화를 배제하는 것이 그것이다.[17]

탐구와 공동체라는 명명은 프래그머티즘, 특히 듀이 철학의 핵심 개념을 연상시킨다. 립맨은 탐구공동체 개념의 기원을 퍼스의 과학적 탐구 집단에서 나온 것이라고 밝히고 있지만,[18] 실제 탐구에 대한 립맨의 화용론적 용법은 미결정 상황을 탐구를 통해서 결정된 상황으로 잠정적으로 전환시키는 듀이의 탐구 개념[19]을 그대로 원용한 것이다. 립맨이 듀이의 과학적 탐구공동체를 철학적 탐

---

17) Matthew Lipman, Ann M. Sharp and Frederick S. Oscanyan, *Philosophy in the Classroom,* p.45.

18) Matthew Lipman, *Thinking in Education,* p.15. p.263. 물론 퍼스의 탐구공동체 개념과 어린이를 위한 철학의 그것은 거리가 멀지 않다. 다음을 참고할 것. Michael. J. Pardales & Mark Girod, "Community of Inquiry: Its Past and Present future"(*Educational Philosophy and Theory,* Vol.38, No.3, 2006) 이 논문은 퍼스와 어린이철학의 탐구공동체는 그 인식론적 태도뿐만 아니라, 참가자들이 관련된 주제에 대해 대화로써 능동적으로 참여하고 지식과 공통된 이해를 구성하며 탐구하는 공동체의 담론을 내면화한다는 데서 상당히 유사하다고 지적한다.(p.306.)

19) John Dewey, *Logic: The Theory of Inquiry, in: The Later Works of John Dewey,* Vol.12, ed. J. A. Boydston(Carbondale, IL, Souther Illinois University Press), pp.105 – 122.

구공동체로 전환한 것은 철학을 분과학문으로서의 과학을 넘어선, 모든 개별교과 이상의 교과로서 간주한 데 있었지만 그렇다고 하더라도 탐구공동체 근저에 놓여 있는 이들의 인식론적 관점은 큰 차이를 보이지 않는다. 립맨이 목적과 수단을 이원화하는 것은 지나친 단순화로 간주할 때, 이를테면 보다 넓은 목적 – 수단 연속체에서 볼 때 목적은 하나의 수단으로서 기능할 수 있다고 할 때[20] 이는 주지하듯 목적과 수단의 이원화를 재래적인 것으로 간주하는 듀이의 시각을 원용한 것이다.[21]

여기에는 헤겔의 변증법적 시각이 놓여 있는데, 이는 어떤 측면에서 헤겔리안이라고 할 수 있는 듀이 사유의 한 가지 특징을 잘 드러내고 있다.[22] 헤겔의 자기의식의 두 계기, 곧 대자적 자립적 의식과 대타적 비자립적 의식이 갖는 지배와 예속관계는[23] 주인과 노예의 변증법, 즉 주인이 노예를 통해서 간접적으로 사물에 관계할 때, 주인이 철저하게 주인이 되면 노예의 노예가 되고, 노예가 철저히 노예가 되면 주인의 주인이 되는 관계를 형성하고 있다. 이러한 변증법적 관계를 목적과 수단의 관계에 유비시키면 결과적으로 이분법

---

20) Matthew Lipman, *Thinking in Education,* 1991, p.155.

21) 듀이는 다음과 같이 말한다. "모든 수단은 우리가 성취할 때까지 임시적 목적이다. 모든 목적은 그것이 성취되자마자 더 나은 활동을 수행할 수단이 된다."(John Dewey, *Democracy and Education, in: The Middle Works of John Dewey,* Vol.9, ed. J. A. Boydston(Carbondale, IL, Souther Illinois University Press), p.113.)

22) 듀이의 반이원론적 시각을 헤겔과 관련시킨 논의로는 다음 참고. 정덕희, 『듀이의 교육철학』(서울: 문음사, 1997). 특히 Ⅲ. 듀이의 세계관으로서 반이원론.

23) 헤겔, 임석진 옮김, 『정신현상학Ⅰ』(서울: 지식산업사, 1989), 256 – 271쪽.

적인 목적과 수단의 관계방식이 더 이상 유효하지 못함을 알 수 있다. 이를 염두에 둘 때 탐구공동체는 방법론이긴 하지만 이미 목적을 함의한 수단으로서 교실수업에서의 단순한 방법론의 구축으로 그치지 않음을 알 수 있다. 철학을 함께하면서 그 과정 속에서 혹은 그 결과로 확보한 탐구공동체는 이미 철학함을 떠나서도 의미 있는 구체적인 교육적 고안물이라고 해야 할 것이다.

이상과 같이 어린이를 위한 철학(PfC)은 철학교육의 목표, 철학교과서, 교육과정, 그리고 방법론인 탐구공동체를 확보하여 어린이들에게 필요한 지적이고 상상력이 풍부한 도구를 제공할 뿐만 아니라 어린이가 접하는 여러 과목들과의 주제를 성찰하게 한다.

그러나 이러한 어린이를 위한 철학 모델의 의의에도 불구하고, 우리는 그 프로그램의 한계를 염두에 두면서 이를 평가해야 할 것이다. 립맨의 철학교육모델에 대한 우리들의 입장은 그것이 하나의 좋은 그리고 효과적인 접근이지만 결코 유일한 어린이철학모델로서 간주될 수 없다는 것이다.

이러한 주장은 다음과 같은 두 가지 근거에 기초해 있다. 하나는 립맨의 어린이를 위한 철학은 영미철학을 배경으로 형성된 철학교육으로서,24) 독특한 사회정치철학적 배경을 함의하고 있다는

---

24) 가령 대륙철학적 배경에 기초한 어린이철학이 가능할 뿐만 아니라 (Ekkehard Martens, "Philosophy for Children and Continental Philosophy", p.407. Matthew Lipman(ed.), *Thinking Children And Education*) 동양철학적 접근 역시 가능하다.(Lim Tock Keng, "Introducing Asian Philosophy and Concepts Into the Community of Inquiry", *Thinking: The Journal of Philosophy for Children*, Vol.16, No.4, 2003. 노자의 메시지와 어린이를 위한 철학의 공유점을 찾는 것으로는 다음 논문을 참조할 것. Jung Yeup Kim, "The Dao of P4C", *Thinking: The Journal of Philosophy for Children*, Vol.17, No.1&2,

점이다. 립맨의 『해리의 발견』만 두고 보더라도 이는 논리적 추론의 함양에 초점을 두고 있으면서 논리적 추론의 배경이 되는 정치, 경제적 맥락은 생략한다. 이는 어린이들로 하여금 문제 상황에서 무엇을 해야 할지 생각해 볼 수 있게 하지만, 문제를 일으키는 현실과 제도권에 대해서는 전혀 문제 되지 않은 것으로 간과하게 만들지도 모를 결과를 초래한다.[25] 당연한 귀결이지만 립맨의 철학적 탐구공동체 역시 그 교육적 의의에도 불구하고 립맨의 어린이철학이 논리학을 중심으로 철학의 문젯거리가 될 수 있는 사회적, 정치적, 경제적 배경을 논의에서 누락시킬 때 결과적으로 일종의 탈정치적 철학교육방법론의 성격 역시 함의한다. 이는 철학적 탐구공동체만으로는 민주시민교육의 방법적 모델이 되기에 부적합하다는 논의에서도 잘 드러난다.[26] 립맨의 철학적 탐구공동체가

2004) 보다 구체적인 논의방식으로 유교와 도가, 불교 철학적 배경에서 논의를 촉발하는 철학교육이 가능한데 현실적 가능성을 보여준 것으로는 다음을 참조할 것.(정보주, 『「천자문」을 활용한 어린이의 철학적 사고력 신장』, 진주교육대학교초등교육연구원, 『초등교육』, 2004.)

25) Jane Roland Martin, "Moral Autonomy and Political Education", Matthew Lipman and Ann Margaret Sharp(eds.), *Growing up with Philosophy,* p.178. 같은 책에서 마틴은 많은 철학자들이 추론에서의 비판에는 대가이지만 사회적 정치적 제도와 관습에 관해서는 충분히 숙고하지 못하는 바와 같이, 『해리의 발견』역시 비판적 사고를 강조하지만 그것은 추론적 비판에 그치며, 사회 비판에 이르지 못하고, 교재로서 충분하지 못함을 지적한다.(Jane Roland Martin, "Moral Autonomy and Political Education", p.190.) 나아가 코펜스는 어린이를 위한 철학의 중학생용 교재 『마크』*Mark* 역시 사회 철학적 측면에서의 이데올로기에 대해 성찰하고 있다.(Sven Coppens, "Some Ideological Biases of the Philosophy for Children Curriculum: An Analysis of *Mark* and *Social Inquiry" (Thinking: The Journal of Philosophy for Children,* Vol.14, No.3, 1999))

26) 이 책 5장을 참조하라.

듀이를 원용했고 방법론으로서 교육적 의의를 그 자체로 인정할 수 있지만 적어도 철학교육의 사회적 측면에 국한해서 말하면 그의 철학교육론은 오히려 도덕교육의 목적을 사회적 참여에 두고자 한 듀이의 메시지[27]를 저버리고 있다.

립맨의 어린이철학이 유일한 철학교육으로 간주될 수 없는 또 다른 이유는 그의 어린이철학은 여전히 형성과정 중에 있는 모델이라는 점이다. 립맨이 쓴 어린이를 위한 철학의 최초의 교재, 『해리의 발견』은 서양 고전논리학의 창시자, 아리스토텔레스의 이름을 변형시켜 만든 것이다. 이 책 1장의 중심 내용은 후건긍정의 오류를 담고 있으며, 듀이의 탐구 개념과 절차에 대한 통찰을 어린이들의 대화 형식 속에서 잘 구현시키고 있다. 그런 의미에서 『해리의 발견』은 영미철학을 배경으로 한 초등학교 고학년용 철학교과서라고 해야 할 것이다. 여기서 립맨의 어린이철학이 형성과정의 것이라는 우리의 주장은 어린이철학의 상징 교과서인 『해리의 발견』이 이후 그가 그렇게 비판해마지 않았던 피아제의 발달단계에 따라 집필되었다는 점에서 정당화된다. 이 책은 형식·비형식 논리학을 다루었던 것으로 당시 피아제의 발달단계론을 참조하여 형식적 조작기 단계인 11세, 12세용으로 썼다. 그러나 오늘날 어린이철학론자들은 비형식논리는 훨씬 이른 시기에 가르칠 수 있다고 여기는데, 립맨 역시 책의 집필 이후 4−5년이 지난 다음에 보다 이른 시기에도 아이들은 형식논리를 다룰 수 있을 것이라고 생각했다고 한다.[28] 그의 어

---

27) 『민주주의와 교육』이 나오기 전에 듀이는 1909년 『교육에서의 도덕적 원리』를 통해서 사회적 차원에서 학교의 목적과 도덕교육의 역할에 대한 견해를 밝힌 바 있다.(John Dewey, *Moral Principles in Education, in: The Middle Works of John Dewey*, Vol.4, ed. J. A. Boydston(Carbondale, IL, Souther Illinois University Press), pp.7−17.)

린이철학이 형성과정 중에 있다는 것은 1991년 그의 어린이철학 이론서, 『교육에서의 사고』(*Thinking in Education*) 초판과 2003년 두 번째 판의 내용에서의 차이에서도 지적될 수 있다. 초판과 두 번째 판은 최소한의 기본 골격은 유지하고 있지만, 상당부분의 수정이 보인다. 특히 초판에 고차적 사고를 비판적 사고와 창조적 사고의 두 축으로 규정하여 제시하던 것이 2003년 판에는 배려적 사고를 추가하는 식의 차이에서, 과연 배려적 사고가 일종의 사고가 될 수 있는지의 논란과 무관하게 이상의 예들은 립맨의 어린이철학이 이미 완성된 철학교육모델이 아니라 여전히 형성되어 가는 혹은 보다 세련되어 가는 철학교육프로그램임을 보여주고 있다.

립맨의 어린이철학은 앞에서 살펴보았듯이 독특한, 그러면서도 유의미한 교육모델로서의 철학교육이지만 우리가 이용해야만 하는 유일한 어린이철학일 수는 없다. 같은 맥락에서 모든 어린이철학 교사들이 IAPC의 교재를 어린이철학을 위한 최고의 교재라고 여기지는 않기 때문에 어린이와 함께하는 철학이 어린이를 위한 철학보다 더 많은 어린이철학론자들에게 호소력이 있을 것이라는 혹자의 주장29)은 일리가 있다.

3. 어린이철학 2 - 어린이와 함께하는 철학

어린이와 함께하는 철학이 어떤 철학교육이며 여기서 어떤 의미

---

28) Matthew Lipman, *Natasha: Vygotskian Dialogues,* p.31.

29) Murris, K. "Can Children do Philosophy?"(*Journal of Philosophy of Education* Vol.34, No.2, 2000), p.277.

와 의의를 찾을 수 있는지는 그 전형이 잘 드러나 있는 다음의 대화를 통해서 접근할 수 있다.30)

"아빠, 어떻게 플러피에게 벼룩이 생겼어요?"
"응, 플러피가 다른 고양이랑 놀았겠지. 벼룩이 그 고양이한테서 뛰어 내려 플러피에게 옮겨 간 걸 거야." 하고 태연하게 대답했다.사라는 생각을 했다. 그러더니 사라는 "플러피와 놀았던 그 고양이는 어떻게 벼룩이 생겼어요?" 하고 물었다.
나는 차분하게 "응, 그 녀석은 다른 고양이랑 놀았겠지. 벼룩이 그 고양이한테서 뛰어내려 나중에 플러피와 놀던 고양이에게 옮겨 갔던 걸 거야." 하고 대답을 했다. 사라는 잠시 가만히 있었다. "그러나 아빠, 그런 식으로 영원히 계속될 수는 없어요. 그처럼 영원히 계속되는 것은 숫자들밖에 없어요!" 하고 사라는 진지하게 말했다.

위 대화는 어린이와 함께하는 철학의 실례를 보여준 매튜스의 일화이다. 그는 어린이철학과의 첫 인연으로서 1963년의 위 일화를 소개하였는데, 여기서 대화의 상대는 네 살 된 딸이었다. 벼룩 때문에 고양이를 소독하는 광경을 보던 딸 사라의 질문과 답변은 무한소급의 문제를 다루는 논증의 방식과 관련된다. 그것은 당시 매튜스가 대학에서 가르치던 신 존재 증명을 위한 우주론적 논증을 연상시켰는데, 그는 자신이 대학생들에게 제일 원인에 대한 논증을 가르치고 있을 때, "네 살 된 딸은 스스로 제일 벼룩에 대한 논증(an argument for the First Flea)에 도달하였다"31)는 회상을 덧붙인다. 어린이와 함께하는 철학을 해 온 매튜스에 따르면 철학

---

30) Gareth B. Matthews, *The Philosophy of Childhood*, p.1.
31) Gareth B. Matthews, *The Philosophy of Childhood*, p.2.

공부는 실용적인 쓰임뿐만 아니라 음악을 연주하고 놀이를 하는 것처럼 그 자체의 가치를 지니고 있다.

어린이가 철학할 수 있음을 전제로, 일상에서 혹은 교실에서 어린이와 대화를 나누거나 장려하는 '어린이와 함께 하는 철학'(PwC)은 철학교육으로서 어린이를 위한 철학(PfC)과 어떻게 구별되는가? 이에 대한 검토는 여러 접근이 가능하겠지만 여기서는 PfC의 시각에서 본 견해를 다시 비판적으로 검토하면서 매튜스의 철학교육론의 의의를 살피고자 한다. 립맨은 어린이를 위한 철학의 관점에서 볼 때, 어린이와 함께하는 철학이 PfC의 그것만큼 철학교육 프로그램으로서 효과적이지 않다고 간주한다. 그에 따르면 어린이와 함께하는 철학은 어린이를 위한 철학의 파생물에 지나지 않는데, 그것은 다음과 같은 이유 때문이다.

> 어린이와 함께하는 철학은 특히 어린이 소설을 통하지 않고, 철학적 발상에 관한 토론을 이용한다는 의미에서 어린이를 위한 철학의 작은 파생물(small offshoot)로 성장했다. 어린이와 함께하는 철학은 어린이를 어린 철학자로서 개발시키는 데 목적이 있다. 그러나 어린이를 위한 철학은 어린이로 하여금 교육과정의 모든 과목을 더 잘 학습하도록 철학을 이용하게 하는 데 목적이 있다.[32]

물론 립맨의 어린이를 위한 철학은 하나의 교육 개혁의 모델로 간주될 정도로 좋은 철학교육프로그램이다. 그러나 어린이와 함께하는 철학은 어린이를 위한 철학의 작은 파생물이라는 립맨의 진술은 타당한가? 어린이 소설을 사용하지 않고, 철학적 대화를 함께 나누는 것을 두고 어린이를 위한 철학의 파생물이라는 논거를

---

32) Saeed Naji, "An Interview with Matthew Lipman", p.24.

삼을 수 있는가? 그러나 립맨의 이런 시각은 자신의 어린이철학이 가장 훌륭한 어린이철학모델이라는 판단에 따른 귀결에 지나지 않는 것이다. 오히려 어떤 의미에서 립맨의 어린이철학이야말로 어린이와 함께하는 철학적 대화의 여러 가능성 중의 하나로서 설명될 수 있지 않을까?

또한 앞서 인용문에서 립맨은 어린이와 함께하는 철학(PwC)이 어린이를 어린철학자로 개발시키는 데에만 목적이 있다고 했지만, 꼭 그렇지만은 않다. 어린이와 함께하는 철학은 어린이를 위한 철학과 비교할 때 상대적으로 철학교과서와 교육과정에 자유로우면서, 함께 철학하기를 통해서 의도하든 의도하지 않든 탐구공동체의 모델뿐만 아니라 철학교육의 근본적인 역할 중 하나인 성찰을 공유해 내며 철학교육의 이상에 다가간다. 어린이를 위한 철학이 철학교과서와 교육과정, 그리고 탐구공동체라는 방법론을 갖춰 학교교육에 하나의 철학과목을 도입시킬 정도로 교육적 효과의 극대화와 내용체계선정에 있어서 주관성 배제라는 장점을 지니기는 하지만 그것은 특정 철학 사조를 배경으로 한 데 따르는, 철학 본래가 가진 성찰의 풍성함에 제약을 초래할 여지가 있다.

그런 의미에서 우리는 PwC가 갖는 장점으로 교재의 개방성을 들어야겠다. 이에 대한 언급 이전에, 이와 유사한 접근으로서 영국 노르위치, 이스트 안젤리아 대학 교육 응용 연구 센터의 존 엘리어트(John Elliot)와 로렌스 스텐하우스(Lawrence Stenhouse)가 만든 프로젝트를 들 수 있다. 이들의 프로젝트는 어린이로 하여금 가치문제에 대해 스스로 생각할 수 있도록 돕는 것으로, 교재는 신문, 소설이나 논문 발췌문, 만화, 사진 및 비디오와 테이프 등으로 구성된 자료집이다. 해어는 이들 프로그램의 운용자들이 IAPC

의 방법이 너무 구조적이고, IAPC 교재『해리의 발견』역시 프로그램 목적에 충분하지 않을 것으로 여길 것이라고 추측한다.[33]

그러나 어린이와 함께하는 철학의 매튜스는 이러한 자료집마저도 생략한다. 그는 철학적 대화를 나누기에 충분한 이야기 도입 부분만을 갖고 철학적 대화에 임한다. 스스로 이야기 발단 기법이라고 부르는 이 접근은, 주인공들을 어른이 아닌 어린이들로 구성하여 철학적 문젯거리를 마주치게 하는 이야기 발단으로서 가령 다음과 같은 것이다.

> 프레디는 오래된 배를 탔는데, 그 배 갑판의 85%가 교체되었다는 사실을 알게 되었다. 배를 타고 여행하는 내내, 프레디는 "바다 위에 떠 있는 가장 오래된 횡범선" 위를 걸어 다닐 수 있게 된 것이 자랑스러웠다. 그러나 그의 누나는 원래 갑판의 85%가 점차적으로 교체되었다는 것을 듣고는 프레디의 자랑을 조롱했다. 누나는 "갑판의 85%가 새것으로 바뀌었으니, 그 배는 거의 옛날의 그 배일 수 없지, 그러니 결코 떠 있는 가장 오래된 횡범선이라고 할 수 없어." 하고 빈정댔다. 이런 회의를 표현하면서, 내 이야기 – 발단은 끝난다.[34]

매튜스는 이 이야기 – 발단 기법을 사용하며 어린이와 함께 철학적 대화를 이끌어 가는데, 아이들은 부품들이 점차적으로 교체되는 자전거와 자동차에 배를 비교하기도 하고, 심지어 자기 몸의 세포로 유비시키면서 토론한다. 그리고 곧 아이들은 배든 자전거

---

33) R. M. Hare, "Value Education in a Pluralist Society", Matthew Lipman and Ann Margaret Sharp(eds.), *Growing up with Philosophy*, pp.377 – 378.

34) Gareth B. Matthews, *The Philosophy of Childhood*, p.5.

든 아니면 신체든 시간이 흐르더라도 지속될 수 있는 필수조건에 대해 인정하는 입장들을 취했다고 한다. 이는 서양철학의 대표적인 자아정체론에 대한 물음을 배경으로 한 논의의 도입으로, 적어도 이러한 아이들의 역동적인 철학적 대화는 매튜스의 어린이와 함께하는 철학이 어린이를 위한 철학의 단순한 부산물로서 간주할 수 없게 한다.

물론 "어린이를 작은 철학자로 만드는 것이 아니라 지금 아이들이 생각하는 것보다 훨씬 훌륭하게 생각할 수 있도록 돕는 데 그 목적이 있다"[35]는 립맨의 말처럼 상대적으로 어린이와 함께하는 철학에는 PfC에 비춰볼 때 교육학적 고려가 부족하다고 지적할 수 있을지 모른다. 그러나 그것은 교육학적 구조로서 제공되는 교재를 넘어선, 자유로운 철학하기의 출발점으로서 간주되며 립맨이 철학교육의 목표로 주장하는 추론 능력, 창조성, 상호 인격적 성장, 윤리적 이해력, 의미 발견 등을 부분적으로 함의하지 않는 것도 아니다. 이초식은 매튜스의 어린이와 함께하는 철학의 사례집, 『철학과 어린이』를 소개하는 글에서 매튜스의 사례집은 일상생활에서 쉽고 재미있게 접근할 수 있는 예의 모범이며 비록 체계화되지는 못했지만, 대학의 철학 입문에 필요한 거의 모든 것이 들어있을 정도라고 평가하였다.[36]

문제는 어린이와 함께하는 철학이 분명 하나의 좋은 철학교육 모델일 수 있지만, 그러한 철학하기는 탁월한 철학교사를 전제로 한다는, 아니 탁월한 철학교사에 대한 의존도가 지나치게 높다는

---

35) Saeed Naji, "An Interview with Matthew Lipman", p.26.
36) Gareth B. Matthews, *Philosophy and the Young Child,* (서울교대철학연구동문회 옮김), 이초식 감수, 『어린이와 함께 하는 철학』, 5쪽.

점이다. 근본적으로 PwC는 어린이와 같이 자연스럽게 철학할 수 있도록 이끄는 평균 이상의 철학교사를 요구한다는 점이 난제다. 어린이를 위한 철학은 잘 갖추어진 철학교과서와 교육과정, 그리고 철학적 탐구공동체의 방법론을 갖추고 있어서 철학교사의 의존도가 PwC에 비교해 볼 때 상대적으로 덜하지만 그들에게 역시 좋은 철학교사의 확보는 좋은 철학교육의 가장 큰 관건임을 염두에 두면 더더욱 그렇다. 앞서 제시한 매튜스의 일화나 그가 제공하는 어린이와 함께하는 철학의 여러 사례들은 철학자로서 오랫동안 강단에서 활동할 뿐만 아니라 어린이와의 대화에서도 수십 년 동안 감수성 있게 다가갔던 그였기에 가능한 것이었다.

어린이와 함께하는 철학은 철학교사의 탁월함을 어느 프로그램보다 높게 요구한다는 데서 어린이를 위한 철학이 갖고 있는 대중성이 결여되어 있다. 그러나 우리의 철학교육의 이상이 철학적 논의의 전제를 근원적으로 의심하고, 소크라테스적 대화를 포기하지 않는 한 어린이와 함께하는 철학의 접근을 접을 순 없다.

4. 어린이철학 3 – 아동기 철학

어린이철학의 제하에 세 번째로 다룰 것은 철학분과로서의 아동기 철학(Philosophy of Childhood)이다. 아동기 철학이란 우리가 갖고 있는 어린이 개념의 선이해를 반성하고, 아동기라는 잊혀진 경험에 대해 진지하게 숙고하는 철학적 접근이라고 할 수 있다. 먼저 지적해 둘 것은 PfC와 PwC의 대표적인 주창자 립맨과 매튜스 모두 아동기 철학(PoC)을 실제 제시하고 이를 요청하고 있다는 점이다.

립맨은 아동기 철학의 발달이 하나의 철학분과일 뿐만 아니라 다른 철학분과, 가령 사회철학, 형이상학, 법철학, 윤리학, 교육철학 등에 유의미한 함의를 제공할 것이라고 본다. 그는 아동기 철학과 관련해서 이미 착수된 혹은 앞으로 시도될 것 등으로 다음의 것을 들고 있다.[37]

1. 어린이는 추론할 권리가 있는가? 만일 있다고 한다면 그것은 법철학과 어떤 함의를 지니는가?
2. 어린이는 도덕적 교화 대신에 유의미한 대안으로 윤리적 탐구에 참여할 수 있는가? 만일 그렇다면 그러한 윤리적 탐구는 윤리학 일반 분야에 대해 어떤 함의를 지니는가?
3. 모든 공동체론에서 어린이의 역할은 사회철학에 어떠한 가치가 있는가?
4. 형이상학적 사안에 대해 유의미하게 기여하기 위해 "어린이란 무엇인가"라는 질문은 "인격이란 무엇인가"라는 질문에 어떤 방식으로 빛을 던져주는가?

립맨은 이상에 대해 어린이의 추론 권리는 물론이고, 특히 합리적 대화에 참여하고, 자기의 행위에 대해 근거를 제시할 수 있는 어린이의 능력을 염두에 두면 어린이철학은 새로운 윤리적 이론 작업에 의해 보다 더 고무되어야 할 것으로 간주했다. 또한 그는 어린이가 탐구공동체의 구성원으로서 진지하게 참여하면 객관적 절차와 증거에 대한 개방성, 좋은 추론에 대한 식별성, 전제와 가정의 결과에 대한 숙고 능력이 내면화되어 비판적 성찰을 넘어서

---

37) Matthew Lipman, *Philosophy Goes to School*(Philadelphia: Temple University Press, 1988), p.195.

서 자기 비판적이 되고, 결국 이는 성숙한 개인과 가족 공동체의 연대를 가능하게 해 줄 것이라고 여겼다.

이러한 립맨의 문제의식은 매튜스에게 그대로 전해진다. 매튜스에 따르면 립맨은 1980년 미국 철학회 연간 회의의 한 심포지엄에서, 여러 철학 분과들, 가령 종교철학, 과학철학, 예술철학, 역사철학같이 아동기 철학(PoC)을 생각할 수 있다고 제안했다. 처음에는 립맨의 제안을 거부했지만 매튜스는 머지않아 가장 적극적인 어린이철학의 주창자 중 한 명이 되었다. 그는 우리가 아동기 철학과 같은 주제를 상정할 수 없었던 것은 어린이 개념을 충분히 숙고하지 못했기 때문이라고 간주했다.

> 내 자신의 인생여정은 많은 아이들이 자연스럽게 철학적이라는 것이 왜 놀랍게 보이는지에 대한 성찰로 시작되었다. 나 자신에게 물었다. "내가 이미 받아들였던, 어린이와 어린이의 본성에 관한 어떤 견해 때문에 어린이가 자연스럽게 철학을 받아들이는 것을 그토록 놀랍게 여기게 되었을까?" 그것은 아마도 어린이의 바로 그 개념이 어떤 방식에서 이해하기 어렵거나 의심스럽다는 것을 나는 인정하지 않았으며, 심지어 고려조차 하지 않았다는 것에 기인했을 것이다.[38]

매튜스는 신, 양자 물리학, 예술 작품, 아니면 어떤 역사적 사건의 원인으로 간주된 것에 대한 철학적 문제와 꼭 같이, 어린이에 대한 철학적 탐구거리를, 아래의 논의들을 포함하여 일련의 아동기 철학 연구논문집을 시론적으로 제시하기도 한다.[39]

---

38) Gareth B. Matthews, *The Philosophy of Childhood*, p.7.
39) Gareth B. Matthews, *The Philosophy of Childhood*, p.7.

어린이란 무엇인가?

어린이의 사유방식은 우리와 어떻게 다른가?

어린 아이들은 실제 이타적일 수 있는가? 어린이들이 부모들을 이혼시킬 권리를 가질 수 있는가?

어떤 어린이 미술 작품은 예술적으로나 미학적으로 오늘날 유명한 현대 예술가들의 "간략도"(stick figure)나 얼룩그림(blotches of paint)만큼 훌륭할 수 있는가?

어린이를 위해 어른이 쓴 문학은 어른이 썼다는 바로 그 이유로 비본래적이어야 하는가?

어린이를 위한 철학을 제시한 립맨이나 어린이와 함께하는 철학의 전형을 선보인 매튜스는 모두 기성의 어린이관을 일종의 선입견으로 간주하며 그 선판단에 대한 비판적 성찰을 시도한다. 이러한 결과물이 그들의 아동기 철학(philosophy of childhood)을 형성하고 있다. 그러나 여전히 다시 아동기 자체를 탐구하는 철학적 분과가 과연 가능한지, 그 유의미성을 의문시할 수 있다. 이를테면 벤자민(Martin Benjamin)의 경우인데 그는 철학분과로서의 어린이철학을 비판적으로 검토하기 위해서 립맨의 주장을 다음과 같은 논증으로 정리한다.40)

(1) 어떤 철학이 주제 영역이 되기 위해서는 다른 철학 분야에 유의미한 기여를 할 만큼 함의가 풍부해야 한다.
(2) 아동기는 다른 철학 분야에 기여할 함의가 풍부하다.
(3) 그러므로 아동기는 철학의 영역이 될 자격이 주어진다.

---

40) Martin Benjamin, "Comments on Developing Philosophies of Childhood", Matthew Lipman(ed.), *Thinking Children And Education*, pp.149 – 150.

벤자민은 (2)의 가정은 인정할지라도, 중요한 것은 (1)의 전제, 곧 다른 철학 영역에 대한 기여의 가능성이 왜 철학분과로 간주될 충분조건이 되어야 하는지에 대해 의문을 던지며, 아동기를 철학의 세부 영역으로 간주할 때 발생될 위험으로 다음을 지적한다. 그것은 첫째, 어린이철학은 어린이철학의 독특함과 전문지식을 옹호할, 매우 기술적인 그러면서 동종의 담론과 글을 개발할 핵심 전문가만 발달시킬 위험을 안고 있고, 둘째, 어린이철학론자들은 여타 분과 철학과 소통하지 못하고, 자기의 철학적 영역에만 머물러 고립될 위험을 초래할 것이며, 셋째, 어린이철학은 관심을 아동기에만 지나치게 협소하게 두고 구획하는 문제가 있다는 것이다.[41]

그러나 벤자민의 우려와는 달리 우리는 아동기에 대한 탐구가 철학분과로서 고립될 위험과 협소한 구획문제를 함의할 것이라고 판단하지 않는다. 아리에스의 훌륭한 보고에 의해서,[42] 우리는 어떻게 어린이개념이 근대에 탄생했는지 알 수 있었다. 과거의 전형적인 어린이관이라고 할 수 있는 "작은 사람" 어린이론은 어린이를 "큰 사람"보다 적게 먹고 적게 일을 하지만, 배분된 임무의 방식이나 생각하거나 행동하는 방식에서 어른들과 달리 취급하지 않았다.[43] 기성의 어린이개념을 진지하게 숙고할 때, 마치 페미니즘의 등장이 그러하듯이 어린이철학은 학문적 그리고 현실적 측면에 있어서 적지 않은 영향을 미칠 것이다. 어린이 개념을 숙고하면서 우리는 아동기 개념에 놓인 가치, 지식, 그리고 관념들을 의문시하

---

41) Martin Benjamin, "Comments on "Developing Philosophies of Childhood", p.150.

42) Philippe Aries(문지영 옮김), 『아동의 탄생』(서울: 새물결, 2003).

43) Gareth B. Matthews, *The Philosophy of Childhood*, p.9.

거나 인식하게 되고, 이를 바탕으로 어른과 어린이의 관계의 사회적 형식을 상상하거나 실천하며, 현재의 지배적 가치와 다른 관계 방식에 대한 제언을 줄 수 있다.44) 일종의 주변부인 어린이에 대한 이와 같은 진지한 성찰은 어린이 개념을 반성하게 하고 이를 통해 새로운 사회적 관계 방식을 모색하게 함으로써, 인문학적, 사회과학적 논의를 촉발하는 보다 포괄적인 접근을 촉진 혹은 견인할 수 있다는 점에서 어린이철학이 결코 고립되거나 협소한 구획 문제를 낳을 것이라고 생각하지 않는다.

벤자민은 논의 범위의 협소함과 고립의 문제로서 아동기 철학의 철학분과화를 우려했지만, 어린이와 아동기에 대한 철학자의 관심마저 무의미한 것이라 보지는 않았다. 뿐만 아니라, 그는 논의의 여지를 철학과 아동기(philosophy and childhood)의 제하에 탐구되길 제안하는데45) 이는 범주로서 어린이철학 논의와 중첩되는 부분이다. 철학과 아동기(Philosophy and Childhood)의 논의가 아동기 철학(PoC)으로 환원되지 않아야 한다는 벤자민의 문제의식은 아동기 철학에 대한 그의 비판과는 무관하게 존중되어야 한다. 우리의 입장은 범주로서의 어린이철학(Child Philosophy)의 가능성을 고려하고 하위범주로 철학분과로서의 아동기 철학(PoC)과 철학교육으로서의 PfC와 PwC 등을 두는 것이다. 아동기 철학의 접근은 어린이 개념을 진지하게 검토하면서 철학분과로서의 가능성을 모색할 것이며 이는 PfC와 PwC 등 철학교육의 정당화를 강하게 뒷받침하는 논의

---

44) Walter Kohan, "What Can Philosophy and Children Offer Each Other"(*Thinking: The Journal of Philosophy for Children,* Vol.14, No.4, 1999), p.3.

45) Martin Benjamin, "Comments on "Developing Philosophies of Childhood", p.151.

를 생산한다는 데서 이들의 작업과 어린이철학론자들과 최소한의 공통분모를 갖고 있다. 이는 어린이철학(Child Philosophy)이 어린이(와)철학(Childhood and Philosophy)의 긴밀한 관계를 전제로 철학교육과 철학탐구를 포괄하는 것으로 논의되어야 할 것임을 보여주는 것이라고 하겠다.

5. 어린이철학을 통한 아동기에 대한 새로운 이해를 기대하며

지금까지 우리는 어린이철학의 이름 아래에 가능한 어린이철학의 가능성을 세 가지로 제시하였고, 이들의 관계에 대해서 간략하게 살펴보았다. 어린이를 위한 철학, 어린이와 함께하는 철학, 그리고 철학분과로서의 어린이철학은 비록 철학교육과 철학분과라는 이질적 논의방식에도 불구하고 아동기에 대한 철학적 탐구를 통해서 철학교육의 여러 모델의 가능성을 제시한다는 점에서 통약 가능한 측면이 없지 않다.

범주로서 어린이철학의 가능성을 성찰하기 위해서 우리는 가장 영향력이 있는 것으로 알려진 어린이를 위한 철학을 객관화시키고자 했다. 우리는 이를 립맨의 어린이철학으로 규정한 뒤 그 의의와 한계를 밝히면서 이를 가능한 한 가지 효과적인 철학모델로 간주하고자 하였다. 립맨은 그의 어린이철학을 가장 좋은 철학교육 혹은 유일한 보다 완전한 교육학으로서 평가하지만 그것은 타당한 평가가 아니다. 또한 립맨은 어린이를 위한 철학은 교육학적 고려가 있는 것으로 그리고 어린이와 함께하는 철학은 어린이를 작은 철학자로 개발시키는 것이라고 엄격하게 구분하고자 했지만 그러한 구분의 타당성에도 불구하고 PfC는 결국 교실에서 어린이와 함께 철학한다는 의미에서 PwC를 수반하며, 그리고 목표라는 관점에서 볼 때 그 역도 부분적으로 참일 수 있다는 점에서 양자는 통약불가하다고만 말할 수 없다.[46] PwC가 교재와 교육과정에 보다 자유롭고 탁월한 철학교사를 전제한다는 점에서, 비록 PfC가 준비된 교재와 교육과정, 교실수업방법론을 바탕으로 학교 내에서 실시 가능한 프로그램이라고 하더라도 PfC의 작은 파생물로 간주될 수 없으며 오히려 양자는 서로 다른 철학교육의 접근을 보여주는 철학교육모델로서 간주되어야 한다. 나아가 이상의 철학교육과 철학분과로서의 어린이철학의 이질성에도 불구하고 우리는 PfC와 PwC의 철학교육 모델은 아동기 자체를 진지하게 성찰하는 논의를 함축한다는 점에서 철학분과로서의 어린이철학(PoC)과 통약 가능성을 헤아릴 수 있다. 매튜스가 보여주듯, 어린이와 함께하는 철학, 그것은 곧 아동기에 대한 철학적 탐구의 사례들로서 그것 자체가 하나의 아동기 철학(PoC)을 구성하고 이를 통해서 어린이철학은 전개된다.

우리는 아동기에 대한 탐구로서의 어린이철학과 철학교육모델로서의 PfC와 PwC 모두 어린이가 철학을 할 수 있다는 아동기에 대한 새로운 이해의 기초에 서서, 이 지점을 발판으로 한편에서는

---

46) 이유택의 다음 논의도 어린이와 함께하는 철학과 어린이를 위한 철학을 같은 범주로 간주한 것 같다.(이유택, 「어린이와 함께 철학하기: 어린이철학의 가능성과 원칙에 관하여」, 대한철학회, 『철학연구』제86집, 2003. 5) 그러나 립맨이 그의 어린이를 위한 철학과 기타의 어린이철학적 접근을 구분하려는 것을 염두에 둔다면, 그리고 아동기에 대한 철학적 탐구의 철학분과의 가능성을 고려하면 '어린이철학'을 하나의 범주로서 성찰하는 것이 적절할 것이다.

기성의 어린이관을 보다 근원적으로 반성하고 다른 한편에서는 철학할 수 있는 구체적인 가능성의 실례와 접근방식을 구축한다는 데서 이를 어린이철학(Child Philosophy)으로 범주화할 수 있다고 제시한다.

제2부 어린이철학과 도덕과 교육

제2장 어린이철학47): 도덕교육의 새로운 접근

"이 책상은 무슨 색이죠? 크기는? (손가락으로 두드리면서) 무슨 소리가 들리죠?"

"갈색! 이만큼!", 아이들이 대답하였다.

"그러면 시간을 본 적이 있는 사람 손들어 볼까요?"

여럿이 손을 들었다. "저기 시계에 있잖아요."

"시간이란 이 책상처럼 있는 것인가요? 만일 그렇다면 크기나 모양, 무게, 색깔, 소리 같은 것을 가지고 있어야 하지 않을까요?"

그러자 한 아이가,

"선생님, 시계 속에 시간을 보여주잖아요?"

"그러나 우리가 보는 것은 시계 바늘의 움직임이지 시간의 움직임이 아니지 않나요?"

우리는 오래전 시간에 대해 숙고한 아우구스티누스의 물음을 알고 있다. "시간이란 무엇인가? 만일 아무도 나에게 시간을 묻지 않는다면, 나는 그것을 알고 있다. 그러나 만일 내가 그 질문자에게 설명하고자 한다면, 나는 당혹스럽다." 우린 그 당혹스러움 속으로 들어갔다.

한 어린이가 뭔가 발견했다는 듯이

---

47) 여기서의 어린이철학은 앞의 논의에 따라 말하면 어린이철학 I, 곧 PfC에 해당한다. 여기서부터 6장까지는 특별한 언급이 없는 한, 앞으로의 어린이철학은 PfC을 지칭한다. 필자는 립맨의 문제의식을 적절하게 평가하기 위해서, 6장에 이르기까지 논의 주제를 보다 확장시켜 그 의의를 다각적으로 밝힐 것이다. 그러나 그 유의미함의 지적이 우리의 비판적 성찰을 가릴 수는 없다. 의의와 한계에 대한 우리의 지적은 이후 7장과 8장에 이르러 보다 집중적으로, 그리고 밀도 있게 립맨의 어린이철학에 대한 비판으로 모아진다.

"선생님, 시간은 우리 마음속에 있어요. 우리가 피구할 때는 시간
이 빨리 가고 공부할 때는 시간이 느리게 가고 하거든요."
어린이의 생각이 시간의 의식의존성에까지 이르렀다. 그럴 때 시
간의식과 뉴턴적 절대적 시공간에 대한 생각의 대립까지 문제를
던졌다.
"우리 마음이 시간이라면 그래서 마음에 따라 시간도 빠르고 느
리다면 저 바깥의 시계 움직임을 어떻게 봐야 할까요? 참된 시간
은 무엇인가요?"
그러다가 종이 울렸다.
"시간이 끝났네요. 저기 스피커 속에도 혹시 시간이 들어 있을까요?"
나는 웃으며 교실을 나섰다. 천국의 존재에 대한 질문 때문에 시
간에 대한 대화를 했다고 하니까, 동 학년 교사 왈,
"시간? 시간이 뭐긴 뭐야, 시간은 돈이지!"48)

1. 도덕교육의 또 하나의 길

"오늘날 교사들은 도덕교육에서의 그 압도적인 대안들 앞에 당
황한다. 한편에서는 도덕성을 효과적인 추론으로 묘사하는 인지적
접근이 있다. 다른 한편에서는 도덕성을 순종과 규율의 수용으로
해석하여, 지적인 추론의 문제가 아니라 인격의 문제로 간주한다.
여전히 일부는 어린이란 자연적으로 덕스러운 존재여서, 만일 정
서가 방해받거나 억압받지 않고 감수성이 고양만 된다면 선한 행

---

48) 서부초등학교 5학년과 함께한 2001년 봄날의 이 대화는 천국의 존재
를 묻는 한 아이의 물음으로 시작하였다. 그러나 그 논의는 경험적
존재와 형이상학적 존재의 구분에 대한 감수성이 있어야 가능하기에,
우리는 일단 대표적인 형이상학적 존재인 시간에 대한 이야기로 주
제를 바꿔 대화를 나누기로 하였다.

동은 자연스럽게 뒤따를 것이라고 해석한다."49) 1980년, 일군의 어린이철학론자들은 도덕교육으로서 어린이철학의 가능성을 제시하기 위하여 당시 미국 도덕교육의 현황을 위와 같이 진단하였다. 그러나 그것은 또한 우리도덕교육의 문제의식이기도 하였다.

주지하듯 그동안 미국의 주도적인 도덕교육론들은 지난 4차 교육과정 이후 우리 도덕교육에 그대로 반영되었기에50) 결과적으로 우리는 미국의 다양한 도덕교육의 대안들을 교육과정에 반영하고 교육한 셈이다. 그러나 서양의 도덕교육론에 국한해서 말하면, 그동안 여러 도덕교육이론들이 있었음에도 불구하고, 도덕교육의 기본적인 문제의식은, 덕이 가르쳐질 수 있는지 묻는 메논에 대한 소크라테스의 회의와 도덕적 덕은 습관의 결과로서 나오는 것이라는 아리스토텔레스의 성찰을 벗어나지 않는다. 리코나가 잘 지적한 것처럼 "오늘날의 도덕교육 논쟁 — 도덕적 사고를 강조하는 이들과 도덕적 경험 혹은 실천을 강조하는 이들 사이의 논쟁 — 은 항상 플라톤과 아리스토텔레스에게로 되돌아갈 뿐이다."51)

---

49) Matthew Lipman, Ann M. Sharp, and Frederick S. Oscanyan, *Philosophy in the Classroom,* pp.159 – 160.

50) 정보주는 7차 도덕과 교육과정의 토대를 통합적 인격교육론으로 규정하였는데 이는 현재 미국 도덕교육이론을 주도하고 있는 리코나의 그것을 염두에 둔 것이다.(정보주, 「제7차 초등도덕교육의 철학적 토대」, 한국초등도덕교육학회,『초등도덕교육』2001 특집호) 목영해 또한 3차 도덕과 교육과정 이후부터 지금까지 지나친 미국 도덕교육에 대한 의존성을 지적한다.(목영해, 「제7차 도덕과 교육과정과 인격교육론의 관련성」,『교육학연구』제37권 제3호. 1999)

51) Thomas Lickona, "An Integrated Approach to Character Development in the Elementary School Classroom", In Jacques S. Benninga(ed.), *Moral, Character, and Civic Education in the Elementary Schoo*(New York: Teachers College Press, 1991), p.67.

여기서는 앞서 제시한 어린이철학 1, 곧 어린이를 위한 철학의 통찰과 방법론을 통해서 그 도덕교육적 함의를 살펴, 하나의 대안 도덕교육모델의 의의를 살필 것이다. 이를 위해서 우리는 어린이 철학을 기존 도덕교육론의 토대, 곧 콜버그의 도덕교육론과 리코나의 인격교육론을 비교 대상으로 삼고자 한다. 잘 알려져 있듯 이들 두 프로그램은 오늘날 도덕교육 논쟁의 축이라 할 수 있는 인지 도덕 발달론과 덕 교육론의 기본적인 입장을 각각 견지할 뿐만 아니라 보다 세련된 형태로 인지적 요소와 행동적 요소의 통합적 접근을 시도하고 있다. 이들의 논의는 과거와 현재의 우리 도덕교육론의 근간과 직결되어 있어, 우리 도덕교육론의 근간을 살피기에 부족하지 않다. 따라서 콜버그와 리코나를 불러내어 어린이철학의 탐구공동체와 비교하는 것은 기성의 도덕교육론의 토대가 튼튼한지 여부를 확인하는 간접인 논의도 될 것이다.

2. 어린이철학과 도덕교육적 함축

어린이가 성인 철학자의 정교하고 기술적인 언어를 갖고 있지 못하다는 것은 분명하다. 그러나 어린이의 사고는 성인 철학자의 사고 방식과 닮았다. 그것은 어린이가 '놀라움'을 매개로 일상에서 철학적 문제에 지속적으로 부딪치기 때문이다. 사실 적지 않은 어린이는 그렇게 삶의 매 순간, 매 사태에 놀라워한다. 그러나 우리가 늘 경험하는 것이지만 어른들의 경우는 그렇지 못하다. 물론 경우에 따라 그 역도 사실일 수 있지만, 대체로 일상에 함몰된 어른들의 경우 때로는 핍박한 삶에 놀랄 여유도 없고, 일상 자체가 익숙하여 여간해서는 사태가 의미 있는 사태로서 다가오지 않는다. 이러한 삶은 자연스럽게 사물이나 사태에 대한 질문을 비생산적인 것으로 간주하는 것으로 이어진다.

어린이와 철학의 동근원성을 말하는 것은 이런 이유에서이다. 지금까지 어린이와 철학의 친근성에 대해 무지했던 것은 근본적으로 어린이와 철학 양자에 대한 오해와 무관심에 기인하지만, 이를 야기한 보다 현실적인 교육담론이 존재한다. 그것은 형식적 조작기에 이르지 못한 어린이의 사고로는 추상적인 철학적 사고를 할 수 없다는, 20세기 어린이의 사고의 일단을 잘 드러내 준 피아제의 견해이다.

피아제는 그의 초기 논문, "어린이의 철학"(Children's Philosophies)에서 소크라테스 이전 사상가들과 어린이의 사고 사이의 친화성을 밝히고 있다. 피아제에 따르면 어린이의 철학은 사물의 본성에 관해서 비체계적인 반성적 성격을 드러낸다. 어른의 과학적 사고는 진리와 동일한 반면, 어린이는 덜 성숙된 인지 형태를 나타내는데 그는 이를 실재론, 애니미즘, 그리고 인공주의(artificialism)로 나타낸 바 있다.[52] 피아제는 모든 것을 살아 있는 것으로 여기고, 모든 것을 어른들이 만든 것으로 여기는 어린이의 사유방식을 각각 애니미즘과 인공주의로서 표현하였다. 피아제가 실재론이라는 표현을 썼지만 그것은 존재론적 의미의 실재론이 아니라, 관념과 실재를 구분함이 없이 모든 것을 실재하는 것으로 간주한 어린이의 사유방식을 표현한 것이다. 관념과 실재를 구분하지 못하고, 모든 것을 실재하는 것으로 여기는 주객미분의 어린이의 인식 상태는 결과적으로 자기중심적인

---

52) Matthew Lipman and Ann Margaret Sharp(eds.), *Growing up with Philosophy,* p.219.

세계 인식에 지나지 않기 때문에, 피아제는 이를 추상적인 사유로서의 철학에 부적합하다고 여겼다.

그러나 이러한 피아제의 시각에는 근본적으로 동의할 수 없는 몇 가지의 문제가 있다. 그것은 무엇보다 인지발달에 대한 피아제의 관찰이 타당했는가라는 비판적 물음과 함께 그에게 있어서 철학이란 무엇을 의미하는지에 대한 반문이 제기될 수 있기 때문이다. '모든 관찰은 이론 의존적 관찰'이라는 과학철학자 핸슨의 말처럼 그의 관찰과 인터뷰에는 선입견이 놓여 있다.[53] 또한 피아제의 사고와 세계 개념에는 고전 형이상학이 전제되어 있는데, 가령, 피아제의 저서 『어린이의 세계 개념』에 따르면 어린이는 발달 단계에 따라 사고를 '입으로', 다음은 '뇌로', 마지막에는 '마음'으로 한다고 밝히고 있다.[54] 거기에는 그가 체계적 이론을 염두에 두었건 아니건 사고에 대한 어린이의 이해 발달을, 물질론적 시각에서 관념론적 시각의 전이에 바탕을 둔 것만은 분명하다.

피아제에게 있어서 이러한 선입견도 문제이지만 그가 갖고 있던 철학에 대한 편견 또한 간과할 수 없는 문제점이다. 매튜스 같은 경우 피아제의 철학관이 영어권 세계의 지배적인 전통보다는 그가 성장했던 스위스와 프랑스의 문화에 속한 것으로 지적하지만, 그 비판의 적실성을 떠나서 적어도 피아제는 철학을 추상적이며 체계적인 사유결과로 보았으며, 철학을 '철학하기'라는 사유 활동으로

---

53) 립맨은 피아제가 "어린이의 정신적 행위에 대한 관찰 및 인터뷰 기법의 효과를 완전히 무시한 것처럼 보인다"고 지적한다.(Matthew Lipman, *Natasha: Vygotskian Dialogues*, p.xiii.)

54) Jean Piaget, *The Child's Conception of The World*, Joan and Andrew Tomlinson(trans.), Littlefield Adams Quality Paperbacks, 1951. chapter Ⅰ, Ⅲ, 참조.

간주하지 못했다는 지적은 타당할 것이다.

일부 어린이철학론자들은 어린이가 철학을 할 수 없다는 피아제의 의견에 대해 다각적인 비판을 시도하면서, 어린이와 함께 철학할 수 있다는 것을 정당화해 줄 심리학적 근거로 러시아 심리학자 비고츠키(Vygotsky)의 근접발달 영역(zone of proximal development) 개념에 의지한다. 비고츠키는 피아제와는 달리 교육은 어른과 어린이 혹은 어린이 또래의 구체적인 상호작용으로 이루어지는 소위 근접발달 영역의 확장을 통해서 실제 발달 단계에 앞설 수 있다고 본다. 피아제의 인지발달단계론에 따르면 어린이의 발달 단계에 맞춘 교육만을 고려할 수밖에 없지만 비고츠키의 근접발달 영역을 참고하면 어린이와 또래 집단 혹은 부모와 교사가 적절한 환경과 관계 방식을 취하면 실제 발달 단계 이상의 교육 또한 가능하다. 이러한 비고츠키의 통찰은 어린이철학론자들에게 매력적이지 않을 수 없었다. 철학을 할 수 있는 적절한 환경, 다시 말해서 어린이 눈높이에 맞춘 이야기식의 철학 교과서와 어린이의 사고를 이해하고 장려해 줄 철학 교사, 그리고 함께 탐구하는 공동체로서의 교실이 갖추어지면 어린이 또한 함께 철학할 수 있다는, 어린이철학의 심리학적 토대를 확보할 수 있기 때문이다.

어린이철학의 탐구공동체는 어린이에게 의미에 대한 갈망을 충족시켜줄 뿐만 아니라 다양한 물음 방식을 허용하고 촉진한다. 여기서 의미란 과학적 진술도 아니고, 동화와 같은 진술도 아닌, 형이상학적, 윤리학적 진술과 관련된 것이다. 그런데 립맨을 위시한 이들 어린이철학론자들은 도덕교육을 철학적 탐구와 분리하여 보지 않았다. 또한 그들은 정서적인 것과 인지적인 것의 구분은 잘못일 뿐만 아니라 학습의 본질을 오도하는 것이라고 간주했다. 이는 도덕교육에서 있어서 정서를 인지보다 우월한 것으로 간주하여, 정서 교육을 보다 중시하는 것도 잘못일 뿐만 아니라 역으로 인지적인 영역의 강조로 도덕교육을 인지 교육으로 환원시키는 것도 잘못임을 의미한다. 이러한 문제의식에 기초한 어린이철학(PfC)은 도덕교육에 있어서 다음과 같은 의의를 지닌다.[55]

첫째, 어린이철학은 어린이의 사고에 일종의 섭생(regimen)을 제공한다. 윤리적 문제가 놓인 상황에 대한 논리적 측면뿐만 아니라 논의의 복합적인 측면을 이해할 방법을 습득하게 한다.

둘째, 어린이철학은 이론적·실천적 대안의 지속적인 발견과 관련된다. 일반적으로 철학과의 만남은 어린이로 하여금 주어진 상황의 가능성에 대해 보다 열려 있고 유동적인 태도를 갖게 한다.

셋째, 어린이철학은 인간 실존의 복잡성과 다-차원성을 일깨워 준다. 문제 상황은 단순한 도덕적 상황이 아니라 형이상학적, 미학적, 인식론적 그리고 다른 차원과 연결되었음을 강조한다.

넷째, 어린이철학은 단지 도덕적 행위에 대한 추론뿐만 아니라 도덕적인 실천으로의 기회를 고안해낸다. 어린이철학프로그램은 어린이에게 위로하기, 돌보기, 충고하기, 존경하기, 공유하기 등과 같은 실천 행위를 제공한다.

다섯째, 어린이철학은 타인의 감정을 알게 도와준다. 철학은 내재적으로 질문과 관련되어 있고, 질문은 대화의 한 측면이다. 철학적 대화는 단순한 브레인스토밍이 아니라 서로 다른 다양한 관점을 검토할 기회를 제공한다.

여섯째, 어린이철학은 소설을 도덕교육의 매개체로 도입한다. 철

---

55) Matthew Lipman, Ann M. Sharp and Frederick S. Oscanyan, *Philosophy in the Classroom*, pp.172-175.

학 교재로서 소설은 어린이들에게 의사소통의 간접적인 형식을 제공한다.

3. 콜버그의 도덕교육론과 립맨의 어린이철학

1) 콜버그의 도덕발달론과 립맨의 어린이철학

콜버그에 따르면 그의 인지 – 발달의 접근은 듀이가 처음 언명했다. 그 접근을 인지적이라고 하는 것은 도덕교육 또한 지적인 교육처럼 도덕적 문제와 결정에 대한 능동적 사고의 자극을 토대에 두었기 때문이고, 그것을 발달이라고 하는 것은 도덕교육의 목적을 도덕단계를 통한 이동에 두었기 때문이다.[56] 소위 전기 콜버그는 도덕성의 발달을 신장시키는 도덕적 토론 능력을 강조하기 때문에, 도덕적 토론과 사고를 자극하기 위한 가설적인 도덕적 딜레마를 사용하였다.

그는 이른바 하인즈 딜레마를 통해 어린이의 도덕성 발달을 3수준 6단계로 제시하였다. 그가 제시한 인지 발달의 단계는 다음과 같은 특징을 함축한다.[57]

---

56) Lawrence Kohlberg, "The Cognitive – Developmental Approach to Moral Education", Peter Scharf(ed.), *Readings in Moral Education* (Minneapolis: Winston Press, 1978), p.36.

57) Lawrence Kohlberg, "The Cognitive – Developmental Approach to Moral Education", p.37.

1. 단계는 "구조화된 전체"이거나 사고의 조직적인 체계이다. 개인들은 도덕 판단의 수준과 일치한다.
2. 단계는 항구불변의 계열을 형성한다. 극도의 외상을 제외하고는 모든 조건 아래에서 발달의 움직임은 항상 전진하며, 후퇴하지 않는다. 개인들은 결코 단계를 뛰어넘지도 않는다. 발달은 항상 다음 단계로 향한다.
3. 단계는 "위계적 통합"이다. 보다 높은 단계의 사고는 아래 단계의 사고를 포함하거나 함축한다. 가능한 최고의 단계로 작용하거나 선호하는 경향이 있다.

콜버그에 따르면 어린이의 도덕성은 계열과 구조, 위계의 형태를 취한다. 딜레마의 제시로 이른바 블래트 효과(+1)를 거두려고 하는 콜버그의 인지발달적 접근은 어떤 점에서는 어린이철학과 기본적인 유사성이 있다. 우선 인지적 접근이라는 측면에서 어린이철학과 콜버그의 도덕교육론은 함께 묶을 수 있다. 게다가 콜버그는 본래 사람들은 철학자이어서, 연령에 관계없이, 어떻게 살아야 하는지, 선한 행동이란 무엇인지, 그리고 우리는 어떻게 선을 아는지와 같은 철학적 질문을 던진다고 보았다. 또한 전기 콜버그의 시각에 따르면 도덕적 추론의 성숙성 여부는 제기된 질문이나 단순한 답변이 아니라, 질문과 답변의 근거에 있음을 분명히 하고 있다.[58] 적어도 근거 물음이라는 점에서 전기 콜버그는 어린이철학과 함께 '철학 함'이라는 공통점을 가진다.

그러나 어린이철학은 몇 가지 점에서 콜버그의 도덕교육론과 분

---

[58] Robert W. Howard, "Lawrence Kohlberg's Influence on Moral Education in Elementary Schools", Jacques S. Benninga(ed.), *Moral, Character, and Civic Education in the Elementary School* (New York: Teachers College Press, 1991), p.43.

명히 구별된다. 우선 어린이철학에 비해 콜버그의 도덕교육론은 지나치게 협소한 인지적 접근을 취한다. 가설적인 도덕적 딜레마라는 닫힌 조건 아래에서, 전제의 개방성은 말할 것도 없거니와 질문과 답변 또한 열려 있지 않다. 그러나 어린이철학은 다양한 물음을 허용하며, 가상적 딜레마 아래에 갇힌 것이 아니라, 도덕적 문제를 삶과 철학의 여러 차원과 관련된 것으로 보는 차이가 있다. 어린이철학은 비판적 사고와 창조적 사고 혹은 배려적 사고 등 사고의 여러 측면을 동시에 증진시키며, 인지와 정서를 구분하지 않고, 도덕성의 여러 차원을 함께 고려하려는 포괄적인 인지적 접근이다.

둘째 콜버그의 가설적 딜레마의 접근은 도덕성의 상향 이동이라는 목적에 규정되어 있다. 도덕성의 발달 단계를 전제로 한 콜버그에게 미성숙한 어린 시절이란 가능한 빨리 지나가면 지나갈수록 좋은 관습이전 혹은 관습 수준의 단계일 뿐이다. 이에 반해 어린이철학은 어린이의 인지적 발달을 상정하지 않을 뿐만 아니라, 어린이와 철학의 친화성으로 인하여 오히려 더 이른 시기에 철학을 도입해야 한다고 주장한다. 도덕 발달의 여러 차원들 중 단지 하나만을 강조하고 나머지 차원을 무시했다는, 콜버그에 대한 매튜스의 지적이나,59) 콜버그의 도덕발달의 철학은 철학의 본질, 특히 도덕철학의 본질에 대해 오해하고 있다는 비판60)은 이와 같은 차원에서 이해할 수 있는 것이다.

---

59) Gareth B. Matthews, *The Philosophy of Childhood,* p.62.

60) Matthew Lipman and Ann Margaret Sharp(eds.), *Growing up with Philosophy,* p.224.

2) 콜버그의 정의공동체와 립맨의 철학적 탐구공동체

콜버그의 도덕발달론이 협소한 도덕성의 의미와 딜레마 토의에 몰두했다면 어린이철학은 보다 포괄적인 인지적 접근을 시도한다. 그러나 양자는 인지적이고 철학적이며, 실천의 영역을 확보해내는 다른 측면을 고려하지 못했다는 비판이 가능하다. 그러나 주지하듯 콜버그는 후기에 정의공동체의 접근으로 도덕적 추론을 통한 도덕교육의 한계를 극복하려고 했고, 어린이철학은 도입 처음부터 탐구공동체의 운영으로 상호존중과 도덕적 정치적 차원의 민주적인 환경구성을 담아내려고 했다. 인지적 접근의 한계를 보완하는 콜버그의 정의공동체와 어린이철학의 철학적 탐구공동체는 어떤 특징을 가지고 있는지 각각의 입장에 대해서 살펴보자.

콜버그의 정의공동체는 도덕적 추론의 발달과 관련된 '옳음'과 함께 이타주의의 '선', 다시 말해서 서로에 대한 애착과 배려라는 '선'을 수용했다. 이러한 정의공동체는 구성원의 복지를 위한 배려와 집단적인 책임을 통해 정의감을 높이는 식으로 정의와 공동체를 결합한다. 이는 민주주의 공동체를 도덕교육의 수단으로서 도입한 듀이의 이념에 의존한 것이며 또한 집합적 의식을 강조하는 뒤르케임의 도덕교육론에도 적잖은 영향을 받은 것이다.[61] 무엇보다 콜버그가 후기에 정의공동체를 도입하려 한 데에는 좋은 제도는 개인의 정의감 발달을 위한 조건이라는 공감 때문이었다. 그는

---

61) Lawrence Kohlberg, "The Just Community Approach to Moral Education in Theory and Practice", Marvin W. Berkowitz and Fritz Oser(eds.), *Moral Education: Theory and Application* (Hillsdale, New Jersey: Lawrence Erlbaum Associates, Publishers, 1985), pp.39－43.

그것을 전제로 일군의 학자들과 더불어 교도관과 재감자들과 함께 여자교도소를 보다 정의로운 공동체로 만들려고 노력하기도 했다.[62] 이 이외에도 10여 년 동안 연구한 키부츠, 그리고 특히 입학 초기에 2 혹은 2/3단계의 학생들이 전원 관습적 단계로 이동했고, 도덕적 추론 또한 3/4단계로 상승한 정의공동체 대안학교인 캠브리지 클러스터 학교(Cambridge Cluster School)의 유의미한 실험[63]은 도덕교육으로서의 정의공동체의 의미를 더 분명히 해 주었다. 비록 그의 대안 학교가 키부츠와 같은 세대들 사이의 강력한 공동체가 되지 못하는, 단지 '6시간 학교일뿐임'을 스스로 인정하더라도 말이다.[64]

정의공동체가 지향하는 일종의 민주주의 교육은 듀이의 사상을 계승한 어린이철학의 탐구공동체에서도 강조하는 것이다. 후기 콜버그의 이론 구성에서 정의와 공동체가 하나의 축이듯이 어린이철학의 탐구공동체 또한 탐구와 공동체가 동시적으로 기능한다. 립맨은 그의 실질적인 탐구 의미를 듀이에게 의존한다. 가령 어린이철학의 대표서 『해리』1장을 보면 그것의 전개 과정은 듀이의 탐구 과정과 상당부분 일치한다. 『해리』의 1장은 1. <어려움 또는 좌절감>의 단계 2. <의심>의 단계 3. <문제설정의 단계> 4. <가설 수립의 단계> 5. <가설 검증의 단계> 6. <가설과 모순되는 증거 검

---

62) Lawrence Kohlberg, "The Cognitive – Developmental Approach to Moral Education", p.47.

63) Lawrence Kohlberg, "The Just Community Approach to Moral Education in Theory and Practice", pp.44 – 45.

64) Lawrence Kohlberg, "High School Democracy And Educating for A Just Society", Ralph L. Mosher(ed.), *Moral Education,* Praeger Publishers, 1980, p.56.

색> 7.<가설 수정의 단계> 8. 수정 가설의 실제 적용 단계[65]로 이루어진다. 이는 듀이의 탐구 과정, 곧 1. 미결정 상황 2. 문제 설정 3. 문제 해결의 결정 4. 추론[66]을 받아들인 것이다. 물론 립맨이 듀이의 탐구 개념을 실질적으로 받아들이고는 있지만 그 탐구의 기초에는 과학적 탐구가 아니라 철학적 탐구가 놓여 있다.

어린이철학은 교실에서의 탐구공동체 건설을 무엇보다 강조한다. 샵은 어린이철학연수를 받은 신참 교사들에게 교실에서 탐구 공동체를 만들어 가는 것이 자신의 유일한 희망이며 또한 탐구공동체는 정치적 도덕적 차원을 가지고 있음을 항상 기억하라고 전한다.[67] 실제 탐구 공동체는 단순한 열린 환경이 아니다. 그것은 철학의 본성의 일부라고 할 수 있는, 추론에 기민하고, 어린이와 교사 모두 서로를 존중하며, 교화를 배제하는 것을 선결조건으로 하기 때문에, 어린이의 철학적 반성의 장을 제공할 때마다 탐구공동체가 된다는 것은 놀랄 일이 아니다.[68]

콜버그의 정의공동체와 어린이철학의 탐구공동체는 어떤 차이와 유사성이 있을까? 우선 이 둘은 인지적 접근의 한계를 극복한다. 콜버그는 정의공동체의 이름으로, 실제는 민주주의학교라는 공동체의 도입으로 시민교육을 시도하는데 이 점은 탐구공동체가 가지

---

65) IAPC, 『철학적 탐구』, 한국철학교육아카데미 옮김, 한국철학교육아카데미출판부, 1999, 4쪽.

66) John Dewey, *Logic: The Theory of Inquiry,* pp.105 – 112.

67) Ann Margaret Sharp, "A Letter to a Novice Teacher: Teaching Harry Stottlemeier's Discovery", Ann Margaret Sharp and Ronald F. Reed(eds.), *Studies in Philosophy for Children: Harry Stottlemeier's Discovery,* p.165.

68) Matthew Lipman, Ann M. Sharp and Frederick S. Oscanyan, *Philosophy in the Classroom,* p.45.

고 있는 정치적 도덕적 측면, 즉 민주주의 이념의 실현이라는 점에서 서로 일치한다. 그러나 이들 사이에는 분명한 차이가 있다.

공동체의 관점에서 볼 때 탐구공동체는 그 과정 자체가 방법론이면서 동시에 하나의 목적이지만, 콜버그에게 있어서의 공동체는 보다 높은 도덕적 판단으로 나아가기 위한 하나의 수단에 지나지 않았다.69) 또한 철학적 탐구의 관점에서 볼 때 콜버그는 공동체에 대한 애착 형성과 시민교육을 반성적 사고의 차원으로 끌어올려 내지 못했다. 결국 배려와 책임감, 집합적 의식으로 정의감을 키운다는 콜버그의 주장에도 불구하고 정의공동체에서 정의와 공동체의 결합은 유기적이지 못하였다.

이에 반해 탐구공동체는 철학적 탐구과정 속에서 반성적 차원으로 자연스럽게 공동체의 이념을 담아낸다. 다시 말해서 탐구공동체는 대화를 매개로 진행되기도 하지만, 대화는 탐구하는 공동체에서 참여한 이들이 협동하여 추론한 산물이기도 하다는 점이 이를 잘 말해 준다.70) 여기서 대화란 불균형을 목적으로 하며, 마치 걸을 때 두 발을 동시에 발을 붙이고 서서는 나아갈 수 없듯이, 각각의 논증이 반대 논증을 일으키고 서로서로를 밀어 앞으로 나아가게 하는 것이다.71) 이와 같이 철학적 탐구공동체는 대화를 매개로 변증법적으로 탐구와 공동체의 의미가 통일되어 있는데, 여기서 공동체란 탐구의 결과라기보다는 탐구 자체라는 성찰에 기초해 있기 때문이다.

---

69) 추병완, 『도덕교육의 이해』, 백의, 1999, 121 – 122쪽.

70) Ann Margaret Sharp, "The Community of Inquiry: Education for Democracy", Matthew Lipman(ed.), *Thinking Children And Education*, p.337.

71) Matthew Lipman, *Thinking in Education*, p.242.

양자의 기본적인 틀의 차이는 공동체 구현에 있어서 교사의 역할에서도 차이를 보인다. 전기 콜버그에게 교사는 일종의 조력자에 지나지 않으나 후기에 오면 정의공동체 실현을 위해서 교사는 "권위를 휘두르도록 허용되며",72) "어떤 도덕 내용에 대해서는 옹호자가 되어야 한다."73) 이렇게 전·후기 콜버그의 도덕교육에서 서로 다른 교사의 역할을 요구한다는 것은 정의와 공동체, 도덕적 딜레마의 접근과 정의공동체 사이의 비유기적 결합을 다시 한 번 보여주는 것이다. 반면 탐구공동체에서 교사의 역할은 교화를 배제하며 철저히 철학적 탐구 과정의 촉진자 역할에 머물러 있다. 그러나 철학적 탐구공동체에서는 촉진자로서의 교사 역할에 일관하더라도 앞서 밝힌 것처럼 공동체와 탐구가 역동적으로 함께하기에, 어린이는 민주주의와 배려 그리고 상호존중이라는 공동체의 덕목을 자연스럽게 획득할 수 있다.

4. 리코나의 인격교육론과 립맨의 어린이철학

1) 리코나의 인격교육론과 립맨의 어린이철학

인격교육론은 직접적인 도덕교육에 해당된다. 직접적인 도덕교육이란 바람직한 가치나 인격의 자질을 특정 시간에 제공하거나

---

72) Lawrence Kohlberg, "High School Democracy And Educating for A Just Society", p.56.

73) Lawrence Kohlberg, "The Just Community Approach to Moral Education in Theory and Practice", p.34.

교육과정 전체에 이들 가치나 자질들을 통합하는 것을 의미한다. 그간의 동양의 수신론은 말할 것 없고, 미국의 경우도 20세기 초반 동안 행위의 변화를 위해 직접적인 인격교육론적 접근을 꾀하였다. 가령, 『맥거피 독본』(Mcguffey Readers)을 사용하여, 도덕적 행위와 인격 형성뿐만 아니라 소설과 시의 형식으로 공리담론을 제공하는 것이다.[74)]

인격교육론에서는 가르쳐야 할 덕목이 분명하다. 특히 리코나는 학교에서 가르칠 가치에 대한 확고한 믿음이 있다. 학교가 제공해야 할 가치는 객관적이고 보편적인 것이며, 학교는 이들을 제시하는 데 그쳐서는 안 되며, 이를 실천하고 내면화할 수 있도록 도와야 한다는 것이다. 적어도 가치가 객관적이며, 보편적이라고 하는 점에서 리코나는 일종의 가치 실재론자이다. 그가 학교에서 가르쳐야 한다고 제시하는 가장 중요한 두 가지 가치는 존경과 책임감으로서, 그 밖에 정직, 공정성, 관용, 사리분별, 자기 수양, 도움이 됨, 동정, 협동, 용기 그리고 민주적인 가치들도 들고 있다.[75)]

그러나 리코나의 인격교육론은 단순한 덕교육으로서의 인격교육이 아니다. 그는 덕목교육만을 받아들이는 것도 아니며 인지적 접근을 배제하는 것도 아니다. 그가 좋은 인격을 선을 알고, 욕구하며, 그리고 실천하는 것으로 간주할 때, 이는 선이란 교화적 접근이나 인지적인 접근 이상의 것임을 전제하고, 또한 요구하는 것이

---

74) Jacques S. Benninga, "Moral and Character Education in the Elementary School Classroom: An Introduction", In Jacques S. Benninga(ed.), *Moral, Character, and Civic Education in the Elementary School*(New York: Teachers College Press, 1991), p.8.

75) Thomas Lickona, *Educating for Character: How Our Schools Can Teach Respect and Responsibility*, New York: Bantam, 1991, pp.43−45.

다. 리코나의 통합적 인격교육론은 적어도 이 점에서 도덕적 지성과 감성을 배타적으로 보지 않는 어린이철학과 일치한다. 어린이철학 또한 인지적 접근만을 도덕교육의 수단으로 보지 않기 때문이다. 특히 "교사는 어린이를 도덕적인 사상가로 간주하고, 어린이의 시각에서 사물을 보려고 노력해야 하며, 교실을 정의롭고 배려적인 공동체로 만드는데 어린이를 동료로서 받아들여야 한다"[76]는 리코나의 주장에 이르러서는 어린이철학과 양립 가능한 것처럼 보이기까지 한다.

그러나 리코나의 인격교육론과 어린이철학은 엄연한 차이가 존재한다. 그것은 우선 근본적으로 인격교육은 좋은 인격을 발달시키기 위한 의도적이고 행동지향적인 노력인 데 반해[77] 어린이철학은 어린이의 철학할 수 있는 가능성을 믿고 장려하며 이를 실천하면서 도덕교육의 여러 목적을 과정 혹은 결과로서 확보하려는, 그 목적과 접근방식에 있어서의 차이가 있기 때문이다. 물론 리코나는 도덕적 성찰을 장려하기 위하여 딜레마 토의의 유의미성을 인정하고 도덕 토론에서 어린이들에게 단순한 의견 발표 이상의 "왜"를 유도하기 위해 '소크라테스 같은 교사(The teacher as Socrates)'를 요구하기도 한다.[78] 그러나 이는 콜버그류의 도덕적 딜레마 접근의 수준에 지나지 않는다. 그것이 그의 통합적 인격교육론의 한 구성요소는 될지언정,

---

76) Thomas Lickona, *Educating for Character: How Our Schools Can Teach Respect and Responsibility*, p.68.

77) 토마스 리코나, 「인격을 위한 교육: 포괄적인 접근」, Alex Molnar(Ed.), The Construction of Children's Charater, 박병기 · 심성보 · 이인재 · 조강모 옮김, 인간사랑, 1999, 90쪽.

78) Thomas Lickona, *Educating for Character: How Our Schools Can Teach Respect and Responsibility*, pp.242 – 245.

어떻게 인격교육에 유기적으로 자리매김 될 수 있는지 우리는 알 수 없다. 그런 의미에서 리코나식의 도덕적 지성과 감성 그리고 행동의 통합은, 단순한 동거일 뿐이다.[79] 우리가 어린이철학의 탐구공동체에 귀를 기울이는 것은 이런 난점의 극복 가능성 때문이다.

2) 리코나의 도덕공동체와 립맨의 철학적 탐구공동체

리코나는 콜버그와 립맨이 그랬듯 교육의 역할과 의미를 듀이에게 상당부분 의존하고 있다. 학교를 공동체 삶의 형식으로서 보지 못할 때 학교는 실패한다는 듀이의 메시지에 따라 리코나는 존경과 책임감을 가르치기 위해서 교실 도덕공동체의 형성을 중심적인 교육 목적으로 삼았다. 그가 교실 도덕공동체 형성을 도덕교육의 한 가지 수단이 아니라 목적으로 삼아야 한다는 것은 주목할 만하다. 리코나는 현대사회의 주요한 도덕 문제 중 하나가 공동체 의식의 결여라고 보기 때문에, 교실 공동체는 왈쯔가 말한 인격공동체가 될 수 있어야 한다고 보았다. 그에 따르면 유의미한 공동체 경험을 제공하기 위해서는 교실공동체는 다음과 같은 세 가지 기본적인 조건을 충족시켜야 한다.[80]

1. 학생들은 서로를 안다.
2. 학생들은 서로에 대하여 존경하고, 확신하며, 배려한다.
3. 학생들은 집단에 소속감과 책임감을 가진다.

---

79) 정보주, 「어린이 철학에 기초한 도덕교육」, 한국초등도덕교육학회, 『초등도덕교육』 제7집 (2001. 10).

80) Thomas Lickona, *Educating for Character: How Our Schools Can Teach Respect and Responsibility*, p.91.

리코나의 도덕공동체가 특기할 만한 것은 이 외에도 교실 속에 민주적인 환경을 담아낸다는 데 있다. 학급회의가 그것인데 학급회의는 인격발달을 신장할 뿐만 아니라 민주적인 집단 의사 결정과 참여하는 민주주의 시민이 되는 데 필요한 태도와 기술을 계발한다. 학급회의의 의사결정과정을 통해서 참여 민주주의에 대한 경험을 하게 하는 것은 도덕공동체의 강한 매력이라고 할 수 있다. 존경과 책임감, 그리고 민주적인 공동체를 의미하는 리코나의 도덕공동체는 그 외견상 철학적 탐구공동체와 그렇게 큰 차이가 없는 듯하다. 샵이 잘 지적했듯이 철학적 탐구공동체는 민주주의를 위한 교육이기도 하기 때문이다.

그러나 양자 사이의 근본적인 취지, 그 접근 방식과 내적 긴밀성에서는 분명한 차이가 있다. 리코나가 초등학교 수준이라고 제시하는 학급회의 중 일부는 학급 내에서 일어나는 문제 해결의 수단이며, 의사 결정된 결과에 대한 서약에서 보듯이 그에게서 인지적 접근이란 도구적 의미가 강하다.[81] 반면 철학적 탐구공동체는 철학적 탐구와 이를 매개로 한 공동체 교육 중 어느 하나도 도구화하지 않는다. 철학적 탐구공동체에서는 다른 이들의 관점에 우선 귀 기울이며, 보다 잘 이해하려고 노력하며 이를 통해 상호존중의 덕목을 확보한다. 또한 논증의 경우에 있어서도 부적절함과 실패를 두려워하지 않으며 함께 추론하려는 열린 마음으로, 합리성의 덕목을 습득한다. 리코나의 도덕공동체와 달리 탐구공동체는 신념의 교화가 아니라, 함께 탐구하는 과정과 결과로서 도덕적 목적을 이끌어내려는 공동체이다.

---

81) Thomas Lickona, *Educating for Character: How Our Schools Can Teach Respect and Responsibility*, pp.139 – 146.

정리하면 리코나의 통합적 인격교육론은 콜버그의 정의공동체에서와 마찬가지로 도덕적 지성과 도덕적 실천이 나열될 뿐 유기적 통일을 주지 못한다. 반면, 철학적 탐구공동체는 탐구를 매개로 철학적 지성과 공동체 형성을 굳건하게 연결시키고 있다. 내용상으로 보면 리코나의 도덕공동체는 도덕적 실천과 지성을 동시에 훈련하나 공동체 자체의 가치를 강조하여, 반성적 차원의 도덕교육은 하나의 수단으로 그치는 듯하다. 그러나 철학적 탐구 공동체는 철학적 탐구와 공동체 교육 어느 하나의 소외도 허용하지 않는다. 양자의 차이는 일견 각각 더 중시하는 접근의 강조의 차이로 볼 수 있지만, 그 이론 안에서의 긴밀함과 이를 바탕으로 한 실천의 통합을 고려할 때 어린이철학이 보다 비교 우위에 있다고 해야 할 것이다.

5. 대안 도덕교육으로서 어린이철학의 한계와 과제

어린이철학론자들은 어린이철학과 도덕교육의 친화성을 밝히며 도덕교육으로써 어린이철학의 가능성을 말해왔다. 철학의 비판적 기능은 물론 창조적, 배려적 사고를 다차원적 사고의 이름으로 제시한 데서 그것은 기성의 도덕교육프로그램보다 우위에 있다고 할 수 있다. 더욱이 립맨의 어린이철학은 처음부터 그 성공의 관건으로 탐구공동체 설립을 들고 나온 것은 기존의 도덕교육프로그램에 비추어보았을 때 여러모로 고무적이다. 콜버그가 후기에 이르러서야 정의공동체를 제시했고, 인지적 접근의 한계를 절감한 뒤에 리코나식의 도덕공동체로서의 인격교육론이 나왔음을 생각하면 더더욱 그러하다.

도덕적 지성과 실천의 관계에 대한 깊은 통찰이 전제되지 않았기에 콜버그는 정의와 공동체의 연결을 느슨하게 두었고, 리코나는 도덕적 지성과 도덕적 실천의 결합을 단순한 집합으로 묶어둘 수밖에 없었다. 그러나 립맨의 탐구공동체는 탐구를 매개로 철학하기와 공동체 교육을 동시에 자연스럽게 가능하게 한다. 이는 특히 과학적 탐구를 생물학적, 심리학적 그리고 사회적 고려로서, 그리고 철학과 인간 행위뿐만 아니라 다양한 영역의 방법론으로서 철저히 적용한 듀이의 성과를 교실에서의 철학적 탐구로 잘 응용한 덕분이다.

'의미에 대한 갈망 충족'이라는 기치를 든 어린이철학의 등장은 방법주의와 도구주의에 함몰된 우리 교육뿐만 아니라 우리 도덕교육에서의 실현 가능한 대안 프로그램으로서 매력이 있다. 그러나 도덕교육으로서 립맨의 어린이철학이 우리 도덕교육론으로 취급되기 위해서는 몇 가지 고려가 더 요구된다.

어린이철학의 성격상 따로 구분할 수 없지만, 공동체만을 따로 떼어 논한다면 우리는 콜버그의 정의공동체나 리코나의 도덕공동체에 더 높은 평가를 주어야 할지도 모른다. 후기 콜버그나 리코나는 어린이의 사회화와 공동체교육을 보다 직접적이며 광범위하게 요구하고, 때로는 학교 전체 구성원과 학부모의 노력까지 요청하고 있다. 반면 립맨이 제시하고 있는 어린이철학의 경우, 철학적 탐구공동체는 교실에서의 탐구를 넘어서지 못한다. 물론 어린이철학이 정의공동체나 도덕공동체가 그러한 것처럼 철학적 탐구공동체로서 학교민주주의를 요구하고 있기에 학교 혹은 지역사회의 탐구공동체가 불가능한 것은 아닐 것이다. 그러나 이후 우리의 탐구에서 확인하겠지만 립맨의 어린이철학론은 콜버그와 리코나의 그 것에 비할 때는 상대적인 의의가 있지만, 그렇다고 해서 근본적인 교육 모델로서 정당화되지는 않는다. 립맨의 어린이철학이 도덕교 육으로서 적극적인 역할을 하기 위해서는 '교실에서의 탐구공동체' 를 넘어 다시 '학교·지역사회에서의 탐구공동체'로 전환되어야 하나 이러한 문제의식이 그의 어린이철학론에는 존재하지 않기 때 문이다. 어떤 의미에서 립맨의 어린이철학은 교실 속의 철학과 교 실 바깥에서 마주치는 일상의 비철학 혹은 반철학의 괴리 속에서 자칫 '교실에의 함몰'에만 그칠 뿐이다.

립맨의 어린이철학을 우리 도덕교육론으로서 고민할 때 보다 주 체적인 수용이 필요하다. 기성의 도덕교육론과 차별화를 시키고 하나의 대안 모델로서 내세운 립맨의 어린이철학은 미국에서 그들 의 철학배경과 현실을 바탕으로 만든 대안 교육프로그램이다. 만 일 우리가 어린이철학을 주체적으로 수용하지 못할 때 그것은 하 나의 유행에 지나지 않을 뿐만 아니라 자칫 그들의 담론 재생산과 함께 우리 삶의 소외라는 또 다른 오류를 반복할 수밖에 없다. 이 후 본격적인 비판의 장을 마련할 것이지만, 립맨 등 미국의 어린 이철학론자들이 만든 교과서와 매뉴얼은 탈정치적이며, 탈사회적 이어서 진정한 철학하기를 담아내지 못하는 한계가 있다. 주체적 인 도덕교육론으로서 우리 어린이철학을 진지하게 고민할 때, 우 리 삶에 대한 사회·정치철학적 접근과 아울러 동양의 철학 또한 도외시할 수 없다. 그러한 주체적인 어린이철학 담론은 어린이철 학을 좁은 의미의 인지적 접근도, 서구 철학의 담론 재생산도, 그 리고 무엇보다 우리의 교육적 삶의 소외도 막는, 진정한 의미에서 도덕교육의 대안으로 가능하게 할 것이다.

제3장 어린이철학을 통한 7차 도덕과 교육 비판

우리나라(일본)는 예의범절이나 교육을 말하지만, 오로지 학력에만 중점을 두어왔습니다. 부모들은 『아이들의 머리가 좋아지는 책』과 같은 것에 매달립니다. 그러나 "머리가 좋아지는"것과 같은 말은 장래 학교 성적이 좋아지는 것과 직결되어 있는 것은 아닐까요? 다시 말해서 그 배후에는 '진화'의 사상이 있어서, 어린이들의 머리가 좋아진다고 하는 것은 일찍 성인이 되는 것을 의미합니다. 이에 대한 반발로, 정서교육의 중요성 또한 강조되어 왔습니다. '진보적인' 부모들은 지식편중교육을 비판하는 한편, "정서를 풍성하게" 한다는 그림책에 무조건 매달렸습니다. 그러나 그렇게 말한 사람들은 아이들의 정신적·정서적 측면만을 강조하고, 지적 측면을 무시하는 경향이 많습니다. 한편 초등학교·중학교의 교육은 지식 편중적이라고 말해지지만, 그래도 아이들에게 '생각하기'를 기대합니다. 그러나 그것은 결론에 도달하기 위한, 다음 단계로 나아가기 위한 사고입니다. 인간에 대한 기본적인 물음, 예를 들면 철학적 문제에 대한 생각과 같은 것은 일체 무시되고 있습니다. 지식교육에도 정서교육에도 속하지 않은, 지적 교육이라는 것이 있지 않을까요?[82]

---

82) Gareth B. Matthews, *Dialogues with Children*, 鈴木 晶 譯, 『續·子どもは小さな哲學者』(東京: 思索社, 1987), 203 - 204쪽. 역자의 말 中에서. 스즈키는 어린이철학이 어떤 측면에서는 인지적 관점의 접근으로 간주될 수 있지만, 그것이 다음 발달에 도달하기 위한 인지 발달, 곧 발달로서의 교육의 관점에서 고려될 수 없는 것, 곧 인간 존재의 근원적인 물음임을 잘 헤아리고 있다. 어린이철학은 인지교육에 대한 반발로부터 정서교육으로 나아가는, 다시 정서교육에 대한 반발로부터 인지교육으로 복귀하는 순환의 반복을 벗어나 있다.

1. 도덕교육의 정체성

한국 도덕교육의 근본적인 문제점은 우리 인문·사회과학의 고질적 병폐인 철학의 부재, 이론의 식민지성을 그대로 반영하고 있다.[83] 도덕과 교육과정에 기초한 이론적 토대의 변화는 주로 미국의 도덕교육론의 경향에 따라서 이루어졌고, 지금 시행되고 있는 7차 도덕과 교육과정 역시 이런 경향에서 자유롭지 못하다. 이런 현실 때문에 도덕과가 교과로 독립된 지 30년이 지난 지금에도 도덕교육의 정체성 물음은 여전히 같은 자리를 맴돌 뿐이다.

매번 도덕과 교육과정의 이론적 배경에는 미국 도덕교육론의 동향이 자리잡고 있었지만, 우리 도덕교육에 일관된 흐름이 없었던 것은 아니다. 비록 7차 교육과정에서 선행 교육과정의 인지적 접근을 비판하며 통합적 인격교육론을 내세웠지만, 이제까지 도덕교육은 강한 덕목 중심의 교육을 그 하나의 정체성으로 삼아왔다. 4, 5차 교육과정부터 인지적 접근을 부각시켰음에도 불구하고, 적지 않은 교사들이 도덕교육을 덕목 위주의 교육으로 간주한 것은 개정방향에 대한 이해가 결여되었기 때문만은 아니다. 인지적 접근이 강조되었음에도 그것은 덕목 함양을 위한 도구적 접근에 지나지 않거나 정의적 요소와 행동적 요소를 유기적으로 통합하는 데 실패했기에 덕목 교육으로서의 인상을 강하게 남겨 놓았다. 따라서 그간의 우리 도덕교육의 실질적인 정체성은 이전부터 해 오던

---

[83] 같은 문제의식으로 초등도덕교육론 차원에서 시도한 담론 비판은 다음 참조. (최문성, 「한국 초등도덕교육의 비판적 성찰 – 그 이론의 식민지성을 중심으로」, 한국초등도덕교육학회, 『초등도덕교육』제10집 (2002. 12).)

강한 덕목 중심의 교육과 여기에 개정 이전의 미국도덕교육론의 동향이 결합된 결과로서 형성되어 왔다고 보아야 할 것이다.

2. 7차 교육과정 도덕과의 몇 가지 측면에 대한 반성

1) 7차 교육과정 도덕과 교육의 목표

7.5차 교육과정에 대한 언급이 나오는 요즘, 도덕과 교육과정에 있어서는 7차든 7.5차든 내용에 별다른 변화가 없는 듯하다. 따라서 이미 진행되어 온 기성의 7차 교육과정의 검토를 통해서 현재 도덕교육과 앞으로의 도덕교육에 대한 성찰과 전망을 하고자 한다.

7차 도덕과 교육과정의 개정 이유 중 하나는 인지적 접근과 정의적 접근, 그리고 행동적 접근을 통합한 인격교육 혹은 덕 교육적 접근으로 학생들의 도덕적 덕과 인격 형성에 중점을 두려는 데 있다.[84] 이러한 도덕과 교육과정 개정에는 우리 사회의 가치관 혼란과 도덕성 쇠퇴를 도덕교육으로 극복하고자 하는 인식과 함께 유덕한 인간으로 자랄 수 있기 위한 보다 강화된 학교 도덕교육의 요구가 있었다. 개정 배경을 좀 더 상술하면, 첫째, 민주 시민 교육 강화를 위한 도덕교육의 필요성, 둘째, 민주 시민의 기본인 유덕한 인격 형성, 셋째, 7차 교육과정의 중요한 특징인 국민기본교육과정에 입각한 초등도덕의 연계성과 일관성 등의 체계성 확보, 넷째, 실효성 있는 도덕교육에 대한 요청, 다섯째, 인지적 접근의 한계를 넘어선 인격교육 내지 덕 교육적 접근의 필요성을 들고 있다.[85]

---

84) 교육부,『초등학교 교육과정 해설(Ⅲ) - 국어, 도덕, 사회』, 1998, 186쪽.

그러나 이러한 개정 배경은 일종의 구색 맞추기일 뿐이다. 도덕성 쇠퇴는 어느 시대 어느 사회를 불문하고 문제시되어 왔던 현상이었고, 가치관 혼란은 현대사의 시작에서부터 우리 삶의 일부였다. 민주주의와 유덕한 인격에 대한 요구 또한 결코 새로운 것이 아니다. 물론 목표차원에서의 인성 교육[86]과 민주주의 교육 강화는 앞으로 도덕과 교육의 정체성 확보를 위해서도 중요한 내용임에는 틀림없다. 그러나 현행 도덕교과를 일별해 보면 알겠지만 민주시민교육 영역에 한정해서 말하자면, 7차 교육과정의 도덕교과가 특별히 의미 있는 제재확보나 교수법을 배려했다고 보기는 어렵다. 인성교육의 강조를 현재 미국 도덕교육론에서 주도적인 인격교육론의 수용으로 이해할 수 있지만 이 또한 우리로서는 전혀 새로운 것이 아니다. 해방 이후의 교육사에서 우리는 교실 안팎에서 전방위적으로 덕목 교육을 실시해왔다. 따라서 이상의 이유들도 전적으로 배제할 순 없지만, 그보다는 국민기본교육과정에 따른 체계성과 계열성 확보, 6차 교육과정의 68개의 내용 요소에서 40개를 추려내는 교육과정의 내용 축소와 내용 선정 문제, 그리고 미국에서 유행하고 있는 인격교육의 수용 등에서 주된 개정 배경

---

85) 교육부, 『초등학교 교육과정 해설(Ⅲ) – 국어, 도덕, 사회』, 1998, 176 – 178쪽.

86) 7차 교육과정 해설에서는 교육개혁위원회의 인성형성 강조가 7차 교육과정의 배경과 교육과정 개정의 중점으로 나타난 것으로 본다.(교육부, 『초등학교 교육과정 해설(Ⅲ) – 국어, 도덕, 사회』, 1998, 183쪽) 교육개혁위원회는 "인성 및 창의성을 함양하는 교육과정"(교육개혁위원회, 1995. 5. 31. 제2차 대통령 보고서 「신교육체제 수립을 위한 교육 개혁 방안」, 대한 교과서 주식회사, 1995, 29쪽.)을 제시하였으나 교육개혁의 전체 골격에서 교개위의 인성 교육 강조는 선이 가늘 뿐이다.

을 찾아야 할 것이다.

7차 교육과정의 초등 도덕과 목표 체계는 도덕성 함양을 통해 자율적인 도덕 생활을 영위할 수 있도록 맞춰져 있다. 자율적인 도덕 생활을 위해 인지적·정의적·행동적 요소를 통합적으로 접근하려고 하는데, 이는 7차 교육과정 도덕과의 총괄 목표에도 잘 반영되어 있다.[87] 도덕적 앎과 행위에 대한 7차 도덕과 교육과정의 통합 의지는 6차 도덕과의 목표[88]를 상기하면 보다 분명히 드러난다. 그러나 7차 교육과정의 목표 설정에서 인지적 요소 이외에 정의적, 행동적 측면을 보강했다고 하지만, 이들 도덕적 요소 간의 결합이 단순한 결합 이상임을 보여주지는 못한다. 왜냐하면 1차시의 인지적 접근과 2차시의 정의적 접근, 그리고 3차시의 행동적 접근의 열거 이외에는 통합적 접근의 원리를 제시하지 못하고 있기 때문이다. 이는 교과서 기술에서 문제를 낳기도 하고 교수 활동에서도 인지적 측면과 행동적 측면을 결합하지 못하는 한계를 보이는데, 7차 교육과정의 이론적 토대에 대한 이 책 2장의 검토만으로도 어느 정도 예측할 수 있는 문제이다.

뿐만 아니라 7차 교육과정 도덕과의 하위목표[89] 또한 문제가

---

87) "한국인으로서 바람직한 삶을 살아가는 데 필요한 기본 생활 습관과 예절 및 도덕규범을 익히고, 일상생활 속에서 부딪치는 도덕적 문제를 바람직하고 합리적으로 해결할 수 있는 판단 능력을 기르며, 올바른 시민 의식과 국가·민족의식, 그리고 세계 평화와 인류 공영 의식을 함양하고, 삶의 이상과 원리를 체계화하여 실천할 수 있는 도덕적 성향을 기른다."(교육부, 『초등학교 교육과정 해설(Ⅲ) — 국어, 도덕, 사회』, 1998, 192쪽.)

88) "일상생활에 필요한 도덕규범의 의미와 중요성을 이해시키고, 이를 실천하게 하여 자율적인 도덕 생활을 영위할 수 있게 한다."(교육부, 『국민학교 교육과정 교육부 고시 제1992 — 16호』, 대한교과서주식회사, 1992, 38쪽.)

제기될 수 있다. 일견 "전통 도덕과 시민 윤리를 중심으로 하는 오늘날 민주 사회의 도덕을 이해하고 실천"하게 한다는 하위 목표는 매력적으로 보일 수 있겠지만, 그것은 하나의 목표로서 그칠 뿐 현실적으로도 이론적으로도 실질적이지 못하다. 가령 효라는 사적 가치와 시민사회의 정의라는 공적 가치는 쉽게 하나가 되지 않는다. 때때로 양자는 새로운 가치의 지평 융합을 기다려야 될 만큼 둘 사이의 대립이 강하다.[90] 전통 도덕과 시민윤리의 가치가 교육과정 속에 편입되기 전에 별도의 융합의 정당화를 거치지 않을 때 결과적으로 도덕교과는 우리 사회가 요청하는 여러 가치들의 임의적인 집합체에 불과할 수 있다. 전통도덕과 시민윤리를 이해하고 실천하게 한다는 하위목표는 성찰을 거치지 않은 채 도덕과의 덕목 가치 선정에서 고식적인 배열로 나타나기도 한다.[91]

---

89) 7차 교육과정 도덕과의 하위목표를 일별하면 다음과 같다. (1) 인간이 도덕적으로 살아야 하는 이유를 이해하고, 삶의 다양성에 따른 가치 갈등 문제를 해결할 수 있는 가치 판단 능력의 신장과 함께 인간 존중의 삶의 자세를 지닌다. (2) 가정 이웃 학교생활에서 요구되는 도덕규범과 예절을 익히고, 이러한 생활에서 등장하는 도덕적 사태들에 대한 합리적 해결 방안을 모색하는 가치 판단 능력을 신장하여, 바르게 살아갈 수 있는 생활 태도와 실천 의지를 지닌다. (3) 전통 도덕과 시민 윤리를 중심으로 하는 오늘날 민주 사회의 도덕을 이해하고 실천하며, 현대사회에서 발생하는 도덕 문제를 합리적이고도 바람직하게 해결할 수 있는 능력을 신장하여 원만한 사회생활을 영위하려는 태도와 의지를 가진다. (4) 국가, 민족, 민족 문화를 아끼고 사랑하는 애국 애족의 자세를 지니고, 국토와 민족 분단의 현실 및 남북한의 통일 정책과 통일 과제를 파악하여 통일을 이룩하는 데 필요한, 그리고 통일 이후에 기대되는 바람직한 한국인 및 세계 시민으로서의 능력과 태도를 지닌다.

90) 권재원, 「시민도덕으로서의 효사상에 대한 비판적 연구」(서울대학교 석사학위논문, 1997), 70 – 88쪽.

91) 그것은 전통도덕과 시민윤리의 결합에 대한 문제 제기 이전, 기실

그럼에도 7차 교육과정은 목표 수준에서 인지적, 정의적, 행동적 요소를 통합한다고 밝히고 있다. 그러나 그 유기적 통합의 실패는 명약관화한데 우리는 목표 수준 이하의 전개 과정, 곧 교수-학습 활동에서 이것이 어떻게 구현되는지 살피고, 7차 교육과정의 이론적 토대에서 통합의 원리가 적절하게 제시되고 있는지 여부를 확인함으로써 우리의 주장을 정당화할 수 있다.

2) 도덕과 교수 학습 활동

"초등학교 저학년은 도덕적 판단력이 결여되어 있으며, 성장하면서 도덕적 판단력을 갖춘 전인(全人)으로 되는 것이 아니라, 초등학교 저학년 학생은 나름대로 전인이며 어느 발달 단계에 있든 이 세 가지 요소를 동시에 학습하도록 강조되어야 할 것이다."[92] 이는 6차 교육과정 '도덕과 학습 지도의 일반 원리'의 일부분이다. 6차 교육과정은 초등학교 저학년의 도덕교육에서의 인지적 접근을

전통도덕에 대한 불충분한 이해를 반영한 교과서 기술부터 이들의 결합에 회의를 더 갖게 한다. 가령 초등도덕에서 제시되는 여러 가치들, 정직, 절제, 책임, 바른 몸가짐, 부지런함, 생명 존중 등의 덕목은 성실의 원래 의미의 다양한 용례에 지나지 않는다. 왜냐하면『대학』의 논의에 충실하면 마음을 성실하게 한다는 것은 스스로를 속이지 않는 것이기 때문이다.("所謂誠其意者, 毋自欺也."『大學』,「第六章」, (『經書』, 成均館大學校 大同文化研究院), 25쪽.) 성실의 의미는 이들 도덕과에서 제시하는 가치덕목을 함축하지만, 진실무망으로서의 성실과 이들 가치들은 의미 체계에서 동등한 서열로 간주될 수 없다. 우리 사회에 유통되는 성실의 의미에 대한 변화를 살핀 것으로는 다음을 참조할 것. (김낙진,「현대 한국사회에서의 성실 관념의 변화」, 경남초등도덕교육학회,『인간과 사회』, 2002, 10쪽.)

92) 교육부,『초등 학교 교사용 지도서 도덕 6』, 1997, 37쪽.

포기하지 않으며 인지적 접근을 중심으로 일종의 통합적 접근을 시도한다. 그렇다고 7차 교육과정의 도덕과 교수·학습의 원리에서 인지적 접근이 배제된다는 것은 아니다. 주지하듯 7차 교육과정에서는 1차시에는 인지 영역을, 2차시에는 정의적 영역을, 3차시에는 행동 영역에 중점을 두는 등[93] 인지적 접근에 대한 최소한의 배려가 있다.

또한 7차 교육과정의 지도 원리는 정의적·행동적 접근 역시 교수–학습 프로그램으로 수용하고 있는데[94] 이는 과거 교육과정의 교수–학습 프로그램을 고려할 때 특기할 일이다. 7차 교육과정 이전까지는 주로 도덕과 교수–학습 모형이 인지적 측면을 강화하려는 모형들로 구성되었다. 도덕성의 인지적인 측면을 강화시키는 개념 분석 수업 모형, 가치 갈등 수업 모형, 집단 탐구 수업 모형, 가치 명료화 수업 모형, 콜버그의 토론 수업 모형 등이 그것이다.[95] 그러나 7차 교육과정은 이 이외에도 "정의적인 측면과 행동적인 측면을 강화시킬 수 있는 적절한 교수–학습 모형들(…) 역할놀이 모형, 배려 모형, 가정 연계 모형, 봉사 학습 모형, 행위 실습 모형, 게임 모형, 가상 체험 모형 등"[96]을 제시한다. 다음 세 가지 교수–학습 모형은 특히 이를 잘 반영해 준다.[97]

---

93) 교육 인적 자원부, 『초등 학교 교사용 지도서 도덕 6』, 2002, 25쪽.

94) 교육 인적 자원부, 『초등 학교 교사용 지도서 도덕 6』, 2002, 27–32쪽.

95) 교육부, 『초등 학교 교사용 지도서 도덕 6』, 1997, 41–49쪽.

96) 교육부, 『초등 학교 교사용 지도서 도덕 6』, 1997, 26–27쪽.

97) 교육부, 『초등 학교 교사용 지도서 도덕 6』, 1997, 27–28쪽.

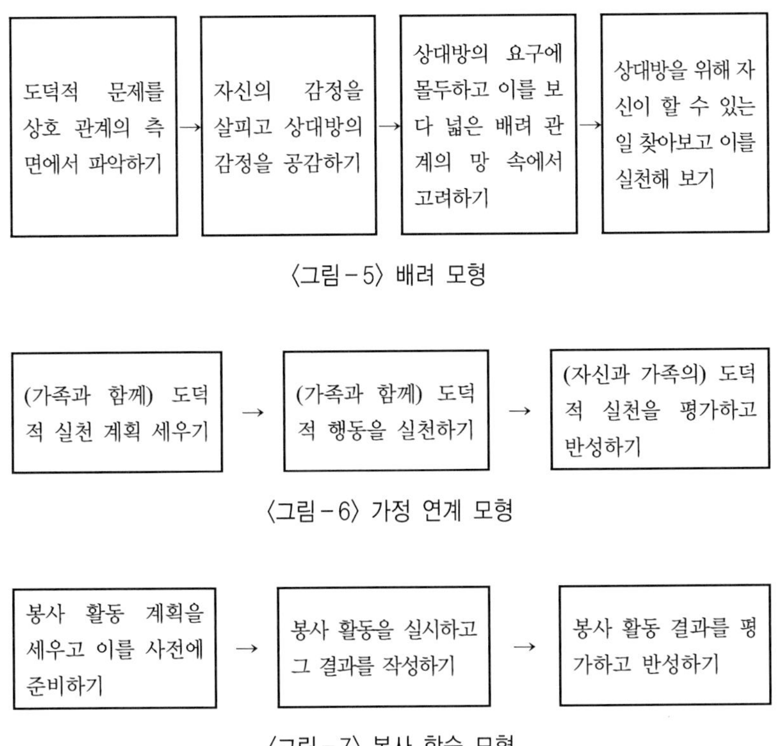

〈그림-5〉 배려 모형

〈그림-6〉 가정 연계 모형

〈그림-7〉 봉사 학습 모형

위 세 가지 모형은 도덕적 실천을 염두에 둔 학습 모형으로서 7차 교육과정 이전에는 도입되지 않았던 것이다. 다소 무리가 있었지만 나딩스의 배려 윤리를 수업 모형으로 이끌어 낸 **〈그림-5〉**의 배려 모형, 리코나의 도덕공동체를 반영한 **〈그림-6〉**의 가정 연계 모형, 교실 밖에서의 실천을 담아 낸 <**그림-7**>의 봉사 학습 모형은 7차 교육과정의 통합적, 실천적 접근을 반영하려는 것으로 보인다. 배려 모형은 정의적 접근과 행동적 접근이 접목된 것이며 가정 연계 모형과 봉사 학습 모형은 계획 단계에 인지적 접근이 도입되어 인지적 접근과 행동적 접근의 결합을 이뤄내려는 것으로 볼 수 있다.

그러나 이들 수업 모형은 인지적, 정의적, 행동적 요소의 유기적 통합이 아니라 정의적 혹은 행동적 요소를 하나 더 추가한 비유기적 결합에 지나지 않는 문제가 있다. 봉사 학습 모형이나 가정 연계 모형 등의 경우, 행동적 요소의 강화로 간주할 수 있으나, 이미 교실 밖을 넘어선 활동으로 더 이상 교실 속에서 소화할 수 없는 교수활동이 되고 말았다. 적어도 7차 교육과정에 등장한 새로운 교수-학습 모형에서 인지적, 정의적, 행동적 영역이 굳건히 자리 잡고 전개되는 활동은 찾아보기 어렵다. 이는 교과서 기술의 측면에서 볼 때 보다 심각하다.

3) 교과서 기술

도덕교과서는 생활 영역 확대 구성에 따른 중복 기술로 흥미를 떨어뜨리며 식상한 이야기로 흥미가 반감된다.[98] 물론 교과서가 흥미만을 목적으로 만들어져야 하는 것은 아니지만 도덕교과서는 생활 영역확대에 따라 영역구성이 경직되어 있고, 덕목 전달을 위해 억지스러운 예문이 수록된다. 이는 생활 영역의 확대법을 경직되게 적용할 때 발생될 수 있는 문제들 가운데 하나이다.

주지하듯 2차 교육 과정의 반공·도덕 생활 영역에서 예절 생활, 개인 생활, 사회생활, 국가 생활 등 네 영역으로 나눠졌다. 이들 영역의 구분은 이후 3, 4차 도덕과 교육과정에서 그대로 반복해서 나났고 5, 6, 7차 교육과정의 내용체계 구성 역시 이들 영향을 벗어나

---

98) 오기성, 「초등 도덕과 내용체계의 재구성: 주제 중심 접근」, 한국초등도덕교육학회, 『초등도덕교육』 제10집 (2002. 12), 83쪽.

지 못하고 있다. 5차 교육과정에서는 사회생활은 가정·이웃과 시민생활로 분화되고, 6차 교육과정에서는 개인, 가정·이웃·학교, 사회, 국가·민족생활 등 넷으로 나눠졌으며[99] 7차 교육과정은 이를 유지하고 있다. 물론 생활 영역 확대법은 동심원적으로 커져 가는 어린이의 생활 세계를 배려한 교육적·심리학적 고려라고 간주할 수 있지만, 그것이 여전히 유효한지는 의문이 있다. 생활 영역 확대에 대해서 지적할 수 있는 보다 더 근본적인 문제는 그것이 개인과 사회의 뚜렷한 구분을 전제로 하는 근대적 사회관을 넘어서지 못한다는 것이다. 데카르트의 코기토 상정 이후 형성된 재래의 개인과 사회의 이분법적 도식은, 20세기 철학사를 거치면서 여러 방식으로 반성된 지 오래이기 때문이다.

나아가 생활 영역 확대의 접근도 문제이지만 그 구체적인 도덕과의 가치·덕목을 살피면 문제는 더 심각해진다. 그것은 주요 가치 덕목들을 "개인윤리적 접근에 기초하여 개인적 도덕성을 함양하기 위한 덕목들을 위주"[100]로 구성한다는 점이다. 도덕적 쟁점을 주로 사회 윤리적 논의들을 개인 윤리로 환원하여 도덕적 문제를 개인적 차원에서 다룰 수 있도록 구성한 것이 현실이다. 가령 6학년 도덕 교과는 3단원 <너그러운 마음>에서 "용서하는 사람", "수지의 그림" 등의 제재로 관용의 덕목을 제시한다. 그러나 여기서 짐작할 수 있듯이 개인 차원의 관용은 제시할지언정 사회적 차원의 관용(tolerance)은 언급하지 않는다. 도덕 교과는 개인의 덕목에 지나치게 관심을 둘 뿐, 차이는 틀림이 아니라는 관용의 정신을 사회적 차원으로 담아내지 못했다.[101] 생활 영역확대의 방식으

---

99) 교육부, 『초등 학교 교사용 지도서 도덕 6』, 1997, 11–20쪽.
100) 오기성, 「초등 도덕과 내용체계의 재구성: 주제 중심 접근」, 80쪽.

로 가정·이웃·학교생활 영역에 해당하는 관용의 덕목을 제시는 하였지만 관용이 개인적 차원의 관용에만 그칠 수는 없다.

그러나 다른 한편, 역설적이게도 국가·민족생활 영역에서는 개인중심의 윤리 구성은 사라진다. 이는 처음부터 개인에 대한 성찰이 존재하지 않았던 당연한 귀결이다. 도덕 문제를 개인의 문제로 환원시키던 문제의식은 국가, 민족 중심의 윤리 속에서 함몰되며, 결과적으로 이제까지 굳건히 지켜왔던 개인적 차원의 윤리는 국가와 민족생활 영역 속에서 어떤 불화도 야기하지 않은 채 사라진다. 그러나 "민족을 포함한 어떠한 추상적 공동체도 구체적인 개인의 생명과 존엄성만큼 중요하지 않다"[102]는 기본적인 문제 제기가 의미 있다면 국가·민족생활 영역 역시 개인과 국가 혹은 개인과 사회, 아니면 민족의 관계를 고민하도록 유도할 수 있어야 한다. 그러나 엄격하게 생활 영역이 나눠진 현재의 도덕교과로서는 이런 시도 자체가 불가능하다.

구조적 측면에서 발생하는 사회적 사태를 개인의 덕성 함양으로 극복하려 한다든지, 개인의 가치를 민족과 국가 중심의 공동체 정신으로 환원시켜버리면 이런 식의 도덕적 문제의식은 심각한 문제

---

101) 최문성은 6학년 도덕 교과 4단원 '사랑과 자비'에서 장발장의 일화를 간단히 소개한 뒤 『레 미제라블』의 근본적 의도와는 달리 개인적 차원의 불행과 관용에 초점을 맞춘 교과서 기술을 비판한다. 물론 개인적 차원의 관용을 위해 원작의 의도와는 달리 필요에 따라 부분적인 소재를 원용할 수 있다. 그렇지만, 이제까지 도덕 교과의 기술은 개인적 차원의 윤리 강화 수준을 넘어서지 못했던 것이 사실이다. 최문성의 비판은 6차 교육과정 6학년 도덕교과의 한 제재에 관련된 것이었지만, 적어도 교과서 기술에서는 7차 교육과정도 이 수준을 벗어나지 못한다.(최문성, 「한국 초등도덕교육의 비판적 성찰-그 이론의 식민지성을 중심으로」, 264쪽.)

102) 권혁범, 『민족주의와 발전의 환상』, 솔, 2000, 13쪽.

를 낳게 된다. 사회적 차원의 문제의식을 고려하지 못한 개인 윤리는 절반의 도덕교육에 지나지 않으며, 개인의 인권 혹은 의미에 대한 성찰이 결여된 민족과 국가 중심의 도덕교육은 자칫 국가주의의 도덕교육으로 귀결되기 쉽다. 그럴 때 도덕교육은 사회적 사실을 망각한 도덕적 문맹교육으로 혹은 국가주의적 반성찰적 도덕교육으로 전락할 위험이 있다. 도덕교육폐지론이 제기된 근원적 이유 중 하나는 여기에 있다.

내용적 측면에서 두고 말한다면, 현행 교과서 내용구성으로는 도덕적 사고력을 구현하는 데 있어서 별로 효과적이지 못할 뿐만 아니라 때로는 부적절하다. 적절한 교과서 예화의 미확보도 문제이지만, 때때로 교과서는 도덕적 판단력을 저해할 정도의 심각한 문제의 제재를 수록하기도 한다. 2002년도 6학년 도덕 교과서, 5단원 <함께 지키자>의 한 가지 제재, <법을 존중한 소크라테스>103)는 준법정신을 함양하기 위한 인지적 접근의 1차시 내용이다. 해당 원문의 일부분을 보자.

그들이 소크라테스를 고발한 죄목은 '아테네의 젊은이를 타락시키고, 나라에서 인정하는 신을 믿지 않고, 새로운 신을 믿었다.'는 것이었습니다. 소크라테스는 고소장의 내용대로 고발당하였고, 재판을 받은 끝에 사형 선고를 받게 되었습니다. 소크라테스는 감옥에 갇혀서 사형을 기다리게 되었습니다.(…)소크라테스의 친구 크리톤이 감옥으로 소크라테스를 찾아가, 탈출할 것을 권했습니다.
크리톤의 말을 들은 소크라테스는 이렇게 말했습니다.
"훌륭한 시민은 불의를 행해서는 안 되며, 남을 해쳐서도 안 되네. 그리고 국가와 시민 사이에는 반드시 서로 지켜야 할 약속이

---

103) 도덕 6, 5. 함께 지키자. 68 – 70쪽.

있네. 그것을 지키기로 동의했으면 그 약속을 반드시 지켜야 한다
네. 지금까지 이 약속에 따라 국가는 나를 보호해 주었고, 나는
국가와의 약속을 잘 지켜왔네. 그런데 이제 와서 내게 불리하다고
탈주를 하면 그것은 스스로 국가와 한 약속을 깨는 것이네. 따라
서 그것은 불의를 행하는 것이며, 결국 국가를 해치는 결과가 되
는 것이네. 만일, 모든 사람이 자신에게 유리할 때에는 국가에서
살다가, 국가가 시민에게 법에 따라 벌을 주려고 할 때는 탈주하
려 한다면, 우리의 조국은 어떻게 되겠는가? 그리고 누가 우리의
조국을 지키겠는가? 우리를 낳아주고 길러 준 것은 조국이므로
조국에 대해 항상 존경하고 순종하여야 한다네. 이런 까닭으로 나
는 법에 따라 재판을 받았고, 그것이 나의 목숨을 빼앗아 가는 것
일지라도 지켜야 하는 것이네. 나에게 사형을 선고한 이 법이 정
당하지는 않지만, 그렇다고 그 법을 어길 수는 없다네.” 하면서
소크라테스는 크리톤의 탈출 권유를 거절하였습니다.
크리톤은 더 이상 소크라테스에게 탈출을 권유할 수 없었습니다.
크리톤은 소크라테스가 탈출하지 않는 까닭이 ‘악법도 법’이라는
법의 존중 정신뿐만 아니라, 법을 지킴으로써 사랑하는 조국 아테
네를 더욱 굳건히 지키겠다는 의지에 있음을 알고 커다란 감동을
받았습니다.

위 일화의 도입 의도는 준법정신의 함양에 있다. 도덕교육에서
지켜야 할 규칙에 대한 이해와 실천의 필요성을 부정하는 것이 아
니나, 준법의 필요성에 대한 글로서 이 일화의 소개는 실패한 것
이다.

이 일화는『크리톤』이라는 비교적 짧은, 플라톤 대화편의 일부를
반영하고 있다. 교사용 지도서에도 교과서 집필진의 참고 서적은
밝혀 있지 않다. 그러나 플라톤의 대화편 어디에서도 소크라테스
가 ‘악법도 법’이라는 말을 명시적으로 한 적이 없다.104) 조금만

주의를 기울여 읽으면 위 일화의 재구성 역시 소크라테스는 법의 준수에 있어서도 최소한 나와 국가(국법) 간의 자유로운 동의 정도는 전제하고 있음을 확인할 수 있다. 따라서 '악법도 법'이라는 의미가 시민의 일반의지와 무관하게 악법도 무조건적으로 수용해야 한다는 뜻이라면 그것은 나와 국가 간의 자유로운 동의에서 수용했다는 전제를 벗어나는 결론일 뿐이다. 이는 논리적인 오류의 전형이다. 한 걸음 더 나아가, 교과서 70쪽 관련된 발문, "소크라테스가 '악법도 법'이라고 하면서 탈출을 거절한 마음을 느껴봅시다"에 이르게 되면, 우리는 경악을 금치 못한다. 이는 단지 논리적 차원의 문제가 아니다. 소크라테스를 출현시켜 어린이들에게 '악법도 법'이니 실정법을 강요하면 조건 없이 따르라는 것은 『크리톤』에 대한 단순한 오독만이 아니라, 반도덕교육을 도덕의 이름으로 강요하는, 성찰과 거리가 먼 유사 교과서일 뿐이다.[105]

---

104) Plato, *Crito, The Dialogues of Plato,* Vol 1, trans. by B. Jowett, Oxford University Press, 1969, pp.371 – 384. '악법도 법'이라는 직접적 표현은 『크리톤』 어디에서도 찾아볼 수 없다. 이후 확인한 것이지만 이 집필 부분은 어린이를 위한 소크라테스 위인전을 참고한 것이었다고 한다. 문제는 해당제재 집필자의 문제도 문제이지만 이에 대한 적절한 지적도 제시하지 못한 적지 않은 심의진들의 문제의식도 심각하다.

105) '악법도 법'이라는 말은 소크라테스와 무관하고 이미 교과서 논의의 맥락에서도 이탈할 뿐만 아니라 왜곡된 채 수구적 이데올로기를 정당화하고 있다. "막연히 '민주시민'의 '준법 의무'를 강조하는 남한의 교과서는 그러한 민주시민이 충성을 바칠 가치가 있는 민주 사회와 민주 정부를 수립하고 유지하기 위해서 언제, 어떠한 조건하에서 법규 준수 의무에서 해방되어 독재 정권에 저항·봉기할 수 있는지에 관해서는 아무런 언급이 없다."(강정인, 『소크라테스, 악법도 법인가?』, 문학과지성사, 1994, 100쪽.) 따라서 도덕교육은 규칙 따르기도 필요하지만, 규칙거부하기, 좋은 규칙과 나쁜 규칙에 대한

"도덕 교과서는 도덕과 교육을 위한 하나의 좋은 자료"에 지나지 않기에 "어떤 부분은 더 잘된 자료로 대치"하라는 친절한 안내에도 불구하고[106] 이미 이 정도의 문제점이 노출되면 다른 것은 그만두고서라도 최소한의 교과서 자격조차 의심받을 수 있다. "도덕적 문제를 바람직하고 합리적으로 해결할 수 있는 판단 능력을 기르며, 올바른 시민 의식"을 함양하게 한다는 7차 교육과정 도덕과의 목표와는 전혀 상반된 채 이 제재는 잘못된 추론의 소개와 허위 기술, 그리고 '악법도 법'이라는 오도된 준법정신을 유포하여 국가의 일방적인 폭력마저 정당화할 여지가 있다. 이는 단순한 실수가 아니라 통합적 접근에서 노출된 인지적 접근의 소홀함이, 도덕교육에 대한 문제의식의 박약함이 교과서 기술에서 극명하게 나타난 것이다.

3. 7차 교육과정 도덕과의 이론적 토대에 대한 반성

1) 도덕교육으로서의 인격교육론

인격교육은 다음에서 보듯 7차 도덕과 교육과정 개정의 직접적인 배경 중 하나이다.

성찰과 같은 주제가 포함되어야 한다. 문제가 된 교과서의 본문과 발문 일부는 이후 교과서에서는 수정되었다.

106) 교육 인적 자원부, 『초등 학교 교사용 지도서 도덕 6』, 2002, 44쪽.

오늘날 윤리학계에 덕 윤리학(ethics of virtue)이 새롭게 부활되는 것과 때를 같이하여, 도덕교육계에도 이론의 변화를 가져와 앞으로의 도덕교육은 학생들의 도덕적 덕과 인격을 육성하는 것을 주된 과제로 해야 하며, 이를 위해 인지적·정의적·행동적 접근이 통합적으로 추구되는 인격교육적 접근 내지 덕 교육적 접근을 추구하는 방향으로 나아가야 한다.(…) 초등 도덕과 교육에서도 이에 부응하는 방향의 교육 과정 개정을 도모할 필요가 대두되었으니, 이것이 또한 개정의 한 배경이 된 것이다.[107]

미국에는 1920년대와 매우 흡사하게, 1980년대 후기와 1990년대 초기에 인격교육이 열병처럼 유행되었다.[108] 개정 배경에서 밝혔듯이 7차 교육과정에서 강조하는 인격교육은 미국 도덕교육론의 영향 하에 있었다고 보아도 좋다. 인격교육의 의미를 좀 더 분명히 해야겠지만 지금의 교육과정에서 언급하는 인격교육론은 통합적 인격교육으로 보아야 한다.[109] 왜냐하면 개정 배경에서 밝힌, "인지적·정의적·행동적 접근이 통합적으로 추구"된다는 것은 바로 전형적인 통합적 인격교육론의 핵심과 일치되는 것이기 때문이다.

실제 인격교육에서는 무엇을 추구하려는 것인가? 대표적인 인격교육론자인 리코나에 따르면 인격교육의 목표는 인격의 세 측면, 곧 사고, 행위 그리고 사고와 행위의 가교로서의 도덕적 정감을 개발하는 것이다.[110] 즉 인격의 세 측면, 도덕적 지와 실천, 그리

---

107) 교육부, 『초등학교 교육과정 해설(Ⅲ)-국어, 도덕, 사회』, 1998, 178쪽.

108) 레밍, 「효과적인 인격교육의 탐색」(James S. Leming, "In search of Effective Character Education", Educational Leadership, November, 1993.) 정세구외, 『인격교육과 덕교육』, 배영사, 2000, 47쪽.

109) 정보주 역시 7차 교육과정의 철학적 토대를 통합적 인격교육이라고 규정하고, 그것을 이전의 덕 교육 혹은 인격교육의 극복된 형태로 평가한다. 정보주, 「제7차 초등도덕교육의 철학적 토대」.

고 감수성의 고양이 인격교육의 일차적 목표이다. 이러한 리코나
의 인격교육의 목표는 앞서 소개한 7차 교육과정 개정의 이론적
배경과 일치한다.

통합적 인격교육이라는 말에서 알 수 있듯이 인격교육론은 좋은
습관과 인격 기르기를 목적으로 하지만 동시에 지배적인 원칙으로
의사결정에 있어서 정의적 차원 또한 강조한다.[111] 이는 특기할
만한 일이다. 왜냐하면 통합적 인격교육론에서는 인격형성이 학습
과 의사결정 등 인지적 접근과 양립 혹은 통합될 수 있음을 전제
로 하기 때문이다. 인지적, 정의적, 행동적 요소의 통합을 의미 있
게 간주한 리코나는, 인격발달을 추구하기 위해서 교실에서 이루
어져야 할 네 가지 과정을 다음과 같이 소개한다.[112]

1. 자기 존중과 도덕공동체 건설
2. 협동 학습
3. 도덕적 반성
4. 참여 의사 결정

적어도 인격교육에서는 도덕적 반성을 간과하지 않는다. 인격교
육은 개인의 인격 형성을 위해 인지적 접근인 도덕적 반성을 추가
할 뿐만 아니라 협동 학습과 의사결정과정에의 참여를 유도할 정
도로 정의적, 행동적 요소의 통합에도 관심을 기울인다. 그러나 우

---

110) Thomas Lickona, "An Integrated Approach to Character Development
in the Elementary School Classroom", p.67.
111) 버렛과 루스닉, 「통합적 인격교육」, 정세구외, 『인격교육과 덕교육』,
배영사, 2000, 102쪽.
112) Thomas Lickona, "An Integrated Approach to Character Development
in the Elementary School Classroom", p.69.

리가 주의 깊게 보아야 할 것은 그 통합적 접근의 원리와 의미, 그리고 실제이다.

과거 덕 교육이 교화 혹은 행동 중심에 그쳐 인지적 접근의 의미를 놓쳐버린 것을 고려할 때 통합적 인격교육이 과연 어느 정도 도덕적 제 요소의 통합에 성공했는지 분석하는 것은 여러 가지 의미가 있다. 그것은 대안의 도덕교육으로서의 자격을 살피는 것일 뿐만 아니라 도덕교육의 본래 과제를 다시 생각해 보게 하는 것이다.

그런데, 통합적 인격교육론은 교실에서 일어나는 규칙이나 계획, 문제들에 관한 의사 결정에서 어린이들로 하여금 서로 존중하게 할 뿐만 아니라, 도덕적 추론과 적절한 도덕적 환경, 그리고 행동으로의 실천 기회를 제공하고 있다.113) 그러나 과연 이것으로 리코나식의 인격교육이 통합적 접근에 성공했다고 볼 수 있을까? 인격교육에서 인지적, 정의적, 행동적 제 요소 중 어느 하나도 놓치지 않으려는 문제의식에 대해서는 존중하지만 그렇다고 해서 그 문제의식이 제대로 된 통합의 결과를 보증해 주는 것은 아니다. 인격교육론에서 도덕적 사고력의 함양을 위해 인지적 요소를 고려하기도 하지만 인지적 측면의 훈련이 인격 함양을 위한 보조적인 수단에 그치지 않는다는 것은 명확하지 않다. 만일 리코나식의 인격교육에서 통합의 원리를 분명히 하지 않는다면 그 통합은 어린이철학의 관점에서 볼 때 도덕적 사고의 수단화가 될 가능성은 언제나 놓여 있다.

실제 그가 초등학교 수준에서 제시하는 학급회의의 내용은 학교 내 옷장 정리, 공격적인 어린이 다루기, 절도 다루기 등을 다룬다.

---

113) Thomas Lickona, "An Integrated Approach to Character Development in the Elementary School Classroom", p.77.

그렇지만 옷장 정리의 미비로 친구들에게 서약을 하거나, 학급 회의보다는 집단 규범 익히기에 더 초점을 맞추는 등 인지적 접근의 실제 기능은 문제 해결을 위한 수단에 그치는 것 같은 인상을 준다.114) 물론 이들 두 학급회의가 유치원생과 초등학교 저학년을 대상으로 했음을 고려하면 달리 볼 수 있는 여지가 있다. 그러나 중학교, 고등학교 학급회의에서 알 수 있듯 리코나의 관심은 도덕적 태도나 행위의 변화 등 결과 확보에 관심이 놓여 있다. 어린이의 변화되지 못한 행동의 원인을 "발달단계상의 미성숙함과 학교 밖에서 익힌 가치"115)로 돌리는 것도 도덕적 습관을 인격 혹은 덕의 원천에서 보는 데 따른 것이다. 사물에 대한 경이감이나 사태에 대한 근원적인 물음, 비판적, 논리적, 배려적 사고를 목적으로 삼는 어린이철학의 접근을 상기할 때 통합적 인격교육에서의 인지적 접근은 인지적, 정의적, 그리고 행동적 요소의 통합에서 유기적인 역할을 한다고 보기는 어렵다.

2) 이데올로기로서의 인격교육론

리코나에 따르면 인격교육의 전당인 학교에서 가장 우선적으로 가르쳐야 할 덕목은 존경과 책임감이다.116) 인격교육론은 그 밖에 정직, 공정성, 관용, 사리분별, 수양, 동정심, 협동, 용기 그리고 민

---

114) Thomas Lickona, *Educating for Character: How Our Schools Can Teach Respect and Responsibility*, pp.145 – 147.

115) Thomas Lickona, *Educating for Character: How Our Schools Can Teach Respect and Responsibility*, p.77.

116) Thomas Lickona, *Educating for Character: How Our Schools Can Teach Respect and Responsibility*, p.8.

주적인 가치들도 포함하고 있지만, 이런 덕목은 존경이나 책임감 있는 행동을 위한 수단적 의미의 덕목이다. 리코나의 존경과 책임감, 그리고 인격교육론의 주요 덕목들은 7차 도덕과의 주요 덕목과 유사한데,117) 이는 7차 도덕과 교육이 그랬듯이 리코나의 인격교육론 역시 사회적 문제를 개인적 차원의 인격 함양으로 해결하려고 하는 개인 중심적 윤리의 성격임을 보여준다.

그러나 인격교육의 이러한 문제점은 여기서 그치지 않는다. 인격교육은 일종의 기능주의적 관점을 취하며 학교를 사회적, 정치적 질서를 유지하기 위한 기관으로 간주한다. 인격교육에서 강조하는 가치들은 기성의 사회체계를 존속케 하고, 노동력과 순종을 요구하는 기성의 경제체계와 어떤 불화도 일으키지 않는다. 거칠게 지적하면 인격교육은 "자유시장 경제의 잔인성과 가혹함에 대한 관심도 없고, 증가하고 있는 경제적 불평등과 빈곤의 구조적 본질, 의료 서비스 질의 불균등, 생태학적 고갈, 빈곤 국가의 절망의 확산 또는 지속되고 있는 국제 분쟁 위험성에 대한 관심도 찾아볼 수 없다. 인격교육 운동가들은 도덕적 쇠퇴를 설명하는 기본적인 틀은 사회·경제·문화적 제도에서보다는 왜곡된 개인주의와 자기중심성에"118) 둘 뿐이다.

---

117) 개인생활 영역에서는 생명존중, 성실, 정직, 자주, 절제로, 가정·이웃·학교생활 영역에서는 경애, 효도, 예절, 협동으로, 애교·애향, 사회생활 영역에서는 준법, 타인 배려, 환경보호, 정의, 공동체의식으로 제시된다.(교육부, 『초등 학교 교사용 지도서 도덕 6』, 1997, 20-21쪽.) 7차 교육과정이 6차 교육과정과 달라진 점이라면 3, 4, 5, 6학년 모두 사회생활 영역에서 강조하던 6차 교육과정의 민주적 절차의 가치가 7차 교육과정에서는 누락되었다는 것이다. 민주적 절차는 7차 교육과정에 오면 5학년의 내용 요소로만 남는다. 대신 7차 교육과정에서는 개인 생활 영역에서 정직이 추가되고, 사회생활 영역에서 환경 보호가 새로운 가치로 등장했다.

118) 데이빗 퍼펠, 「인격교육론의 정치학」, 263쪽.

이는 인격교육이 지나치게 개인윤리에 기댄 채 사회적 차원의 도덕적 문제를 간과한 것에 대한 적절한 비판이다. 개인을 사회적 사실의 결과로 간주하는 뒤르케임의 문제의식을 여기서 그대로 반복할 수 없지만, 적어도 사회적 차원의 문제를 개인의 도덕성에서 해법을 구할 때, 방법론적 개체주의의 귀결은 필연적일 수밖에 없다. 이로 미루어 볼 때 인격교육이 정치·사회적 이데올로기를 분명하게 표명하고 있지는 않았지만 그것이 개인주의와 정치·사회적 보수주의를 동시에 취하고 있다는 지적은 틀리지 않은 비판일 것이다.

인격교육이 보수적이라는 것은 정치·사회적 차원뿐만 아니라 문화적 차원에서도 잘 드러난다. 특히 리코나의 성교육은 이를 잘 보여준다. 리코나에 따르면 "최고의 새로운 성교육 프로그램은 금욕을 가르치는 것이다."[119] 비록 가치 있고, 자신감 있는, 유능한 사람으로서 학생의 전체적 성장을 돕기 위한 접근이라고 조건을 달았지만 그의 견해에는 성교육이 제기된 그 상황을 고려하면 보수적이라는 딱지가 붙을 수밖에 없다. 일반적으로 보수주의자들은 성 자체를 위한 성은 부도덕할 뿐만 아니라 나쁜 것으로 본다. 성이란 사랑, 결혼, 생식 등과 관련을 가질 경우에만 도덕적이란 온전한 것이 되기 때문이다.[120]

인격교육의 최고 덕목이 존경과 책임감에 있었음을 상기할 때 리코나의 보수적 성교육은 한편으로 이해할 수 있다. 그러나 혼전 순결에 대한 강한 요구, 선한 양심으로서는 도저히 동의할 수 없

---

119) Thomas Lickona, *Educating for Character: How Our Schools Can Teach Respect and Responsibility*, p.355.

120) 황경식, 「성윤리·성철학·성교육」, 『철학과 현실』, 94년 가을호, 81쪽.

다는 동성애에 대한 시각, 미국 시민 24%만 시인할 뿐인 동성애
를 학교에서 가르칠 때는 동성애에 대한 문제점을 분명히 제시하
라는 리코나의 주장121)은 성교육이 요청된 사회적 사태들과 겉도
는 것이다. 오직 개인 윤리만으로 현실의 제 문제를 해결 혹은 극
복하려고 하는 도덕론의 문제는 도덕적 사태가 걸려 있는 복잡한
사회적, 정치적 차원을 고려하지 못하는 것으로, 인격교육 역시 이
를 반복하고 있다고 할 수 있다.

4. 7차 교육과정 초등도덕과의 개선을 위한
어린이철학의 시사점

7차 도덕과 총괄 목표와 초등 도덕과 목표는 이미 인지적, 정의
적, 행동적 요소의 통합이라는 통합적 인격교육의 정신이 구현되
어 있다. 적어도 목표 설정에서의 통합적 접근은 도덕적 덕과 원
리를 서로 긴밀한 관계로 파악하는 것으로서 도덕교육에 있어서
중요한 입각점이라고 할 수 있다. 다만 요구되는 것은 도덕적 덕
과 도덕적 원리의 결합이 단순한 집합일 수는 없다는 것이다. 도
덕적 덕과 원리의 통합에서 그 원리가 무엇이며, 어떤 방식으로
유기적인 통합을 이뤄내는지 살피는 것은 그래서 의미 있다. 그러
나 인격교육은 그 의도와 노력에도 불구하고 긴밀한 통합을 확보
했다는 확신은 주지 못한다. 또한 인격교육은 성찰, 비판의 인지적
영역을 충분히 녹여내지 못한 채, 보수주의라는 이데올로기를 동

---

121) Thomas Lickona, *Educating for Character: How Our Schools Can
Teach Respect and Responsibility*, pp.362–371.

반하고 있다. 그런 의미에서 도덕교육론으로서의 인격교육뿐만 아니라 이데올로기로서의 인격교육에 대한 반성이 필요하다.

여기서 통합적 도덕교육을 지향하는 또 다른 도덕교육 프로그램 중 하나인 어린이철학에 관심을 가질 필요가 있다. 어린이철학은 그것의 목표와 교수-학습 활동, 교과서 기술 및 정치적 태도에서 유기적인 통합이 무엇을 의미하는지 잘 보여주고 있다. 어린이철학은 어린이에 대한 새로운 이해를 바탕으로 어린이의 철학 가능성뿐만 아니라, 도덕교육으로서의 가능성 또한 주장하는데, 그 접근 방식은 통합적 인격교육의 기본 정신과 맞닿아 있다. 물론 어린이철학은 인지적 접근을 바탕으로 도덕적 요소의 제 통합을 도모한다. 어린이철학론자들이 제시하는 다음의 목표를 살펴보면 잘 알 수 있다.122)

1. 추론 능력 향상
2. 창조성의 개발
3. 개인과 대인 관계의 성장
4. 윤리적 지성의 개발
5. 경험 중에서 의미를 발견하는 능력의 계발

어린이철학의 목표 중에는 추론, 윤리적 지성, 의미 발견 능력 함양 등 인지적 요소가 특히 강조된다. 그러나 여기서 말하는 인지적 요소의 강조란 철학함을 달리 강조하여 표현한 것일 뿐, 정의적, 행동적 영역을 배제하는 그런 의미는 아니다. 또한 창조성

---

122) Matthew Lipman, Ann M. Sharp and Frederick S. Oscanyan, *Philosophy in the Classroom,* pp.64-81.

및 개인과 대인 관계의 성장 강조 등 정의적, 행동적 요소 또한
목표에서 강조된다.

어린이철학의 통합적 접근은 실제에 있어서도 유기적 통합을 보
여준다. 그것은 어린이철학이 정서적인 것과 인지적인 것을 분리
하는 그 자체를 잘못으로 간주하고, 이른바 그 방법론이라고 할
수 있는 철학적 탐구공동체가 단순한 수업방법이 아닌 사고와 행
위의 유기적 결합체라는 데서 분명히 드러난다. 철학적 탐구공동
체는 철학적이라는, 그리고 탐구라는 명칭에서 알 수 있듯 어린이
의 능동적인 사고와 토론을 요구하지만 이는 동시에 배려와 신뢰,
그리고 존경이 동등한 구성요소로 작용하는 실천의 형식이다.[123)
탐구공동체의 구현 속에서 우리는 어린이철학의 인지적 측면과 정
의적, 행동적 측면의 목표를 발견할 수 있다.

철학적 탐구공동체의 건설은 통합적 도덕교육일 뿐만 아니라 교
과서 기술에서도 그 문제의식이 섬세하게 반영되어 있다. 어린이
철학은 연령별로 별도의 교과서와 교사용 지도서를 갖추고 있는데
최초의 어린이철학의 교과서, 『해리의 발견』1장을 보면 탐구의 의
미가 무엇이며 그것이 교과서에서 어떻게 실현되고 있는지 잘 알
수 있다. 1장 전체가 탐구의 과정을 암묵적으로 함축하고 있기 때
문에, 이를 따라가면 자연스럽게 탐구 절차에 익숙해질 수 있
다.[124) 어린이철학은 이렇게 철학적 탐구의 의미를 교과서 기술에

---

123) Laurance J Splitter & Ann M Sharp, *Teaching for Better Thinking*,
　　ACER, 1995, pp.20-21.

124) Matthew Lipman, *Harry Stottlemeyer's Discovery*, pp.1-4. 주인공
　　해리는 졸다가 선생님의 질문에 당혹해하면서 답변을 시도하는데
　　그것이 결국 친구들을 한바탕 웃게 만든다. 자신의 답변에 무엇이
　　문제였는지 의심하며, "모든 나무는 참나무이다"와 같은 문장의 주

서 의도적으로 실현하여 '교과를 통한 도덕교육'을 직접적으로 만
족시키며 동시에 철학적 탐구공동체의 참여 경험으로 '생활을 통
한 도덕교육'을 간접적으로 충족시키고 있다.

 어린이철학을 도덕교육의 측면이 아니라 정치, 사회적 이데올로기
의 측면에서 들여다보면 어린이철학의 철학적 탐구공동체가 지닌 정
치사회적 측면의 의미를 볼 수 있다. 물론 근원적으로 고려할 때 어
린이철학, 특히 립맨의 어린이철학은 그의 철학교과서와 함께 교실
탐구공동체 역시 탈정치적 기제로서 기능한다. 그러나 기존의 도덕
교육론에 비춰볼 때 그 상대적 의의는 분명히 존재한다. 어린이철학
은 리코나의 그것에 비춰 볼 때, 강한 인지적 영역, 즉 비판적, 성찰
적 사고를 제시하면서 민주시민교육의 이상에 다가가려고 한다. 비
록 제한적이기는 하지만, 어린이철학의 철학적 탐구공동체는 민주시
민교육의 한 가지 모델로서, 정치사회화를 위한 방법론의 가능성이
있다. 실제 샵은 철학적 탐구공동체를 단순한 도덕교육 차원의 문제
로 간주하지 않았다. 그는 철학적 탐구공동체가 도덕적, 정치적 차원
을 갖고 있음을 지적하면서, 정치 – 사회적 차원의 이슈를 다룬다고
하더라도 교수활동 자체가 전통적인 교수법에 그친다면 그것은 부적
절할 뿐이라고 지적한다.125) 이는 정당한 지적이다. 교실 속에서의

어부와 술어부의 환위는 오류임을 확인하여 주어부와 술어부를 바
꾸면 거짓이 된다는 일종의 매혹적인 가설을 세운다. 가설을 확보
한 해리는 한 친구에게 자랑하나 결국 "어떤 독수리도 사자는 아니
다"(No eagles are lions)는 친구의 반례 제시로 해리의 가설은 반
증된다. 제기된 반증을 견뎌낼 새로운 가설을 세운 해리는 이를 바
탕으로 교실 밖의 실제 상황, 어머니와 이웃집 아주머니와의 대화
에서 자신이 발견한 철학적 통찰을 응용하는 것이 교과서 1장의 얼
개이다.

125) Ann Margaret Sharp, "A Letter to a Novice Teacher: Teaching

민주시민교육이 재래의 강의식 수업이 아니라 서로 대립된 의견들의 수정을 통한 대화의 변증법이라고 할 때 이러한 철학적 탐구 과정 그 자체는 민주주의의 주요한 정신을 구현하고 있다. 민주주의의 질이 교육 과정의 질을 반영한다고 가정하면, 그래서 탐구에 대한 교육에서 탐구로서의 교육이 된다면 그때 민주시민교육은 공동의 탐구로서의 민주주의를 지향한다. 교육이 진정 학생들을 '탐구하는 사회'의 '탐구하는 구성원'으로서 살도록 준비할 때, 그 교실은 심의 공동체(deliberative community)로 전이된다.[126]

이는 오늘날 대의제 민주주의의 한계를 보완하기 위해 고대 아테네의 직접민주주의를 다시 요청하는 일종의 참여·심의민주주의의 교실적 전개라고 할 수 있다. 심의민주주의는 무엇보다 공적 이성의 힘으로 대화와 토론을 공개적으로 진행하면서 대화에 참여하는 자가 서로를 존중하고 책임 있는 태도를 취할 때 이루어진다. 이러한 심의민주주의는 참여자의 질문과 경청, 그리고 서로 존중하면서 반성적 탐구와 대화를 추구하는 철학적 탐구공동체와 유사하다. 이러한 측면만 두고 볼 때 어린이철학의 철학적 탐구공동체의 정치적 측면은 심의민주주의를 함의할 것으로 여겨진다.[127]

Harry Stottlemeier's Discovery", p.178.

126) Matthew Lipman, *Thinking in Education*, pp.245 – 246.

127) 자유주의적 민주시민교육이 참여를 말하지만 그것이 참여민주주의의 참여를 함의하지 않듯이, 철학적 탐구공동체가 심의민주주의를 위한 학급모형으로서 의미 있는 부분이 있다고 하더라도, 립맨의 어린이철학 그 자체가 참여·심의민주주의를 위한 적실한 교실 모델로서 평가될 수 없다. 자세한 논의는 5장에서 비판적으로 다룰 것이다.

5. 초등도덕폐지론에 대한 한 가지 대답

7차 교육과정 도덕과의 긍정적인 측면을 두고 말하면 이전의 인지주의 노선의 흐름을 보다 분명하게 바꾸어놓았다는 데 있을 것이다. 적어도 좋은 인격과 덕을 함양한다는 것이 교육과정에 전면에 부각되어 교실 안팎에서 습관형성과 실천을 동시에 요구하고 있다. 뿐만 아니라 7차 교육과정은 통합적 접근을 바탕으로 인지적 접근 또한 담아내려고 했다.

그러나 이러한 의도와 노력에도 불구하고, 앞서 살폈듯이 7차 교육과정 도덕과는 긴밀한 통합에 성공적이지 못하다. 그것은 무엇보다 7차 교육과정 도덕과의 이론적 배경인 통합적 인격교육론이 안고 있는 결함이 노출된 것이었다. 비록 통합적 인격교육론이 이전의 덕교육, 인격교육이 보이는 행동지향적 접근의 한계를 극복하면서 동시에 인지적 접근도 수용하려 했지만 결국 교실에서의 교수학습활동에서도 교과 기술에서도 성공하지 못했다. 뿐만 아니라 인격교육이 도덕교육의 얼굴로 등장했지만, 미국 내에 유행처럼 번지다가 우리의 7차 교육과정의 개정 배경까지 등장할 정도의 영향력을 고려할 때 정치적 차원의 평가도 뒤따라야 한다. 소략하게 살펴보았지만 우리는 통합적 인격교육이 사회적·문화적 보수주의 입장을 띤다는 것을 알았다. 실제 인격교육은 사회적 구조 자체의 문제에 대해서는 고려하지 않는다. 이는 우리 도덕 교과의 개인 윤리의 지나친 편중과 맞닿아 있어 현재의 도덕교육의 문제를 극복하는 데 별로 도움이 되지 않을 뿐만 아니라, 오히려 사회적 차원의 도덕적 문제를 개인적 차원의 문제로 볼 수밖에 없는 도덕적 문맹을 양산하는 결과를 초래할 여지도 있다.

정리하면, 기성의 도덕교육이 그래왔듯 7차 교육과정 역시 그 도입배경과 이론적 근거, 그리고 내용체제와 교과서 기술 측면에서 볼 때 거칠고 때로는 결코 도덕적으로 보이지 않는 부분도 없지 않았음을 알 수 있었다. 이전 교육과정의 이론적 배경들이 그래왔듯이 인격교육론은 우리의 상황과 처지와 무관한 미국 도덕교육론의 적극적인 수입이라는 비주체적인 문제의식도 지적되어야 할 것이다.

이를 바탕으로 우리는 최근 불거진, 그러나 이미 수십 년 동안 일종의 공통감각을 형성해 온 도덕교육에 대한 한 가지 시각에 대해 간단히 대답하고자 한다. 훈육과 덕목으로 나아가거나 도구적인 인지적 접근의 경도, 아니면 인지적 요소와 정의적, 행동적 요소의 단순한 집합의 도덕교육론으로 대변되는 지금까지의 도덕교육이 현장의 교사들에게 외면받는 것은 지극히 당연한 것이다. 진보 교육의 중심축인 전교조 내 참교육 실천의 초등부문에서 초등 도덕에 대한 논의의 장이 없는 것은 이러한 문제의식에 기초해서이다. 도덕교육이 덕목 혹은 훈육의 교육이라면 그것은 굳이 교과를 통하지 않고서도 이미 일상에서 실시하고 있다고 해야 할 것이기 때문이다.

그러나 넓은 의미의 철학교육으로서 어린이철학은 도덕관념을 가르치지 않고, 덕목의 숙지도 직접적으로 요구하지 않는다. 교실과 학교를 통한 총체적인 그러나 간접적인 도덕교육의 성격을 지닌다. 어린이철학은 비판적 사고뿐만 아니라 서로를 존중하고 도덕적 문제를 개인적, 사회적 차원에서 살필 뿐만 아니라 무엇보다 타인에 대한 진지한 귀기울기와 물음, 그리고 함께 대화하는 과정에서 상호존중과 배려, 신뢰의 관계를 과정으로 혹은 결과로서 확보한다. 이렇게 철학하는 과정 혹은 결과로서 도덕적 덕목을 체득할 뿐만 아니라 도덕적 주제와 연결된 여러 철학적 사안을 함께 궁구할 기회를 제공하는 도덕교육으로서 어린이철학은 이제 진지하게 검토되어야 할 것이다. 따라서 일각에서 제기되는 초등 도덕교육 폐지론은 손쉬운, 그만큼 성급한 대안이라고 할 수 있을 것이다. 현행 도덕과의 목표와 내용체제, 교과서, 교실수업방법, 교사와 학생의 관계방식의 전환을 전제로, 어린이철학을 숙고할 때 그러한 도덕 교과는 성찰과 선에 대한 감수성과 행위, 그리고 배려의 덕목을 교화가 아닌 교실에서의 삶의 방식으로 구현할, 우리 교육의 한 가지 대안모델을 주도할 교과가 될지도 모른다.

제4장 어린이철학을 통한 도덕과 교육의 구성

1. 초등도덕교육은 숭고한 이야기 듣기로 가능한가?

앞서 우리는 어린이철학의 도덕교육론이 기성의 도덕교육론과 비교할 때 상대적으로 비교 우위에 있고, 나름의 대안 가능성을 보여준다고 밝혔다. 그런데 도덕교육의 철학교육을 주장하는 이들조차 초등 도덕교육의 경우는 도덕적 감수성을 함양해야 한다는 재래의 도덕교육론을 요구한다.

김상봉은 중등 도덕교육의 철학교육으로의 전환을 주장하면서, 넓은 의미의 철학교육이란 정신이 노예상태에 빠지지 않고, 문제를 균형 있게 보며, 현실을 비판할 수 있는 능력을 길러 주는 것이라고 한다. 그는 초등학교 단계에서도 형이상학적이고 윤리학적인 물음을 길러 주는 것이 교육의 과제임을 부정하지 않지만, 초등학교 도덕교육은 특히 미적 감동을 통한 도덕적 감수성 계발에 중점을 두어야 함을 강조한다. 초등학교 과정에서 비판적 사고훈련이 도덕교육의 주된 과제가 되어서는 안 되는 이유로, 지성적 토론이 곧 사람의 도덕성을 보장하지 못하다는 것을 제시하는데 우리는 이에 대해서는 이의가 없다. 왜냐하면 비판적 사고만의 함양이나 도덕적 감수성 계발이 결여된 도덕교육은 현실적인 도덕교육으로서 매력적이지 않을 뿐만 아니라 효과도 없기 때문인데, 이는 지금까지 비판적으로 살핀 립맨의 도덕교육론만 하더라도 충분히 지적 가능한 것이다.

그러나 "도덕이 정신을 일방적으로 억압하고 강제하는 권력이 아니라 정신을 온전한 자기실현을 향하여 격려하고 북돋우는 조력자가 되도록 하려면 (…) 초등학교 도덕교육은 아이들에게 아름답고 숭고한 이야기를 통해 도덕적 행위의 모범적인 선례들을 보여줌으로써 그들로 하여금 그런 모범들을 모방하도록 자극하고 고무해야 한다"[128])는 김상봉의 말은 지나치게 소박하다. 이러한 그의 문제의식은 지성적 토론이 곧 인간의 도덕성을 함축하지 못하듯이 숭고한 이야기 듣기만으로는 도덕적 행위를 함축하지 못한다는 것을 고려하지 못한 것일 뿐만 아니라, 아동기를 지나치게 수동적인 정신의 시기로 보는 데 따른 것이다. 또한 이는 도덕교육의 방법론적 차원 역시 숙고하지 못한 것으로, 그의 논의에는 도덕교육이 취할 수 있는 인지적 접근과 정서적 접근, 그리고 행동적 접근의 유기적 관계가 전혀 고려되고 있지 못하다. 그는 인간의 정신을 "수동성에서 능동성으로 발전하며, 개별성에서 총체성으로 나아"[129])가는 것으로 파악했지만, 이는 어린이 시기에서 수동성과 능동성이 어떻게 교호적으로 작용하는지 살피지 못한 것일 뿐만 아니라, 구체적인 교수활동의 장에서 앞서 지적한 유기적인 접근의 가능성에 대해서 섬세하게 살피지 못한 것이다. 이 때문에, 도덕교육의 세 단계 중에서 중등의 도덕교육은 철학교육으로 전환되어야 함을 제기하면서도 초등 도덕교육은 아름다움과 숭고의 도덕적 접근에 할당시키고 말았다.

그러나 초등 역시 도덕교육의 철학교육으로의 전환이 가능할 뿐

---

128) 김상봉, 『도덕교육의 파시즘』(서울: 길, 2005), 222 – 223쪽.
129) 김상봉, 『도덕교육의 파시즘』, 220쪽.

만 아니라 바람직함을 우리는 다양한 방식으로 보여줄 것이다. 우리의 이러한 시각에 의하면 중등 도덕교육의 철학교육으로의 전환은 논쟁의 여지가 없는 것이다. 여기서는 선행 도덕과 교육과정의 목표와 내용 체계를 비판적으로 간략하게 정리하며, 도덕과 교육과정의 목표와 내용체계를 철학적 문젯거리 중심으로 재구성하고, 대안 프로그램으로서 철학적 탐구 모형을 제시한다. 이 시론에서 제시하는 어린이철학적 접근에 기초한 도덕과 교육의 구성은 도덕성의 인지적, 정의적, 행동적 요소의 통합적 접근을 추진하나 그 결합방식은 선행 교육과정과는 다르다. 어린이철학적 접근에 기초한 도덕과 교육의 구성은 성찰로서의 도덕교육뿐만 아니라 정의적, 행동적 요소를 유기적으로 결합하며, 주제중심내용체계의 도입을 요청한다.

2. 선행 초등 도덕과 내용체계에 대한 어린이철학적 반성

1) 선행 초등 도덕과 교육과정의 개정 방향 및 목표에 대한 어린이철학적 반성

교과로서의 도덕과가 무엇을 목표로 하며 어떤 기능을 갖고 있는지에 대한 물음은 도덕과의 과거사를 일별하면 이해하기 쉬울 것이다. 앞서 언급했듯이, 교과활동 영역, 반공·도덕생활 영역, 특별활동 영역으로 삼분된 제2차 교육과정의 교육 영역은 제3차 교육과정에서 반공·도덕생활 영역이 도덕과로 전이되어 교과활동과 특별활동으로 양분되었다. 반공·도덕생활이 교과로서의 도덕과로 전이될 때 도덕과의 성격에 회의를 보이는 것은 자연스러운 일이었다. 왜냐하면 도덕과가 바람직한 도덕적 앎과 정서, 그리고 행위를 확보하는 것이라면 그것과 반공이라는 특정 정치사회화가 양립할 수 있다고 보기는 어렵기 때문이다. 비록 그간에 정치사회화의 영역에서 도덕과가 점진적인 변화를 보였다고는 하나 반공 이데올로기의 정치사회화를 실시한 과거 도덕교육의 역사는 도덕과에 대한 회의를 제공하기에 충분하였다. 물론 인성교육과 민주시민교육, 그리고 국가, 민족교육을 실시하는 지금의 7차 교육과정을 과거의 부박한 정치사회화의 교육 연장으로 볼 수는 없다. 적어도 정치사회화의 측면에서는 과거와 현재 교육과정의 도덕교육론은 유의미한 차이가 있다. 그럼에도 불구하고 과거 왜곡된 정치사회화의 그림자가 사라진 지금, 일부이긴 하나 여전히 도덕과 교육에 대해 근본적인 회의를 제기하는 것은 무엇 때문일까? 그것은 꼭 정치사회화의 문제 때문만도 아닌 듯하다. 교과로서의 도덕교육에 대해 제기되는 회의는 무엇보다 주체적인 도덕교육론의 부재 탓이 아닐까 생각한다.

7차 교육과정의 도덕과 목표는 앞서 살핀 대로, 개인적 차원에서 생활 습관 및 도덕규범, 그리고 도덕적 판단 능력을 기르며, 사회적 차원에서는 시민 의식과 국가·민족의식, 그리고 인류애를 함양하는 것을 목표로 한다.

그러나 이런 도덕과 목표 상정의 문제는 개인적·사회적 도덕의식의 구현이 서로 어떻게 유기적으로 결합되는지 알기 어렵다는 데 있다. 습관 및 규범의 '의미와 중요성을 이해'하는 데 목표를 둔 6차 교육과정의 목표와 비교해 보면 습관 및 규범을 '익히는 것으로의 전환'은 제7차 교육과정의 주요한 특징 중의 하나로 볼 수 있다. 그러나 도덕성의 인지적 요소와 규범 익히기라는 행동적 요소의 결합이 어떤 식으로 이루어지는지, 7차 교육과정 도덕과는 별다른 답을 제공해 주지 못한다. 도덕과 목표에서 발생하는 두 번째의 문제는 도덕성의 지나친 외연 확장이다. 개인의 도덕성 함양과 함께 개인 사이에 발생하는 모순해법으로서의 민주시민교육은 우리 시대의 공통 감각인 민주주의를 목표로서 제시한 것이다. 그렇지만, 이전 방식대로 개인에서 그 이상의 국가·민족·세계관 확보까지 도덕성을 확대하려는 것은 도덕교육, 특히 초등도덕교육으로서 지나친 외연확대가 아닌가 싶다. 물론 분단의 현실과 우리의 특수한 정치적 이해관계를 고려하지 않을 수 없지만, 지금 방식대로 국가애와 민족애, 인류애를 직접적으로 요구하는 것은 원하든 원치 않든 교화 수준을 벗어나지 못할 우려가 있다. 분단현실을 고려한 통일교육의 경우, 이 또한 타자의 존재에 대한 인정을 바탕으로 한 민주시민교육, 평화, 인권교육의 일환으로 실시하는 것이 바람직하며, 이는 도덕과의 특성을 유지하는 데도 도움이 될 것이다. 평화 통일에서도 '평화'의 의미를 묻고, 그 물음을 전제로 통일의 의미를 끌어내어야 하고, 국가애와 같은 경우도 국가와 개인의 관계에 대한 초보적인 성찰을 바탕으로, 인권을 바탕으로 국가애에 대한 논의를 도출해야 할 것이다.

따라서 민주시민교육은 앞으로 보다 더 강화될 필요가 있다. 물론 현재 실시되고 있는 도덕과 교육 또한 민주시민교육의 확보를 주요 목표 중 하나로 삼고 있기는 하나 문제는 현실의 교과 구성이 그런 목표를 충족시켜 주지 못한다는 데 있다. 우선 제재활동이 충분하게 확보되지 못했을 뿐만 아니라, 보다 근본적으로 도덕과 교수-활동의 원리나 학습이 이루어지는 수업 과정의 정치적 차원의 문제는 아직 고려조차 하지 못했다. 결국 현재의 도덕과 교육이 내세우는 민주시민교육은 여러 가지 것을 고려할 때 아직 도덕과로서 특화된 목표라고 보기 어려울뿐더러 민주시민교육과 그것을 위한 도덕과의 실제 구성의 간극 또한 큰 과제이다.

2) 도덕과 목표 설정의 일반적 원리에 대한 어린이철학적 반성

7차 초등학교 도덕과의 목표는 다음과 같은 세 가지 일반적인 원리에 의거해서 제시되었다. 첫째는 학교급과 학년 간의 계열성을 인식하여 인지적, 정의적, 행동적 요소를 학습하게 한 것이고, 둘째는 낮은 학교급과 학년에서는 기본 생활 습관 및 도덕적 규범 이해에 중점을 두고, 높은 학교급과 학년에서는 도덕적 사고력과 자율성 획득에 중점을 두었다. 셋째는 초등학교 전 학년에 계열성을 확보하기 위하여 개인·가정·이웃·학교·사회·국가·민족생활의 전 영역을 학생들의 발달 상황에 맞게 내용을 구성하였다. 이상의 일반적 원리를 다시 정리하면, 도덕성의 세 가지 요소를 학습하게 한다는 통합적 원리, 그리고 저학년과 고학년의 특성에 맞춘 도덕교육의 내용, 생활 영역의 전 영역 학습이라는 계열성 확보를 특징으로 한다.

목표 구성의 세 번째 원리인 생활 영역의 확대 문제는 앞서 지적했기에 여기서는 생략하고, 나머지 두 문제에 대해서 지적하고자 한다. 도덕과 목표 원리의 두 번째 문제는 저학년과 고학년 간에 달리 상정한 도덕교육의 방향이다. 7차 교육과정에서는 저학년은 생활 습관 및 도덕적 규범 이해에 맞추고 고학년은 도덕적 사고력을 강조한다. 물론 목표의 원리에서 보이는 다소 도식적인 구분과는 달리 실제는 양자의 보완을 함축한다. 가령 7차 교육과정의 도덕과 교육의 목표 체계 설명에서 3, 4학년은 도덕적인 습관 형성과 도덕적 규범의 의미 이해에 중점을 두었지만 어린이 스스로 자율적인 도덕성을 함양하기를 요구한다. 3, 4학년 어린이에게도 초보적 단계이지만 스스로 판단하고 행동하는 단계를 거치게 하여 도덕 생활의 실천을 성숙하게 하는 기초를 쌓게 한다고 되어 있다. 그러나 오늘날 어린이철학의 성찰을 염두에 둔다면 현행 도덕과 교육의 목표 체계는 3, 4학년 어린이에게 도덕적 성찰 기회를 충분히 주려는 의지가 없는 것 같다. 이는 인격교육을 지향하면서도 발달론적으로는 여전히 인지발달론을 전제로 하고 있는 7차 교육과정의 한계에서 기인한다. 7차 교육과정 목표 체계 설명에 따르면130) 이러한 저학년 고학년의 도덕교육방향의 구분 이면에는 피아제의 발달 단계 이론에 의존하고 있다.

앞서 지적한 바대로 피아제의 발달 단계에 의존하여 구체적 조작기에 맞춘 초등도덕교육의 방향 설정은 재고의 여지가 있다. 여러 각도에서 피아제의 인지발달론에 대해 비판이 가해지는데, 일군의 철학자들은 피아제가 상정한 어린이관을 근본적으로 의심하며, 형식적 조작기 이전에도 논리적 사고뿐만 아니라 추상적인 사고 또한 가능함을 주장한다. 메를로퐁티는 성숙을 자기중심성을 탈피하며 객관성과 진리로 향한 상승으로 그리는 피아제의 의견에 반대하며 주관성의 표현의 관점에서 어린이의 언어와 성인의 언어는 상당히 닮았다고 반박한다.131) 매튜스의 경우 발달 심리학자들이 우리 사회에서 일반적으로 무시되는 철학적 능력의 발달보다는

---

130) 교육부, 『초등 학교 교사용 지도서 도덕 6』, 2002, 18쪽.

131) Matthew Lipman & Ann Margaret Sharp(eds.), *Growing Up with Philosophy,* pp.220 – 221.

널리 인정되는 능력의 발달에만 관심을 가진다고 지적하며 인지심리학자들의 발달과 어린이에 대한 선입견을 지적한다.132) 여기서 보다 현실적으로 중요한 지적은 어린이들이 공동으로 추상적 사고에 참여할 수 있다는 것이다. 6-8세의 어린이들로 구성된 탐구공동체가 가능하고 존재한다는 것은 이를 부정하는 가정이나 이론들을 허위화시킨다.133)

도덕과 목표 원리 중 세 번째로 지적할 수 있는 문제는 앞서도 지적한 바 있는, 인지적, 정의적, 행동적 요소의 학습을 가능하게 하는 이론적 토대가 무엇이냐 하는 점이다. 도덕적 요소의 통합적 학습은 어린이철학적 접근을 통한 교육목표 설정에서도 훌륭한 일반원리에 해당한다. 인지적 요소만 강조한다든지 아니면 행동적 요소에만 치중한 도덕교육론을 제기하는 것은 인지적 요소와 정의적 요소 혹은 행동적 요소를 별개의 것으로 본다는 점에서, 그리고 도덕교육의 효과 면을 고려할 때 온당하지 않다. 여기서 제기하고자 하는 문제는 7차 교육과정은 이들 요소의 학습이 어떻게 이루어지며 그 이론적 토대가 무엇인지에 대해서 분명히 제시하지 못하고 있다는 사실이다. 그러다 보니, 수업의 전개는 1교시 인지적 수업, 2교시 정의적 수업, 3교시 행동적 수업으로 늘어놓고 단지 이들을 묶어둘 뿐이다. 도덕적 지와 실천, 그리고 감수성의 고양이라는 인격교육의 목표는 7차 교육과정 개정의 이론적 배경과 흡사하나 그렇다고 해서 현행의 교육과정이 리코나식의 도덕교육론을 철저하게 받아들인 것 같지는 않다. 왜냐하면 7차 교육과정

---

132) Gareth B. Matthews, *Dialogues with Children,* pp.116-117.

133) Laurance J Splitter & Ann M Sharp, *Teaching for Better Thinking,* ACER, 1995, p.22.

의 중, 저학년의 도덕교육은 리코나식의 통합적 인격교육론조차 구현하지 못한 듯 보이기 때문이다.[134] 현행교육과정은 습관교육으로서의 바른생활과 약화된 인지적 접근의 도덕과 교육에 그쳐 리코나의 통합적 인격교육에도 이르지 못했을 뿐만 아니라 자칫 도덕적 성찰의 무력화를 가져올 수 있다.

3) 선행 도덕과 내용 체계에 대한 어린이철학적 반성

7차 도덕과 교육과정은 생활 영역별로 다루어야 할 내용 요소를 다음의 원칙에 따라 제시하였다. 첫째 개인의 도덕성 성장에 필요한 요소와 인격 형성에 필수적인 규범을 가능하게 한 요소를 포함하고, 둘째 영역별로 주요 가치와 덕목을 중심으로 내용을 선정하였고, 셋째, 전통적 덕목과 민주시민의 가치와 덕목을 동시에 고려하고, 넷째, 어린이의 경험 내용과 사고 수준에 맞게 선정하며 다섯째, 오늘날 사회의 도덕적 문제들을 포함하였다. 해설서는 내용 선정 원칙이 절대적인 것은 아니나, 선정이유로 체계성과 학생들의 발달 상황에 적합한 것을 고려했다고 밝히고 있다.[135]

학생들의 발달 상황을 고려하여 3, 4학년에는 개인 생활과 가정·이웃·학교생활에 비중을 많이 두고, 사회, 국가·민족생활 영역은 적게 다루며 5, 6학년은 개인 생활과 가정·이웃·학교생활보다는 사회생활과 국가·민족생활 영역을 많이 두었다. 개인생활 영역의

---

134) 그러나 이러한 지적으로 리코나의 인격교육론이 정당화되는 것이 아니다. 리코나의 접근은 인지적 접근의 도구화로 인하여 통합적 인격교육론의 원래의 의미를 실현하지 못하고 있다고 비판받을 여지가 있다.

135) 교육부, 『초등학교 교육과정 해설(Ⅲ) ― 국어, 도덕, 사회』, 1998, 195쪽.

가치·덕목은 3, 4학년에는 청결, 위생, 정리 정돈, 맡은 일에 책임 다하기, 물건을 아끼고 소중히 하기, 바른 몸가짐, 스스로 생각하고 실천하기, 시간을 아끼고 잘 지키기 등의 내용을 선정하였는데, 이로써 알 수 있듯 덕목교육을 분명히 지향하고 있다. 5, 6학년도 또한 개인생활 영역에 정직과 절제, 성실과 생명의 소중함을 제시하며 덕목교육론을 잘 구현하고 있다.

그러나 생활 영역별로 덕목을 선택하고 배분하다 보니, 중요한 덕목들이 빠지고 중복되는 경우가 나타나기도 한다. 또한 생활 영역 확대법에 기초했기에 개인과 사회 혹은 개인과 국가의 불화에 대한 도덕적 성찰의 개입이 거부된다. 현행 교육내용체계에서는 사르트르에게 찾아온 한 청년의 고민, '나라를 위해 참전할 것인가 아니면 효를 위해 어머니를 모실 것인가'와 같은 서로 다른 가치의 충돌에 대해 도덕적 성찰을 할 기회 자체가 배제된다. 가정·이웃·학교생활 영역의 덕목들 중 하나인 관용은 타인의 권익 존중 등 개인적 차원의 관용의 의미에 그치고, 최소수혜자의 배려, 소수자의 문제, 서로 다른 사고방식의 인정에 대한 사회적 관용에까지 이르지 못하는 것도 같은 차원에서 지적할 수 있다. 또한 이러한 논의방식은 대부분의 덕목들이 개인 윤리의 성격을 갖는다는 것이다. 이를 선의로 해석하여 개인의 주체적인 도덕성 함양을 통해 사회적 문제마저 해결하려는 전통적 도덕교육의 노선에 서 있는 것으로 이해할 수 있다. 그러나 주체적인 개인의 중요성은 과거의 '국민교육헌장'의 영향과 조국과 민족의 무궁한 영광을 위해 몸과 마음을 바쳐 충성을 다하겠다는 현재의 국가·민족관 앞에서 어떤 관계를 유지해야 할까? 만일 이런 도덕적 고민이 유의미하다면 적어도 지금까지의 생활 영역확대구성에 기초한 도덕교육 내용체계에서는 이를 받아들일 틀 자체를 갖추지 못했던 것이 사실이다.

개인과 사회의 모순 해법이라는 사회 철학적 고민을 도덕교육에 가져올 필요가 있다면, 초등도덕교육 역시 사회·국가·민족 속에 개인의 의미와 위치를 어떻게 상정해야 하는지 선결문제에 대한 해법을 제시해야 한다. 그러나 이런 물음에 대한 문제의식이나 답변 없이 개인윤리차원의 덕목을 요구하고 국가·민족생활 영역에서 개인의 함몰을 다시 요구한다면 도덕교육의 내용체계는 서로 배치되는 가치 덕목의 집합일 뿐이다. 그럴 때 개인생활 영역뿐만 아니라 국가·민족생활 영역의 덕목 배치는 임의적일 뿐이며 그 도덕교육은 왜곡된 교화와 주입으로 흐를 위험이 크다.

3. 어린이철학적 접근에 기초한 초등 도덕과 교육과정의 목표 및 내용 체계

1) 어린이철학적 접근에 기초한 초등 도덕과 교육과정 목표 설정 방향

도덕과 교육이 도덕성 함양을 목표로 함은 두말할 나위 없다. 초등도덕의 경우 어린이의 사회화를 배제할 수 없기에, 도덕규범의 습득도 간과할 수 없는 부분이다. 이는 『소학』의 물 뿌리고 청소하며 사람을 대하는 예절(灑掃應對進退之節)을 여전히 초등도덕교육론의 주요한 한 축임을 인정하는 것이다. 그러나 어린이철학적 접근에 기초한 초등 도덕과의 목표는 이들 목표를 도덕적 성찰 과정 혹은 결과로서 획득하기를 요구한다. 이는 무엇보다 어린이의 주체적 판단, 즉 도덕적 성찰을 중시하기 때문이다. 그런데 여기서 말하는 도덕적 성찰의 의미는 좁은 의미의 인지적 사고를 의미하는 것은 아니다. 립맨식으로 말하면 도덕적 성찰은 비판적 사고, 창의적 사고로 구성된 고차적 사고나 복합적 사고를, 그리고 배려적 사고도 고려하는 다차원적 사고를 동반한다. 따라서 어린이철학적 접근에 기초한 도덕과 교육의 목표는 도덕적 성찰과 함께 도덕적 정서와 도덕적 행위를 동시에 확보하게 하는 데에 있다. 어린이철학적 접근에 기초한 도덕교육의 또 다른 중요한 목표는 민주시민교육을 실시하여 깊게 성찰하고 민주시민으로서 행위할 수 있도록 하는 데 있다. 공동의 도덕적 성찰을 통한 인성 함양은 오늘날 민주시민교육의 중요한 요소로서 간주되는 참여와 심의의 기초를 놓기에 철학적 접근으로서의 도덕성 함양과 민주시민교육은 별개의 두 목표가 아니라 상보적인 목표라고 볼 수 있다.

어린이철학적 접근에 기초한 도덕교육은 추론을 동반한 인지적 접근, 인격 형성, 그리고 감수성 훈련을 동시에 갖고 있기 때문에 새로운 도덕과 교육목표로서 저학년·고학년 어린이 모두에게 도덕적 성찰과 함께 도덕적 정서와 행위의 동시적인 확보를 요구한다. 또한 도덕적 문제를 개인윤리를 넘어서서 사회적 맥락 속에서 살필 수 있도록 했기 때문에 다루는 내용을 인성교육과 함께 민주시민교육의 확보에 중점을 두었다.

철학적 접근에 기초한 도덕과의 목표는 다음과 같은 원리에 의하여 이루어진다.

첫째, 도덕교육에서 정서적인 것과 인지적인 것을 구분하려는 것은 그릇된 시도로 간주될 뿐만 아니라, 사실과 가치의 이분법적인 경계 또한 극복하고자 한다. 도덕적 사태를 복합적인 차원의 문제로 파악하게 하며 어린이로 하여금 인지적, 정의적, 행동적 요소를 골고루 학습하게 하도록 한다.

둘째, 저학년과 고학년 모두 생활 속에서 도덕적 성찰의 기회를 같이 제공한다. 다만 그 수준의 난이도는 학년을 고려한 안배가 있다. 기본적인 습관교육은 어린이들의 진지한 듣기와 물음, 그리고 대화 과정 속에서 획득되거나 혹은 결과로서 가져온다.

셋째, 계열성 확보를 위해서 7차 교육과정까지 도입된 개인, 가정·이웃·학교, 사회, 국가·민족생활 등의 생활 영역확대 구성을 포기하고 대신 주제 중심의 접근을 시도하며 주제의 내용은 어린이들이 일상생활에서 쉽게 접할 수 있는 내용들로 구성한다.

넷째, 도덕교육의 원래의 의미를 강화하기 위하여 민주시민교육을 강화하고 국가·민족생활 영역에 관련된 내용은 민주시민교육 속에 포함시킨다.

2) 어린이철학적 접근에 기초한 초등 도덕과 교육과정의 내용 체계에 대한 방향

7차 도덕과 교육과정까지 적용된 생활 영역중심의 내용체계구성은 학년이 올라가더라도 동일한 가치·덕목을 심화하는 형태를 벗어나지 못하는 한계가 있다. 이 문제점을 극복할 수 있는 하나의 대안으로 간주되는 주제중심접근의 내용체계구성은 다양한 주제를 동반하여 어린이의 흥미를 높이고, 구획된 생활 영역의 가치에 얽매이지 아니하여 복잡한 도덕적 사태를 취할 수 있게 한다. 철학적 접근에 기초한 도덕과 내용체계 구성의 방향도 기본적으로 주제 중심적 접근과 동일한 궤적을 갖는다.

어린이철학적 접근에 기초한 도덕교육의 내용체계로 특기할 것은 다음과 같다.

첫째, 도덕적 사고를 폭넓게 기르기 위해서 형이상학적 문제, 추론의 중요성을 고려한 주제를 포함한다. 가령, 고학년의 경우, 일상생활에서 '나'의 의미를 찾는 어린이철학적 접근의 하나로 '정체성'의 주제를 통해 도덕적 성찰을 유도하게 할 수 있다. 물론 쉬운 소재를 매개로 자기동일성에 대한 논의를 전개시킨다.136) 사고의 규칙, 논리적 추론 훈련의 결과로서 또는 매개를 통하여 도덕적 판단을 고양시킬 수 있도록 추론에 대한 주제가 도입된다. 또한 도덕적 문제를 인간, 사회, 자연과 연결시켜 파악할 수 있도록, 다양한 의미들에 대해 탐색할 수 있는 적절한 주제를 수록한다.

둘째, 6, 7차 교육과정의 생활 영역 중 하나인 국가·민족생활 영역에 대한 내용을 수정하여 제공한다. 초등도덕교육의 목표인 도덕성 함양의 외연을 민주시민교육까지 잡는다. 물론 통일교육, 애국, 그리고 민족애, 인류애를 고려하지 않을 수 없다. 그러나 이는 교화의 형태를 지양하며 민주시민교육과 평화, 인권 교육의 틀 내에서 실시한다.

---

136) 예를 들면, 매튜스는 어린이와 함께 '자기동일성'에 대해 논의하지만 이 논의는 어린이들도 참여할 수 있을 정도로 쉬운 내용으로 구성되어 있다. 가장 오래된 범선을 탔던 이들 간에 논쟁이 벌어지는데 문제의 발단은 이 배의 거의 대부분이 수리를 통하여 복원된 것이라는 점이다. 백 수십 년이 지난 범선이라고 하지만 옛것 그대로 남아 있는 부분이 거의 없다면 이를 가장 오래된 배라고 할 수 있을지 이들은 대화한다.(Gareth B. Matthews, *Dialogues with Children*, "The Ship", pp.37-48.) 도덕교육에서 나를 알기 위한 한 방편으로 조상이나 가계 이해를 동반할 수 있지만, 나에 대한 도덕적 성찰을 위해 형이상학적 정체성 논의를 도입하는 것도 분명 의미가 있는 것이다.

셋째, 어린이철학적 접근에 기초한 내용체계에는 사회적 차원의 윤리에 대한 감각을 키우기에 적합한 주제를 선정한다. 선행 도덕과 교육과정에서 간과한 젠더문제, 평화, 인권 교육, 노동과 환경 윤리 역시 보다 적극적으로 담아내며 어린이의 사회적 정치적 주제에 대한 초보적인 이해와 실천을 가능하게 한다.

선행 주제중심접근의 내용체계 연구는 여럿 있는데, 중등의 경우 주제중심 교육내용체계 시안이 제출되었고,[137] 초등 또한 주제중심 도덕교육내용체계로서 선행 교육과정의 내용을 바탕으로 재구성한 사례도 있다.[138] 이들 교육과정 주제중심 내용체계는 기존의 생활 영역중심의 접근과 분명한 차이를 보인다. 다만 지적하고 싶은 것은 주제중심접근의 성격에 치중하여 보다 충실한 주제중심 내용체계가 개발되어야 한다는 것이다. 즉 기존 생활 영역의 접근 방식에서는 다루지 못한 생활 영역의 경계에 걸린 주제의 개발이나 보다 광의의 도덕적 이슈들을 포함한 주제들이 선정될 필요가 있다.

어린이철학적 접근에 기초한 주제 중심 접근의 내용체계 개발 기준은 다음과 같다.

첫째, 자아 성찰을 돕는 형이상학적 주제와 도덕적 추론, 의미에 대한 탐색과 관련된 주제를 포함한다.

둘째, 서로 다른 도덕적 가치 간의 갈등을 일으키는 도덕적인 개념들을 주제로 선정한다.

셋째, 어린이들이 생활 속에서 쉽게 접할 수 있는 흥미 있는 주

---

137) 정세구, 「중·고등학교 도덕과 교육과정의 주제중심 내용체계 개발 – 제8차 교육과정 개정에 대비한 실험적 시안개발」, 한국도덕윤리과교육학회, 『도덕윤리과교육』, 제11호, 1999. 12.

138) 오기성, 「초등 도덕과 내용체계의 재구성: 주제 중심 접근」.

제를 선정한다.

넷째, 어린이들이 이해할 수 있는 사회적 이슈나 사회적 차원의 윤리와 관련된 도덕적 주제를 수용한다.

다섯째, 민주주의정신을 함양할 수 있는 보다 구체적인 주제를 선정한다.

이상을 바탕으로 대주제 및 소주제로 다루어질 수 있는 것들을 한 가지 예로서 제시한다. 물론 이는 상당히 임의적인 것으로, 내용 측면에서는 연령이 고려되어야 할 것을 전제로 제시한 것이다. 여기서 적시한 여러 소주제의 내용들은 이미 초등학교 4, 5, 6학년 어린이를 대상으로 함께 고민하고 탐구된 바 있는 것들이며, 적어도 어린이들의 반응은 아주 적극적이었다.

대주제	소주제	내용
탐구하는 우리	주체	* 나를 증명할 수 있는 것들의 집합과 나의 관계 * 영화, "디 아더즈" – 누가 주체이고 누가 타자인가 * "선체가 85% 교체된, 150년 전의 것으로 추정되는 잉카 호는 가장 오래된 범선인가"
	나타난 것과 실재	* 실재하는 것 찾기, 정당화하기 * 수에 대한 성찰 – 발견일까, 발명일까? * 시간은 시계바늘의 움직임에 있는가? * 왜 시간은 놀 때 더 빨리 지나가는가? * 가장 작은 모래더미 만들기(점찍기)는 가능한가?
	사고의 규칙 따르기	* '내 손에 코끼리가 들어 있거나 들어 있지 않다'는 문장은 논리적으로 타당한가? * 전제와 결론 만들기 * 근거 찾기와 오류 찾기
가치의 세계	길과 얻음	* 성실의 의미 – 부지런함과 구별 짓기 * 국기에 대한 맹세 성찰 – 일상 언어와 유가의 충과 성 * 호연지기는 산에 올라가야 키워지는가? * 2200년 전의 동양의 여러 '정직' 논쟁 * 자연스러움과 정성스러움이 발휘되는 곳 * 제사의 의미

대주제	소주제	내용
가치의 세계	가치 판단	* 태어난 것은 모두 사라진다 * 부끄러움의 소중함 * 진정한 의리? - "진정한" 과 "의리"의 의미 * 예의는 순종인가 * 하인츠 딜레마 * 친구 작품 감상
주체와 타자	주인의 목소리	* 좋은 규칙과 나쁜 규칙의 구분 - 규칙 따르기와 거부하기 * 토론에서 순서 지키기의 중요성과 연습 * 어린이의 권리 * 여러 민주주의의 순례 * 운동장 조회는 왜 하는가?
	일	* 일의 유형과 의미 * 가사 노동의 중요성 * 노동조합의 역할과 의미, 청소년 아르바이트 * 일과 권리 * 빵은 어떻게 나눌 것인가
	만들어가는 여남 / 남녀	* 세상은 남자의 것인가 – 젠더를 통해 본 세계지도 * 가정에서의 남녀 역할 * 인간을 남녀 두 성으로만 나누어도 되는가? * 남자 여자화(젠더화)된 몸짓과 말투 * 우리가 만드는 양성평등한 교실 규칙 * 운동장은 남자 어린이만의 공간인가(점심시간 체육시간 운동장 성별 공간 사용) * 성에 따른 기호(색깔, 캐릭터, 의상 등) * 성에 따른 학교의 역할 분담
	평화와 생명의 소중함	* 학교는 군대가 아니다 * 어린이, 교실과 학교 폭력을 성찰하다 * 인간과 동물의 권리 * 남북의 어린이들 * 자연이 인간을 보호하는가 인간이 자연을 보호하는가

3) 어린이철학적 접근에 기초한 도덕과 교육과정의 의의

어린이철학적 접근에 기초한 도덕과 교육과정의 의의는 무엇보다 도덕의 세 요소인 도덕적 지와 정서, 행위의 유기적 확보를 가능하게 한다는 데 있다. 도덕교육의 통합적 접근이라는 데서 7차 교육과정과 유사한 점이 없지는 않지만 철학적 접근에 기초한 도덕교육은 도덕적 제요소의 통합에 보다 긴밀하다는 데서 차이가 있다. 뿐만 아니라 철학적 접근에 기초한 도덕교육은 민주시민교육의 목표 달성에 효과적이다. 그것이 추구하는 민주주의 이념은 오늘날 대두되는 참여·심의민주주의의 이상에 근접하고, 철학적 접근 모형은 그에 맞는 독특한 교수-학습 원리 또한 잘 확보하고 있다.

앞서 간단히 지적한 바이지만 현재의 도덕교육이 민주시민교육이라는 목표 구현과 거리가 멀다는 것을 염두에 두면 특히 그 의의는 크다고 할 것이다. 물론 5, 6학년 현행 도덕과 교육과정의 경우 민주시민교육을 위해 민주적 절차 소개와 준법정신 함양의 내용을 포함하고 있긴 하다. 그러나 그 실제를 보면 회의적이다. 사회과와 비교하면 보다 더 분명한데, 민주시민교육이라는 동일한 목표를 가진 사회과의 경우 6학년 2학기에만 19시간에 걸쳐 민주주의교육을 실시한다. 사회과는 6학년 2학기 1단원 '우리나라의 민주 정치'에서 일상생활에서의 정치참여, 사법부, 입법부, 행정부의 기능 숙지, 국민의 권리와 의무 이해 및 인권의 중요성을 다루는 등 스스로 "민주 시민의 자질을 길러 주는 데 주도적 역할을 하는 교과"139)라고 자부하고 있다. 동일하게 민주시민교육을 다루더라도 성찰로서의 도덕교육은 사회과 교육에서의 민주시민교육과 또 다른 방식으로, 보다 성찰적이고, 민주시민교육을 체험할 수 있는 그런 접근이 요구된다. 근간에 대의제 민주주의의 한계를 지적하며, 대안으로 고대 아테네의 직접 민주주의의 이상을 재현하려

---

139) 교육부, 『초등학교 교육과정 해설(Ⅲ)-국어, 도덕, 사회』, 1998, 237쪽.

는 심의민주주의가 제기되는 이때[140] 진지한 물음과 경청, 상호 존중으로서의 어린이철학이 참여·심의민주주의의 정치적 성격을 부분적으로 함의한다는 지적은 의미가 있다.

성찰적이며, 배려적인 교실 공동체의 환경을 형성하지 않고서는 자유와 차별, 폭력에 대한 주제를 도입하기가 힘들다. "교사들이 공동의 탐구와 대화에서 지적 / 인지적인 것뿐만 아니라 정서적 / 인격적인 것을 진지하게 취할 때, 비로소 우정, 섹슈얼리티, 평화와 폭력, 젠더, 성차별 같은 주제를 말해야 할 것"[141]은 정당한 믿음이다.

초등학교 이하, 가령 유아를 대상으로 하는 철학적 탐구 공동체의 운영 사례보고는 도덕교육의 행동적 요소 확보에 강한 인상을 준다. 철학적 탐구공동체 운영 속에서 탐구는 교사 중심의 교사 — 유아 상호작용에서 시작하여 점차 조금씩 교사 중심에서 벗어나 유아 — 유아 상호작용이 이루어지며, 철학적 탐구 공동체 경험으로 유아들은 친사회적 행동 지수도 유의미하게 나타난다. 나누기, 돕기, 배려하기, 그리고 협력하기 등의 하부목표에서도 통제집단보다 나은 점수를 보이는데 이는 철학적 접근에 기초한 도덕교육이 훈육 중심의 도덕교육을 거치지 않으면서도 도덕적 행동을 확보할 수 있는 근거를 보여주는 한 예일 것이다.[142] 형식적 보고는 아니지만, 필자가 경험한, 실제 함께 토론하며 숙고하는, 그러면서 배려하는 교실 공동체의 경험을 가진 어린이들은 피아제가 지적하는 그러한 자아중심성이 강하지 않을 뿐만 아니라 타인의 목소리에

---

140) 임혁백, 『세계화시대의 민주주의』, 나남, 2000, 163쪽.

141) Laurance J Splitter & Ann M Sharp, *Teaching for Better Thinking*, p.187.

142) 조선희·유연옥, 『유아 사고 교육의 이론과 실제』, 창지사, 2001, 145 – 174쪽.

귀 기울이며 잠정적인 논의 귀결에 이르곤 한다.

그러나 어린이철학적 접근에 기초한 도덕교육의 장점에도 불구하고 이 접근이 가지는 한계 또한 생각할 수도 있다. 앞서 살폈듯이 리코나식의 강한 행동적 요소 프로그램의 견지에서 볼 때 어린이철학적 접근의 도덕교육은 행동적 요소의 측면에서 약한 프로그램이라는 지적이 가능하다. 리코나의 행동강화프로그램은 직접적으로 그리고 광범위하게 강한 지역사회의 연대를 요구한다.[143) 반면 철학적 탐구공동체는 교실에서의 탐구를 넘어서지 못한다. 확실히 철학적 접근에 기초한 도덕교육은 행동강화프로그램에 비추어 볼 때 행동적 요소의 확보를 위한 운신의 폭이 좁다. 그것은 강한 성찰적 접근을 포기하지 않으려는 데서 나온 결과이기도 하지만, 이는 듀이에게 원용한 탐구공동체의 실천적 성격을 충분히 고려하지 않은 결과이기도 하다. 철학적 접근에 기초한 도덕교육이 이루어지기 위해서는 민주주의를 경험할 수 있는 민주주의 공동체로서 학교를 건설하려는 노력이 병행되어야 하고, 이를 매개로 학교를 중심으로 한 지역사회공동체의 탐구공동체를 만들 필요가 있다.

---

143) 그가 학부모에게 제시하는 도덕교육의 메시지는 "도덕성은 존경이며, 존경의 도덕성은 단계를 통해서 느리게 발달하며, 상호존중을 강화하고, 좋은 예를 제시하며, 말로 가르치고, 어린이 스스로 생각하는 것을 배우게 도우며, 참된 책임감을 얻도록 돕고, 독립과 통제를 잘 조절하며, 어린이를 사랑하는 것"이다.(Thomas Lickona, "Parents as Moral Educators", In Marvin W. Berkowitz and Fritz Oser(Eds.) *Moral Education: Theory and Application,* (Hillsdale, New Jersey: Lawrence Erlbaum Associates, Publishers, 1985), p.138.)

4. 어린이철학에 기초한 도덕과 교육 구성의 과제

어린이철학적 접근에 기초한 도덕과 교육과정 개발의 시론은 우리 시대가 여전히 이성 결핍의 시대일 뿐만 아니라, 타자에 대한 진지한 고려 역시 동시에 요구되는 시대라는 문제의식에서 나온 것이다. 어린이철학적 접근에 기초한 도덕과 교육은 성찰적 이성의 발현뿐만 아니라 타자의 목소리에 귀 기울일 수 있는 정의적, 행동적 요소의 확보도 염두에 둔 것이다. 7차 도덕과 교육과정의 이론적 토대라고 할 수 있는 통합적 인격교육론의 중점내용과 운영방식을 달리 두면서도 도덕의 제요소를 통합적으로 달성할 수 있는 것은 철학적 접근에 기초한 도덕교육의 또 다른 매력이라 할 수 있다. 이것이 가능한 것은 어린이를 보는 새로운 시각 때문이다. 재래의 인지발달론자들의 시각과 달리 어린이는 나름대로 도덕적 성찰을 할 수 있다는 연구결과는 철학적 접근에 기초한 도덕교육의 근거를 보다 더 강화해 준다.

필자는 이 장에서 어린이철학적 접근에 기초한 도덕교육의 두 축을 개인의 인성 교육과 민주시민교육에 두어 가능한 이 범위를 벗어나지 않도록 했다. 이전 방식대로 인성 교육과 민주시민교육을 넘어 국가·민족생활 영역의 가치와 덕목을 요구하는 것은 재고의 여지가 있다고 본 것이다. 기존의 국가·민족생활 영역에서 다루던 국가애, 민족애 혹은 인류애는 대신 사회적 차원의 윤리, 특히 민주시민교육의 차원에서 평화, 인권 교육, 양성평등, 노동과 환경의 윤리로 나눠 담아낼 수 있다. 또한 철학적 접근에 기초한 도덕교육은 도덕교육의 성찰적 요소를 강화하기 위하여 도덕적 사태뿐만 아니라 이와 관련된 여러 차원, 즉 형이상학적 주제와 추론, 그리고 사회적 차원의 의미 탐색과 관련된 주제를 포함시켰다.

도덕과 목표와 내용체계 이외에도 어린이철학적 접근에 기초한 도덕교육이 갖는 독특한 교육방식은 주목할 필요가 있다. 철학적 탐구공동체의 운용은 민주시민교육의 행동적 측면을 담아내는 장점을 갖고 있다. 오늘날 대의제 민주주의의 대안으로 제시되는 참여·심의민주주의는 다름 아닌 교실에서 실시되는 철학적 접근에 기초한 도덕교육의 자기 전개이다. 우리가 추구하는 민주주의의 이념은, 자유롭게 그러나 진지하게 발언하며 과감히 자신의 생각을 수정하여 잠정적인 합의에 도달하려고 하는 어린이철학적 탐구공동체의 교실활동에서 달성될 수 있다.

이상으로 어린이철학적 접근에 기초한 도덕과 교육과정 개발의 의의를 밝히고 개발을 위한 시론을 제시했다. 어린이철학적 접근에 기초한 도덕과 교육과정은 기존 생활 영역중심의 내용체계 구성을 비판하며 주제 중심적 내용체계 구성으로 전환을 촉구하는데, 이러한 주제중심 내용체계의 구성은 철학적 접근과 만날 때 보다 효과적일 것으로 판단했다. 이 시론은 어린이철학적 접근에 충실하여 도덕과 목표 및 내용체계 개발을 위해 몇 가지 제언을 했지만 결과적으로는 목표 및 내용체계의 방향에 대한 철학적 성찰에 더 치중하였다. 주제중심적 내용체계의 논의에서 학년별로 계열성의 기준이나 학년별 특성을 밝히지 못한 것이라든지, 학년별로 단원과 내용을 배정하는 등 세부적인 논의를 시도하지 못한 것은 이후의 과제로 남겨두고, 다만 소략하지만 어린이와 함께 나눈 대화 하나를 덧붙여둔다.

* 어린이철학 수업 하나
즐거운 추석, 괴로운 추석[144]

교실수업의 목표로 "모두가 즐거운 추석"으로 삼았다. 어린이들과 명절에 친척들이 화목하게 지낼 수 있기 위해서는 여성에 대한 어떤 구체적인 배려가 필요한지에 대해 논의하고 싶었다. 이와 같은 논의에는 어린이들이 이해하고 바라보는 그들의(그러나 대개 아이의 부모 혹은 학교, 그리고 사회 구성원들의) 성역할적 시각이 반영된다. 다음은 열한 살 어린이들(4학년 29명)의 토론의 일부이다. 여기에는 성역할에 대한 자신들의 생각도 그대로 드러나며, 숙고의 과정과 결과도 부분적으로 제시되어 있다. 도덕수업을 통한 말 그대로의, 도덕교과를 통한 철학교육의 작은 연습이었다.

> 선생님: '더도 말고 덜도 말고 한가위만 같아라'는 말을 들어본 적 있습니까?
>
> 아이들: 아니요! 네!
>
> 선생님: 그 말을 그대로 이해하면 매일 매일이 한가위 같기만 하면 좋겠다는 것입니다. 이 속담에는 한가위에 대한 사람들의 기대, 설렘이 담겨 있죠. 천자문에 추수동장(秋收冬藏)이란 말이 있습니다. 이 말은 가을은 거두고 겨울에는 저장한다는 것입니다. 이는 농경 사회를 살았던 옛사람들이 가을을 보는 일반적인 시각이었습니다. 한가위는 햇과일과 햇곡식 등 먹을 것이 풍성하고, 그래서 최소한 넉넉한 마음이 생기고, 웃음이 많아 옛날 사람들은 매일 매일이 한가위만 같았으면 했습니다. 그런데 이 추석이란 날이 누구에게나

---

144) 2004년 9월 21일 서부초등학교 4학년과 나눈 교실 대화 중 일부이다. 등장하는 아이들의 이름은 가명이다.

즐거운 것일까요?

선생님이 어린이 철학반[145]에서 추석이 즐겁지 않은 어린이가 있는지 물어보았습니다. 한 어린이는 친척들이 모이면 항상 어른들은, "왜 이렇게 살이 쪘노!"하고 살찐 것만 이야기하는 통에 친척들 모이는 데에 가기 싫다고 하는 어린이도 있었습니다. 물론 많은 어린이들은 친척들이 모여 함께 이야기하고 노는 즐거움을 말했습니다. 그러나 모든 어른들이 추석을 즐거워하는 것은 아닙니다. 어떤 이는 추석이 다가오면 가슴부터 답답해져 오는 이도 있습니다. 다 같이 즐거운 추석이 되기 위해서는 어떻게 해야 할지, 함께하는 추석에 대해 지금부터 이야기했으면 합니다. 어떻게 하면 추석에 즐겁게 지낼 수 있을까요?

채　영: 남자랑 여자랑 추석을 보낼 때 음식만들기 같은 걸 같이 합니다.

중　우: 나도 그 생각했는데.

민　지: 채영이랑 비슷한데요, 남자만 제사지내지 말고 여자도 같이 제사지내면 좋겠습니다.

우　석: 큰아버지 댁에 가면 여자들이 말도 못하고 가만히 있잖아요, 그때 여자들도 끼여 재미있게 놀아야죠.

　　교사의 발문에 아이들은 적극적으로, 대개 추석이 괴로운 사태들, 그리고 그런 마음을 잘 읽고 대변하고 있다. 남자와 여자의 추석이 같지 않다는 것은 아이들도 이미 생활세계에서 충분히 알고 있었다. 채영이는 음식 준비를 거론했고, 민지는 제사지내는 방식을 언급했다. 그리고 우석이는 큰집에서의 여성들의 지위를 보여주고 있다. 여기서 중우의 동의는 사소하게 보일 수 있지만, 간과

---

145) 2004년 교육과정 특별활동 시간을 이용하여 일주일에 한 번씩 4, 5, 6학년 어린이들이 모여 여러 철학적 주제로 대화를 나누었다.

해서는 안 되는 부분이다. 이와 같은 토론으로 상당시간을 보낸 아이들은 자신의 발언이 진지하게 경청된다는 것을 알고 곧잘 자신의 동의를 여러 방식으로 표현한다. 교실에서 주변부에 놓인 아이들도 누군가의 발언이 자신의 의견과 유사할 때 이런 방식으로 혹은 보다 적극적인 발언으로 표현한다. 이는 앞서 철학적 탐구공동체와 페미니스트 페다고지의 원리의 유사성이 현실적으로 정당화되는 작은 사례라고 할 수 있다.

> 선생님: 그러나 우석이의 말처럼, 그럴 수 없을 땐 어떻게 하죠?
> 우　석: 자기끼리 놀 수 있잖아요?

　여기서 우석이의 문제제기를 검토 혹은 확장시킬 필요가 있다. 우석은 단지 추석에서의 남녀의 역할은 선택일 뿐이라고 생각한다. 그러나 추석 때 여성은 자유로운 선택으로 차례 준비에 임하는가? 그리고 그 역할 배분 방식은 하나의 기호에 지나지 않는가? 그렇지 않다.

> 선생님: 음식은 누가 준비하죠? 누군가 음식 만들기나 차례 준비
> 　　　　를 해야 우석이 말처럼 놀 수 있을 텐데.
> 우　석: 채영이 말대로 남자여자가 빨리 같이하고 난 뒤, 함께 놀
> 　　　　면 됩니다.

　우석이는 이미 채영이의 의견을 긍정적으로 받아들이고 있다. 그러나 추석에서의 남녀 역할이 선택일 뿐이라는 우석이의 문제의식은 아직 반성되지 않은 것이다. 그런데 다음과 같은 가희의 문제제기는 현실을 근원적으로 반성한, 전혀 다른 시각으로 이 문제

에 다가갈 필요가 있다는 걸 보여주며, 우석이의 문제의식을 반성하게 한다. 물론 이는 토론의 진지함과 격론에 물꼬를 트이는 것이기도 하다.

> 선생님: 여러분은 지금까지 몇몇 어린이가 말한 것에 대해 어떻게 생각합니까? 다른 생각이 없습니까?
> 가   희: 남자가 거꾸로 집안일을 하고, 여자들이 일하고 쉬고 먹고 하면 되죠.
> 우   석, 중우: 그거 너무 심했다.

우석이는, 그리고 중우도 앞서 함께 일하고 논다는 생각에 동의했지만, 가희는 문제해결방식에 강하게 불만을 표현한다. 물론 다음과 같이 여러 여자 아이들은 이들의 반론에 다시 적극적으로 대응한다.

> 중우: 남자를 부려먹고 그러면 되나?
> 은경: 그게 뭐가 심해?
> 중우: 남자가 그렇게 하면 힘들죠.
> 세빈: 그러면 여자는?
> 민지: 가희 말처럼 진짜로 남자가 해 보면 힘든 줄 알 수 있어요.
> 우석: 남자가 살림 못해서 망치면 어떻게 해?
> 영미: 만약에 남자가 음식 잘하는 사람이 있으면 어떻게 해요?

함께 일하고 논다고 했지만, 남자의 역할부담이 커질 때, 중우는 예민해진다. 그리고 우석은 현실적으로 가사일에 대한 남자의 무능력을 통해서 함께 일하기라는 문제제기를 회피하고자 하며, 영미는 함께 일한다는 준칙을 따르면 문제가 없다고 한다.

중우: 에이, 여자가 잘해 주면 남자도 잘해 주죠.

중우는 이상의 논의들, 특히 가희의 문제제기가 현실을 거꾸로 해 놓은 것에 대한 타협 혹은 정리로서 여자가 잘해 주면, 남자도 잘해 준다는 결론을 내린다.

우석: 여자는 뭐더라, 집안에서 일을 많이 해 봤으니. 그러니까
    해야죠.
중우: 남자가 집안일을 하면 어떻게 해?
우석: 그러면 여자가 펑펑 놀고 다니니까 혼을 내야죠.
이슬: 아니요, 남자는 집안일을 하면 여자가 일 나가는데 그래도
    혼내야 돼요?

위와 같이 우석과 중우는 다시 여자와 남자의 성역할 분담이 바뀌는 것에 대해서 저항한다. 중우는 어떻게 남자가 집안일을 할 수 있는지 반문하고, 우석이는 남자가 일하고, 여자가 "펑펑" 놀고 다니면, "혼"을 내야 한다고, 이미 사회화된 그것도 왜곡된 태도를 거칠게 드러낸다. "그래도 혼내야 돼요?" 이슬의 이러한 반문은 논리적으로 지적하자면, 일종의 지는 게임을 하는 대표적인 경우이다. 앞의 전건과 무관하게 '혼내야 한다'는 것을 시비로 할 수도 있지만, 적지 않은 아이들은, 아니 성인들 역시 지는 게임의 논의 방식에 말려든다.

영미: 우석이가 혼내준다고 했잖아요, 그렇다면 지금까지 우리는 집
    안일을 많이 했는데, 남자들은 조금만 하니까 혼내면 되나?
민지: 선생님, 남자에게 여자가 혼내면 남자는 여자보다 더 많이
    화를 낼 거예요.

  영미는 우석이의 논거를 반대로 취해 비판하고, 민지는 이미 남자와 여자의 사태에 대한 반응방식의 차이를 알고 있다. 여자에 대한 차별이 아니라 만일 남자에 대한 차별이었다면 남자의 저항방식이 훨씬 격했을 것이라는 지적이다. 남자 중심으로 구성된 세계에서 불만의 표현방식도 남자 중심으로 이루어졌을 것이라는 지적은 의미가 있다.

  우석: 솔직히 처음부터 집안일을 시작했으면 끝까지 최선을 다해서 해야 되는 거 아닌가?

  하영: 집안일을 하는 데도 힘든데 끝까지 하면 더 힘들지.

  영미: 우석이가 아까 집안일을 끝까지 하라고 했잖아요, 우리 엄마는 학교 다니는데 두 가지 일을 어떻게 해요?

  우석: 학교 갔다 와서 저녁 때 일하면 늦지 않잖아? 그전에 미리 밥 준비하고 하면 되잖아?

  이슬: 만약에 남자가 일하고 집에 돌아와서 집안일도 하라고 하면 남자는 짜증내고 그러지, 안 그래? 여자한테는 이중으로 시키면 어떻게 해?

  우석: 만약에 남편이 회사를 갔다 오면 부인이 회사를 안 다닌다 쳐. 회사 다녀 돈 벌어 오니까 그 사람에게 잘해 줘야 되는 거 아닌가?

  민지: 우석이한테 질문 있는데요. 여자들은 밥해 주는데, 집안일 하는데, 남자들은 여자들한테 왜 안 잘해 줘요?

  초등학교 4학년 학생들의 대화이지만 우리는 여기서 아이들이 여성의 가사노동과 일의 병행에서 이루어지는 가부장적 사회에서 흔히 빚어지는 여성에 대한 이중의 책임부여를 어느 정도 인식하고 있음을 알 수 있다. 특히 우석이는 남성의 공적 세계에서의 일의 중요성에 대해, 그리고 민지는 이에 반해 여성의 가사노동의 의미와 의의를 강조하고 있다.

중 우: 만약에, 서우네 집이 부자잖아요.
서 우: 우리가 뭐가 부자야?
중 우: 서우 아빠가 의사니까요. 일하는 아줌마를 불러서 남자들
은 일하러 가고, 여자들은 장 보면 되잖아요.
선생님: (계급과 자본이 동시에 문제제기가 된다. 좋은 문제제기인
데, 여기서는 성역할에 초점을 두어 이 문제에 대해서는
다음의 기회로 돌린다) 중우가 중요한 이야기를 했다고 봅
니다. 왜냐하면 즐거운 추석이 되기 위해 누군가 일을 하
긴 해야죠? 집안일이든 바깥 직장이든. 그런데 돈으로 내
가 할 일을 대신 누군가에게 맡길 수 있죠. 하지만 그건
모든 사람들한테 해당되는 것은 아닙니다. 돈이 많은 사람
한테만 해당되죠. 대부분은 집안에서 필요한 일을 지금까
지는 주로 여자가 다했다는 거죠. 그런데 그게 문제가 있
다고 가희가 제기했고, 이렇게 이야기가 치열해졌습니다.

중우는 여기서 중요한 지적을 한다. 남녀의 성역할과 노동과의
관계이다. 누군가 대신해 줄 노동이 있다면, 그리고 현실적으로 그
것을 살 수 있는 이들은 성역할 논의에서 자유로울 수 있다는 지
적이다. 이것은 이미 성과 노동의 논의차원으로 넘어갈 수 있는
논의계기가 된다.

우 석: 남자가 회사를 다니면 남자가 힘쓰는 일을 많이 하니까
여자가 집안일을 할 수밖에 없잖아요.
선생님: 남자, 여자가 일을 같이하더라도 여자가 집안일을 다해야
합니까?
우 석: 아까 말했듯이 남자가 힘든 일을 많이 했으니까 더 피곤

하니까 여자가 해야죠.
중 우: 일요일 같으면 집안일을 좀 해 줘야 되잖아.
우 석: 그렇지, 물건 옮기는 거 같은 거는 해 줘야지.

중우와 우석이의 문제의식은 "좀 해 줘야" 하는 데 머물고 있다. 도와주어야 할 일이지 나의 일은 아니라는 생각에서일 게다.

영미: 우리 아빠, 우리 엄마는 1학기 때 직장에 다녀서 엄마는 바
로 집에 오면 침실로 가고, 저희 아빠는 밥도 차려 주시고,
청소도 하고 그래요. 첨단 기구가 발달해서 할 일이 없으니
까 여자는 할 일이 점점 없다고 했는데, 그래도 할 일이 생
기는데 그럴 때마다 여자만 한다는 게 문제입니다.

영미는 기성의 성역할 분담에 자유로운 자기 가정의 예로서 지금까지의 중우와 우석이의 반론이 무효하다고 주장한다. 그리고 영미의 문제제기 중 보다 더 중요한 것은 앞으로 더 편리한 세상이 오더라도 누군가의 노동은 사라지지 않을 것이며, 그때에도 성역할에 대한 기성의 시각이 바뀌지 않으면 그것은 여전히 여성의 몫으로 남을 것이라는 지적을 했다. 영미의 이런 지적으로 처음 동성이라는 이유로 중우와 우석을 지지했던 여러 남자아이들의 의견을 결정적으로 바꿔놓았다.

처음 이 문제와 관련해서 토론이 진행될 때 적지 않은 어린이들은 즐거운 추석이 되지 못하는 이유를 남자어린이는 단지 남자라는 이유로, 여자 어린이는 여자라는 이유로, 각자 아버지와 어머니의 역할의 입장을 취하며 스스로 정당화하는 식으로 성별 대립으로 나아갔다. 가령 어떤 남자어린이는 장시간 운전을 아버지가 하

게 되는 데, 그걸 추석의 괴로움의 원인으로 제시하고, 여자어린이는 추석 내내 음식을 준비하고 손님을 접대하는 것을 들어 어머니가 더 괴롭다고 주장한다.

논의는 성별로 양분된 그룹, 그리고 이 어느 쪽에도 속하지 않은 그룹으로 자연스럽게 형성되었지만 그렇게 시작한 논의는 시간이 흐르면서, 서로의 주장의 장단뿐만 아니라 문제가 얽혀 있는 상황과 맥락을 알게 되고, 자신이 틀렸을 때는 과감하게 입장을 수정하였다. 흥미로운 것은 어린이의 입장 전환은 보다 자유롭다는 것이다. 남자아이들은 소수를 제외하고는 처음 지닌 생각이 바뀌었다.

어린이의 성역할 이해는 상당부분은 가정 내에서 형성되고, 유치원과 학교에서 강화되고, 재생산된다. 토론 과정에 어린이들은 그런 고정된 성역할, 실은 부모와 학교, 그리고 사회의 성역할의 선입견을 대변하고, 또 스스로 근거 지운다. 그러나 적지 않은 어린이는 논점이 허약할 경우, 자유롭게 입장을 전환한다. 이는 어린이들이 서로 다른 생각에 대해 관용적이고 배려적인 교실에서 오랜 시간을 보내면서 자연스럽게 터득한 행동약식이다.

위 토론이 삼사십 분 동안 쉼 없이 이루어질 수 있었던 것은 약한 논증과 강한 논증을 구별하는 어린이의 능력, 문제에 걸린 상황과 맥락에 대한 어린이의 이해도 중요한 요인이었겠지만, 무엇보다 서로의 생각이 비록 다르더라도 진지하게 경청하는 그 태도에 있었다. 진지한 경청과 말하기에 기초해서 대화가 진행되었기에 그 이상의 논의의 진전이 있었다. 필자는 그 학급이 대화의 학급인지 아닌지 확인하는 데는 1분도 걸리지 않는다. 누군가의 발언이 있을 때 주위 어린이들의 시선을 확인하면 그로써 충분하기 때문이다. 대개 대화와 토론을 강조하면 여러 교사들은 이를 하나의 덕목으로 삼아 대화나 토론을 직접적으로 요구하고, 성급하게 기대한다. 그러나 대화와 토론은, 듣기에서 시작한다. 진지한 경청과 물음에서 대화는 탄생한다. 철학적 사고라고 일컫는 비판적 사고나 창조적 사고는 그 뒤의 일이다.

제3부 어린이철학과 도덕교육의 만남

제5장 철학적 탐구공동체와 삶의 형식으로서 민주주의

1. 삶의 형식으로서 민주주의와 교실 공동체의 요청

여기서는 학교교육에서의 민주시민교육, 보다 더 정확히 말해서 민주시민교육을 위한 적실한 교실교육 모델탐색을 논의 대상으로 삼는다. 교실교육모델의 탐구라는 것은 일종의 방법론 모색이다. 민주시민교육을 위한 방법론의 성찰을 위해서 필자는 어린이철학의 방법론이라고 할 수 있는 철학적 탐구공동체를 논의 속으로 끌어오고자 한다. 이러한 방법론적 성찰이 유의미한 것은 효과적인 민주시민교육이 되기 위해서는 교수의 내용뿐만 아니라 교사와 학생의 관계, 넓게는 교실에서의 삶의 방식 등 가르치는 방식 자체 혹은 환경 역시 간과할 수 없는 중요한 요소이기 때문이다.

어린이철학의 철학적 탐구공동체가 교실에서 가능한 유효한 민주시민교육 모델로서 검토 혹은 정당화되기 위해서는 먼저 크고 작은 몇 가지 논거들이 필요하다. 우선 민주시민교육의 의미와 함께 현재 우리 교육이 추구하는 민주시민교육의 실제가 파악되어야 할 것이다. 민주시민교육은 불가피한 애매성을 함의하지만 기성의 민주시민교육은 주체적인 시민의 참여와 숙고가 간과된, 자유 민주주의적 접근에 기초하고 있다. 물론 자유주의적 민주시민교육의 모색은 가능하고 필요하며, 그 성찰은 부분적으로 현재의 민주시민교육의 문제점을 수정할 성찰의 여지를 제공하지만[146] 여전히 이 논의는 일상에서의 참여 주체가 간과된, 선호집합형 민주주의가 가질 수밖에 없는 근본적인 한계를 갖고 있다. 우리가 대안의 민주주의로서 참여·심의민주주의에 관심을 기울이는 것은 그것이 기성의 민주시민교육이 지향하는 민주주의론의 한계를 건드리고 이를 넘어설 여지를 현실적으로 제공하고 있기 때문이다. 참여민주주의가 참여 주체를 앞세운 대안의 민주주의라면, 심의민주주의는 참여 주체들의 논의방법을 중심으로 한 일종의 직접 민주주의이다.[147] 심의민주주의는 민주시민교육이 갖는 언어의 애매성만큼

---

146) 홍은숙은 자유주의 사회에서의 시민교육의 확보가 비공적 영역의 좋은 삶의 개발을 포괄하는 것으로, 그래서 자유주의에서의 시민교육이 자칫 공적인 정치원리의 교육에 치중해 시민교육의 풍성한 의미가 훼손되지 않도록 기도한다. 그러나 그가 이렇게 좋은 삶이라는 비공적 영역을 고려하고 있지만 그것은 여전히 자유주의의 담론 아래서 공적/비공적 삶의 이분적 구획 아래 시민교육의 논의를 국한시키는 것으로 좋은 출발점은 아니다.(홍은숙,「자유주의 사회에서의 시민교육: 공적 영역과 비공적 영역의 이중언어교육」,『교육과정연구』, Vol.23, No.3, 2005, 2005.) 이는 배한동의 민주시민교육의 논의에서 역시 잘 드러난다.(배한동,『민주시민교육론』, 대구: 경북대학교출판부, 2006)

147) 그러나 참여민주주의와 심의민주주의는 분명한 차이가 있다는 비판은 가능하다. 더 분명히 말하면 심의민주주의는 근본적으로 반민중적인 측면이 있다는 것이다.(Sanders, Lynn M, "Against Deliberation." *Political Theory* 25:3. 1997, p.354.) 정원규 역시 같은 입장을 취한다.(정원규,「민주주의의 두 얼굴: 참여민주주의와 숙고민주주의」,『시대와철학』제10호, 2005.) 이들에 따르면 심의민주주의는 숙고에 그 정체성이 있기에, 이는 숙고할 수 있는 이들만의 민주주의로 결국 숙고가 불가능한 참여주체들의 참여를 처음부터 배제하는 문제가 있다. 이는 충분히 의미 있는 지적이나 교실교육, 넓게는 학교교육에 민주시민교육을 도입하는 데 있어서, 어린이철학 내의 심의민주주의의 모델과 참여민주주의의 모델의 수용은 양립 가능할 여지가 있다. 우선 민주주의론적 관점에서도 심의민주주의의 참여주체의 외연 문제는 그 확장이 전혀 불가능한 것이 아니라는 점, 그리고 민주시민교육의 관점에서 볼 때 이들의 구획이 무색해지는 것은 참여와 심의 모두 그 중요

이나 한 가지 범주로 환원시키기 어려운 개념이지만, 일반적으로 말해서 그것은 자유로운 참여를 바탕으로 하는 열린 심의와 논증의 힘의 원리를 바탕으로 하는 대화로서의 민주주의이다.148) 시민을 참여와 숙고의 주체로 다시 복귀시키는 것은 민주주의의 본래의 정신을 회복하는 것인데, 이 정신의 교실 구현을 우리는 어린이철학의 탐구공동체를 매개로 찾을 것이다.

2. 학교교육에서의 민주시민교육의 의미와 실제

1) 시민성의 의미와 내용

민주시민교육은 올바른 시민성(citizenship)의 함양을 목표로 한다. 시민성에 대한 정의는 다양할 수 있지만, 철학적으로 그리고 사회학적으로 시민성의 개념을 일찍부터 제시한 이는 알프레드 마샬(Alfred Marshall)이다. 그는 1873년 캠브리지 개혁 클럽(Cambridge Reform Club)에 제출한 자신의 논문에서, 여가와 노동이 포함된, 사회적 유산을 공유하는 사회의 정회원으로서의 시민성 개념을 부각시킨다. 그러나 권리와 의무의 관점에서 제시된 시민성의 개념은

성에 비춰 포함시키지 않을 수 없는 현실적인 이유, 또한 성인지적 접근을 시도하는 페미니스트 페다고지의 주변부의 자기 목소리를 어린이철학 내에 도입할 수 있는 여지가 제시된 것도 이에 대한 예로 간주될 수 있을 것이다.

148) Remer, Gary. "Two Models of Deliberation: Oratory and Conversation in Ratifying the Constitution", *The Journal of Political Philosophy* 8:1, 2000, pp.68 – 74.

역시 그 이후의 마샬(T. H. Marshall)의 연구를 참조해야 할 것이다. 그는 시민성을 권리의 신장과 결부된 것으로서 시민적, 정치적 그리고 사회적 요소의 세 측면을 지적한다. 그에 따르면 시민적 시민성은 개인의 자유에 필수적인 권리, 곧 개인의 자유, 언론의 자유, 정의의 권리를 포함하며, 정치적 시민성은 정치적 권력을 행사하는 데서의 참여권을 의미하며, 사회적 시민성은 경제적 복지와 보호권, 모든 사회적 유산을 공유할 권리와 사회에 만연된 기준에 따르는 교양인의 삶을 살 권리를 의미한다.[149]

　시민성 개념에 대한 또 다른 방식의 논의로는 킴리카와 노만(Kymlicka, Will & Wayne Norman)의 것이 있다. 이들에 따르면 시민성은 법적 지위로서의 시민성과 바람직한 활동으로서의 시민성을 함의하며, 양자는 긴밀하게 연결된다.[150] 시민성을 시민적, 정치적, 사회적 요소를 지니는 것으로 혹은 법적 지위나 시민 활동으로 나눠 살피는 이 개념은 필연적으로 권리와 의무, 시민의식

---

149) 올센은 차이의 정치학에 기초를 둔 영의 차별화된 시민성(Differentiated Citizenship)의 의미가 알프레드 마샬의 사회 민주적 사회학에서 구현된 민주성의 개념을 풍성하게 해 준다고 생각한다.(Olssen, Mark, 2001, pp.77 – 81) 이 글에서는 시민성에 대한 더 깊은 논의는 우리의 글의 범위를 벗어나기 때문에 생략하지만 이에 대한 문제의식은 이미 사회교과의 목표에 명목적이나마 반영하고 있다.

150) 그것은 가) 법적 지위로서의 시티즌쉽: 민주주의적 국가가 제도적으로 보장한 시민의 지위, 곧 ① 국적, 또는 특정 국가에 대한 소속, ② 시민이 갖는 권리와 의무 ③ 사회적 약자인 시민을 보호하는 제도, 나) 바람직한 시민의 활동으로서의 시티즌쉽: 시민의 민주적 역량 또는 시민의 공적 능력활동과 책임감 ① 시민의식과 시민으로서의 덕성으로 나눠진다. 최현은 우리말 번역어, 시민성이 법적 지위로서의 시티즌쉽의 의미를 충분히 드러내주지 못해서 시티즌쉽을 그대로 쓰고 있다.(Kymlicka, Will & Wayne Norman, 1995, 최현, 「한국 시티즌쉽」, 『민주주의와 인권』 제6권 1호, 173 – 178쪽에서 재인용.)

과 덕성, 그리고 참여를 고취시키는 민주시민교육의 내용을 함의
한다.[151] 이러한 시민성의 개념과 민주시민교육의 내용은 대체로
우리 교과 내용체계에 기술되어 있다. 그러나 그것은 대개 흩어져
나타날 뿐 유기적으로 강조되지 못하며 교과서의 기술에서도 일관
되고 분명한 방식으로 드러나 있지 않다.

2) 학교교육에서의 민주시민교육: 민주주의에 대한 상상력의 부재

학교교육에서의 민주주의는 자유민주주의적 접근의 한계 아래
애초의 민주주의가 가지고 있는 주체의 참여와 심의의 풍성함이
사상되고 만다. 그런 이유로 교과 교육에서 시민성의 개념과 시민
교육의 내용이 비록 목표차원에서 확인된다고 하더라도 우리는 그
의미를 지시론적 의미에서가 아닌 그 말이 사용된 맥락에 따라 읽
어야 할 것이다.

(1) 도덕과의 민주시민교육

7차 교육과정에 따르면 적어도 목표 차원의 진술에서는 인성교육
및 민주 시민교육의 강화를 강조하고 있다. 7차 교육과정에서는 도
덕 교과의 목표를 개인적 차원과 사회적 차원으로 나눈 뒤, 특히 사

---

151) 이 뿐만 아니라 민주시민교육의 내용의 유사한 또 다른 구획 방식, 곧
　　사회화와 반사회화로 나누는 것 역시 가능하다.(Engle, S. H. &
　　Ochoa, A. H, 1988, 12쪽. 최은수, 「학교교육에 의한 민주시민교육 연
　　구: 초·중고등학교를 중심으로」, 『교육사회학연구』, Vol.7, No.4,
　　1997, 21-22쪽에서 재인용)

회적 차원에서 "올바른 시민 의식과 국가·민족의식, 그리고 세계 평화와 인류의 공영에 이바지하는 의식과 태도를 함양"하는 것을 목표로 한다고 적시한다. 이와 같은 목표의 명시와 함께 내용체계에서는, 이를테면 사회생활 영역에서 그것은 민주시민 양성을 위한 내용으로 구체화되어 있으며, 개인생활, 가정 이웃·학교생활의 영역에서도 가치나 태도의 내면화와 습관화를 통해서 민주시민교육을 위한 토대 구축에 의지를 보이기도 한다.[152]

그러나 목표의 아름다움이 곧 현실의 민주시민교육으로 이어지는 것은 아니며, 잘 들여다보면, 이미 민주시민교육을 위한 목표 차원의 진술에서도 문제점은 드러나고 있다. 이는 도덕과 교육의 민주주의가 자유민주주의의 기본적 질서를 옹호하고 국가와 민족의 발전을 위한 민족공동체를 중시하는 시민공동체 교육이라고 명시하고 있는 한계를[153] 교과의 내용체계가 그대로 반영하며 민주주의에 대한 감각을 충분히 제시하지 못하기 때문이다. 어린이들은 도덕 교과를 통해서 시민성에 대한 여러 개념의 소개와 규범의 필요성에 대해서는 접근 가능하나, 그것을 통해서 보다 근본적으로 개인과 사회의 관계를 성찰하거나, 보다 구체적으로 민주주의적 삶의 형식을 학교안팎에서 만끽하며, 시민성의 시각 아래에서 자신의 문제 등을 이해하고 해결해 나갈 수 있는 민주주의에 대한 감각에까지는 이르지 못하고 있다. 인간의 사회화에는 적극적이면서도 비판과 성찰의 측면은 간과하고, 그래서 시민성의 적극적인 함양에는 여전히 소극적인 도덕과의 문제는 중등도덕만의 문제가 아니다.[154]

---

152) 중학교 교육과정해설서, 국어, 도덕, 사회, 1999, 129–132쪽.
153) 중학교 교사용 지도서 도덕3, 2003, 10쪽.

(2) 사회과의 민주시민교육

7차 교육과정의 사회과의 지도목표는 도덕과와 큰 차이가 없다. 그러나 자세히 살펴보면 사회과는 바람직한 시민 양성이 보다 구체적으로 제시되고 있으며, 그 함의 역시 보다 명료하다는 데 그 차이가 있다.

> 사회과의 궁극적인 목표는 민주 시민으로서 올바른 자질을 길러주는 데 있으며, 바람직한 시민이란 '사회생활을 하는 데 필요한 지식을 가지며, 인권 존중, 관용과 타협의 정신, 사회 정의 실현, 공동체 의식, 참여와 책임 의식 등의 민주적 가치와 태도를 함양하고, 나아가 개인적 및 사회적 문제를 합리적으로 해결하는 능력을 기름으로써 개인의 발전은 물론 국가, 사회, 인류의 발전에 기여할 수 있는 자질을 갖춘 사람'을 일컫는다.155)

도덕과의 목표가 민주시민교육을 부분적으로 혹은 결과로서 추상적으로 함의한다면, 사회과는 보다 구체적으로 이를 구현하고자 한다. 그러나 사회과가 그 목표에 부합되는 시민성함양의 의도를 교과서에 십분 구현했는지, 적합한 교과내용과 수업방법으로 이를 채워나가는지는 여전히 의문이다. 이후에 살피겠지만, 근본적으로 자유민주주의를 기반으로 하는 사회과의 민주시민교육 역시 지식과 규범의 이해에 적극적이면서도 비판과 성찰로서의 시민성 함양

---

154) 초등도덕은 관용, 준법의식의 중요성 등이 민주시민교육의 대체를 이룬다. 그러하기에 관용 역시 서로 다른 시각의 차이에 대한 관용이 아닌, 개인 윤리 차원에서의 관대함에 지나지 않고, 시민성의 영역에서도 비판과 성찰보다는 사회화에 치중한다.

155) 6학년 2학기 사회과 교사용 지도서, 2002, 6쪽.

에 약하고, 결과적으로 시민의 참여와 활동으로서의 시민성 확보는 그 요청에도 불구하고 추상적일 뿐, 그 실천고무에 소극적이기 때문이다. 물론 어린이(청소년)의 정치사회화의 실패를 사회과 교과의 탓만으로 돌리는 것은 분명 적절하지 못하다. 그러나 적어도 교육내재적으로 볼 때 어린이의 민주주의에 대한 감각 결여는 교과교육에도 책임이 있음은 물론이다.

초등학교 사회과 6학년 2학기 1단원에는 민주시민교육에 관해 집중적으로 다루고 있다. 단원의 취지는 아래와 같다.

> 이 단원은 우리나라 민주 정치의 기본 원리를 이해시키기 위해 일상생활과 정치의 관계, 입법·사법·행정부의 기본 개념, 국민의 기본권 등을 다루는 내용으로 구성되어 있다. 일상생활 가운데 민주 정치가 실현되는 과정을 발견하도록 하고, 나아가 민주 국가의 주인으로서 정치 참여의 중요성을 과거의 정치 참여 과정을 통해서 발견하여 참여 의식을 고취시키도록 한다. 또 입법부, 행정부, 사법부의 기능을 국민과의 관계 속에서 깨닫도록 하여 국민이 누려야 할 권리와 지녀야 할 의무를 알도록 한다.[156]

그러나 초등 사회과가 목표뿐만 아니라, 내용체계와 교과서 기술에 이르기까지 민주시민교육을 위한 적절한 유기적인 안배가 이루어졌는지는 의문이다. 물론 초등 사회과의 어떤 제재는 때로는 고무적인 내용도 적지 않다.[157] 민주 정치는 국민의 적극적인 참여를 통해서 이루어진다는 지적과, 오늘날의 여러 정치 참여 방법의 소개, 민주 사회에서 시민 단체 활동의 중요성까지 초보적으로

---

156) 6학년 2학기 사회과 교사용 지도서, 2002, 58쪽.
157) 6학년 2학기 사회, 2002, 21 - 23쪽.

다룬다. 나아가 생활 주변의 문제에 관심을 가지고 그 해결을 위하여 적극적으로 참여하려는 태도를 가질 수 있도록 배려하는 것은 의미 있는 부분이다. 한국 현대사의 4·19 혁명, 5·18 광주 민주화 운동에 대해 부족하나마 언급이 되어 있고, 선거, 언론, 인터넷을 통한 정치 참여, 시민 단체 활동을 통한 정치 참여 등에 대해서 조사하도록 유도하고 있다. 그러나 대체의 큰 흐름은 민주 시민교육에 관한 내용과 규범의 소개에 그칠 뿐, 구체적인 참여의 태도와 방법을 제시하는 적극적인 수업을 함축하지 못하고 있다.

도덕과든 사회과든 현재의 민주 시민교육은 그 목표에서부터 사회화와 비판이라는 시민성의 두 측면 중 전자의 사회화 함양에 치중한 채 그치고 있다. 이는 자유민주주의에 정초한 현행의 민주시민교육의 궤적을 따르는 데서 발생하는 자연스러운 귀결로서, 민주주의에 대한 우리의 공통감각을 둔감하게 만들어 버린다.

3. 참여·심의민주주의를 통한 민주시민교육의 정초

1) 자유 민주주의의 민주시민교육: 대의제적 엘리트주의와 투표로서의 참여

자유주의의 전통에서는 개인의 자율성의 가치란 너무나 자명해서 더 이상의 정당화가 필요 없다. 스스로 선택한 인생에 의미를 부여하며 자유롭게 믿는 바에 의문을 던지며 검토할 수 있기에, 전통적 자유주의자들은 개인적, 시민적 자유에 관심을 가진다.[158]

---

158) 황경식, 「정치적 자유주의」, 『계간 사상』 여름호, 1994, 26−29쪽.

개인의 자율성과 국가의 중립성은 자유주의자들이 공유하는 기본 전제로, 이와 같은 자유주의의 정신은 기성의 도덕과와 사회과에 잘 구현되어 있다. 민주시민의 자질과 바람직한 시민의 덕목의 대체적 의미는 부분적으로 자유민주주의의 맥락에 의존하고 있다.

그러나 자유민주주의의 범위 내에서 민주시민교육을 장려할 때, 수반되는 문제는 적지 않다. 이는 근본적으로 자유주의적 민주시민교육이 민주주의의 본래적 가치를 충분히 드러내기에 적절하지 않은 모델이기 때문이다. 주지하듯 자유민주주의는 자본주의의 발달 아래 정치적 자유주의와 민주주의가 결합한 근대의 독특한 정치사조이다. 근대의 정치적 자유주의가 결국 부르주아 민주주의에 지나지 않는다는 지적은, 이후 선거권 확대에 대한 투쟁의 역사가 잘 말해 주고 있다. 그런 의미에서 자유주의의 역사는 처음부터 민중(Demos)의 지배(kratos)라는 민주주의의 근본이념을 배반했던 민중배제의 역사였다.

잘 알려진 것처럼 자유주의자들은 자유주의에 대립하는 것으로 배척한 민주주의가 이후 자유주의를 정당화할 수 있는 적극적 의미를 지니고 있음을 발견하고, 선거권 확대를 통해 모든 국민들의 형식적인 정치적 평등을 확보해 나아간다. 자유주의자들은 자유주의를 '자유민주주의'로서 내세우게 되었고, 자유민주주의를 최선의 민주주의체제, 인류의 이상에 합치하는 최상의 정치체제로 주장하게 된다.[159) 자유주의와 민주주의의 부적절한 만남은 자유민주주의가 투표권의 행사나 대의제의 엘리트주의를 표방하며, 결과적으로 정치를 사사화(privatization)[160)시켜 시민을 정치의 장에서 소

---

159) 김세균, 「자유민주주의의 역사, 본질, 한계」, 한국정치연구회 사상분과, 『현대민주주의론 I』, 서울: 창작과 비평사, 1998, 327 – 328쪽.

외시키는 데서 분명하게 드러난다. 대의제 엘리트주의에 기초한 자유주의적 접근의 민주시민교육은 이렇게 본질적인 한계를 지닌다. 시민성 함양이라는 몸에 비춰 볼 때 자유민주주의의 옷은 품이 너무 솔다고 할 수 있다.

그런데 자유민주주의가 대의제 엘리트제만 표방하는 것은 아니다. 자유민주주의는 대화와 타협, 관용을 말한다. 그리고 참여를 강조한다. 시민을 정치의 장에서 소외시켰다는 비판에도 불구하고, 자유민주주의는, 그리고 우리 교과서는 참여를 민주시민교육의 권장 덕목으로 무엇보다 강조하고 있다. 그러나 이는 주의를 기울이며 읽어야 할 부분이다. 시민단체의 소개와 함께 참여의 의미와 중요성을 언급했음에도 불구하고 교과서에서는 일상에서의 정치참여의 의의는 두드러지지 않고 그렇게 권장되지도 않는다. 그러니까 여기서 기술된 참여의 의미는 맥락에 비추어 살펴야 한다. 자유민주주의에서 참여는 강조되지만, 분명히 지적하면 그 참여의 대체는 선거와 투표행위를 벗어나지 않는 한에서의 참여이다. 참여의 의미를 투표와 같은 도구적인 행위로 축소시키고, 일상에서의 정치적 참여는 강조하지 않는다. 이는 엘리트정치가에 의존한 자유민주주의적 정치사회화의 전형적인 교육내용이다.

---

160) 정치의 사사화는 시민들이 정치 문제나 공적인 사안에 대해서 관심을 가지지 않고 사적인 영역에서 사적인 일에 몰두하는 현상(강정인, 1998, 347쪽, 임희숙(「자유민주주의와 참여민주주의의 시민참여와 시민교육에 관한 논쟁」, 『통일논총』 제18호, 2000), 158쪽에서 재인용)으로 정치적 무관심과 비참여의 팽배, 정치문제의 사사화, 정치영역에서의 사적인 이익추구와 관련되어 있다.(강정인, 「토크빌: 자유민주주의의 결함과 그 보완의 모색」, 『사상』가을호, 2002, 289－291쪽.)

2) 참여·심의민주주의의 민주시민교육:
참여주체와 숙고의 요청, 그리고 일상의 정치화

정치적 엘리트주의와 사사화가 민중을 정치에서 배제시켰다면, 민주시민교육의 가장 기본적인 내용 중 하나는 민주주의의 본래 이념에 따라 주체를 원위치에 복귀시키는 것일 게다. 그런 의미에서 참여민주주의는 더욱더 의의가 있다. 참여민주주의는 민주주의의 원리를 정치뿐만 아니라 경제, 사회로 민주주의의 외연을 확대하며, 대의제를 대신하여 의사결정 과정에 직접 참여하는 식으로[161] 정치 주체를 정치엘리트에서 시민으로 다시 되돌려 놓는다. 그래서 자유민주주의에서의 참여가 도구적 의미의 참여에 지나지 않았다면, 일상 자체를 민주주의의 장으로 환원시키는 참여민주주의에서 참여란 세계를 새롭게 보도록 하는 역동적 행위이자, 참여 자체가 학습이다.[162]

---

161) 유팔무, 「참여민주주의와 대안적 교육체제의 모색」, 『동향과전망』, 여름호, 제38호, 1998, 18 – 19쪽.

162) Barber. B. 1984. *Strong Democracy: Participatory Politics for a New Age*. UC Berkerly Press, p.152. 임희숙, 159쪽에서 재인용. 이런 시각에 반하여, 김주성은 현대사회는 개인의 참여를 권하기 부적절할 정도로 규모가 크고, 참여 자체의 학습효과를 인정하더라도 이는 참여기회가 주어지지 않는 미성년에게 해당되는 것일 뿐이며, 또한 개개인의 참여가 곧 선의 결과를 보장하지 못한다는 이유로 참여민주주의를 비판한다.(김주성, 1996, 32 – 34쪽.) 물론 참여 그 자체가 본래적 가치인지는 논의의 여지가 있다. 이보다 현실성 있는 입장으로 정원규는 합의의 전통이 있는 한 참여가 불가피하다는 맥락에서 참여를 받아들이고자 한다. 이 입장은 이익과 학습의 측면에서 제기되는 문제를 무화시킬 수 있고, 참여의 정도로 민주성을 파악할 부담도 질 필요가 없는 이점이 있다.(정원규, 「민주주의의 두 얼굴:참여민주주의와 숙고민주주의」, 310 – 311쪽.)

그러나 참여민주주의와 심의민주주의는 함께 양립할 수 없는 것이라는 주장이 있다. 참여민주주의는 참여주체를 강조한 민주주의의 본래 의미에 충실하지만 심의민주주의는 심의란 말이 의미하듯이 심의할 수 있는 이들의 참여라는, 참여주체의 제한이 따르게 되는 비민주주의적 함의를 갖는다. 여러 논증이 더 필요하지만 이 글에서는 참여를 전제로 한 심의민주주의의 가능성은 여전히 열려 있다는 입장에서, 참여민주주의를 전제로 한 심의민주주의를 참여 · 심의민주주의로 병렬해서 쓰고자 한다.

근래 정치학자뿐만 아니라 철학자에게 널리 관심의 대상이 되어 온 심의민주주의는 한마디로 말하면 "관련된 이들의 토론(심의)을 통해 의사결정을 해야 한다는 정치이념"163)이라고 할 수 있다. 관련된 이들이란 점에서 심의민주주의는 참여 주체의 개방과 함께 심의라는 과정을 통해 주체와 결정 방법을 동시에 함축하는 민주주의를 취한다. 벤하비브(Benhabib)의 말처럼 "자율적인 시민들에 의해 훈련된 이성의 공적 사용의 제도화"164)는 심의민주주의를 일컫는 전형일 것이다. 1980년대 심의의 이상이 일찍 형성되면서, 심의는 선호집합형 다수결의 반대로 간주되고, 이성의 공적 사용이 암시하듯 심의민주주의는 시장보다는 포럼의 합리성으로, 합의와 결정에 영향받는 사람들의 동의를 요구하며,165) 특정 직업 정

---

163) 김명식, 『환경, 생명, 심의 민주주의』, 서울: 범양사, 2002, 233－234쪽.

164) Seyla Benbabib(ed.), *Democracy and Difference*(Princeton, N.J.: Princeton University Press, 1996), Introduction, p.6. (Elizabeth Markovits, "The Trouble with Being Earnest: Deliberative Democracy and the Sincerity Norm", *The Journal of Political Philosophy,* Vol.14, No.3, 2006, p.251에서 재인용.)

165) James Bohman, "Survey Article: The Coming of Age of Deliberative Democracy", *The Journal of Political Philosophy,* Vol.6, No.4,

치인이 아닌 모든 자율적 시민, 다시 말해서 엘리트보다는 일반 시민의 언설 활동과 판단, 그리고 민주주의 참여 혹은 결사 모델을 요구한다.[166)

이러한 심의민주주의자들 중에서 이성적 대화의 숙고를 가장 강력하게 주창하는 이들 중에 한 명은 하버마스일 것이다. 그의 계승자들은 스스로를 심의민주주의자(deliberative democrats)라고 하는데, 그들은 정치적 의사결정이 자유롭고 평등한 개인들 간에 공적 대화의 이상에 근접하면 할수록, 그것은 타당하고 합리적이 될 것이라고 생각한다.[167) 자유로운 개인들이 이성의 공적인 사용에 참여한다는 이념에는, 고전적 민주주의론을 공화주의적 관점과 자유주의적 관점으로 파악하며 양자를 지양하려는 하버마스의 견해가 들어 있다. 정치적 의사소통이 시장 구조의 논리를 따르는 자유주의 모델의 단점을 극복하기 위해 상호이해를 지향하는 공론적 의사소통의 구조는 이미 공화주의적 모델을 지향한다. 그러나 전통적인 공화주의적 모델의 국민 주체는 경험적 지평에서 주체로 나타나지 않으며 관념으로서만 존재하기에 이 이념을 유지하면서 국민주권을 상호주관성의 맥락에서 의사소통적으로 결합된 시민들의 상호주관적 주권으로 전환시켜야 한다.[168)

심의민주주의의 성격은 무엇보다 심의의 의미가 규정한다. 특히 강한 의미의 심의민주주의자들은 무엇보다 이성을 그 중심에 둔다.

1998, p.400.

166) Elizabeth Markovits, "The Trouble with Being Earnest: Deliberative Democracy and the Sincerity Norm", p.252.

167) Remer, Gary. "Two Models of Deliberation: Oratory and Conversation in Ratifying the Constitution", p.68.

168) 선우현, 『사회비판과 정치적 실천』, 백의, 1999, 243 - 262쪽.

이성에 강하게 무게를 둘 때, 그때의 심의의 제일 조건은 타당성
이다. 이를 전제로 심의민주주의를 받아들이는 이들은 공적 숙고
에 대한 조건으로 다음 두 가지를 든다. 첫째는 자유롭고 평등한
조건이다. 이는 시민들의 공적 심의에 자유롭고 동등하게 참여해
야 한다는 것이다. 둘째는 공통된 이익의 조건이다. 이는 공적 심
의가 공통된 이익에 대해 경향 지워져야 한다는 것이다.169)

그러나 심의민주주의가 선호집합형 다수결을 거부하고, 공적 심
의를 강조하고 있지만, 눈치 빠른 독자들은 (강한)심의민주주의가
지나치게 이성을 강조한다는 데서 이 모델이 가질 한계를 이미 파
악했을지 모른다. 심의란 주로 토론과 논증을 동반하는데, 토론과
논증에 의존한 심의는 이성(논증)중심주의를 낳을 수 있다. 그래서
혹자는 심의라는 특정 능력의 소유자 중심의 민주주의라는 비판을
피하고자 심의민주주의의 외연과 내포 확장을 꾀하기도 한다. 이
를테면 강한 이성중심주의가 자연스럽게 배제하는 비이성적인 것
들의 가치를 고려하기 위해서, 이야기와 내러티브, 그리고 예술적
기여를 언급하기도 하고170) 아니면 공격적인 이성 중심보다는 듣
기의 중요성을 강조하기도 한다.171)

그러나 이러한 방편적 노력에도 불구하고, 엄연한 현실은 무엇
보다 모든 심의가 잘 수행되는 것은 아니고, 모든 심의가 추론으
로 간주되지 않으며, 모든 심의가 정치적 결과의 타당성에 기여하
는 것도 아니라는 지적이 가능할 수 있다. 또한 시간 낭비와 지연,

---

169) Paul Weithman, "Deliberative Character", *The Journal of Political Philosophy,* Vol.13, No.3, 2005, pp.263－265.

170) Paul Weithman, "Deliberative Character", p.283.

171) Elizabeth Markovits, "The Trouble with Being Earnest: Deliberative Democracy and the Sincerity Norm", pp.266－269.

결론 없는 미결정 등의 문제, 어떤 종류의 것을, 어느 정도로 심의해야 할 것인지에 대해서도 난제로서 제기된다.[172] 그러나 보다 현실적이며 구조적인 문제는, 샌더스에 따르면 심의민주주의가 심의가 이루어지기 위한 조건으로 상호 존중을 들고 있지만, 이는 전혀 현실을 반영하지 못한다는 것이다. 오늘날의 정치 문화에서 시민이란 여성, 소수자, 흑인, 가난한 이들과 같은 체계적으로 간과된 이들로서, 의사결정에 있어서 심의의 물적 토대는 불공평하고, 결과적으로 논증을 구성하는 것을 학습하거나 실천하는 데 있어서의 불공평함은 불가피하다. 비록 심의가 갖는 불평등을 해결하기 위하여 학습을 장려하고, 학습 기회를 제공하기 위한 무상 공교육, 국가 재정의 육아도 고려될 수 있지만, 민중이 여기에 빠져 있음이 지적될 수 있다.[173]

참여를 배제한 심의민주주의는 심의민주의자들이 바라지 않는 바이나, 그런 배제의 정치를 심의민주주의의 본질이 안고 있다는 비판은 피할 수 없어 보인다. 적어도 강한 의미의 심의를 취할 때 주변부의 고려가 소극적이라는 데서, 심의할 능력이 없거나 기회가 제공되지 않은 이들에 대한 참여의 배제는 당연한 귀결이다. 그러나 이성 중심주의에 따르는 배제의 문제는 지적되어야 할 것이나 비이성적 파시즘의 문제도 간과할 수 없기에, 참여를 전제로 하면서 동시에 숙고하는 심의민주주의의 가능성은 여전히 고려될 필요가 있다. 비록 현실적으로 요원하지만 적어도 우리가 민주시민교육의 이상을 추구할 때, 이해당사자들의 열린 참여를 통한 심

---

172) Ian Shapiro, "Optimal Deliberation", *The Journal of Political Philosophy,* Vol.10, No.2, 2002, p.196.

173) Lynn M. Sanders, 1997. "Against Deliberation", pp.347－357.

의의 강조는 오늘날 어떤 식으로든 민주시민교육의 내용에서 강조해야 할 부분이다.

3) 참여·심의민주주의적 민주시민교육의 방향

그렇다면 참여·심의민주주의가 함의하는 민주시민교육의 방향은 무엇인가? 참여·심의민주주의가 함축하는 민주시민교육의 모습은 자유민주주의의 그것과 어떻게 다른가? 참여·심의민주주의의 민주시민교육의 내용은 그것이 비판 대상으로 삼은 자유주의적 시민교육의 문제의식과 대비될 때 그 특징이 더욱 잘 드러난다. 여기서는 자유주의적 시민교육을 제시하는 배한동의 논의를 통해서 접근하고자 한다. 그는 도덕과와 사회과에 나타난 교과 내용의 문제점을 지적하고, 바람직한 활성화 과제를 제시하는데, 그의 구체적인 지적 내용은 다음과 같다.[174] 첫째, 교육내용에 있어서 내용 영역상의 문제가 있다. 특히 내용 영역에서는 지식적인 부분만을 강조하고 실천적·구체적인 문제가 소홀히 취급되고 있으며 정치현실을 합리화하고 시민의 권리보다는 의무와 사회 안정에 대한 내용이 강조되고 있어 합리적 의사결정 능력과 참여와 비판적 사고, 대화와 토론 등을 익히는 데 상대적으로 부족하다. 둘째, 교육방법론으로서 지식위주의 주입식 교육방식과 이론과 실천이 불일치된 교육, 민주시민교육의 통합적 방법론의 결여 등의 문제가 있다. 셋째, 교육환경에 있어서 정치적으로 이용된 민주시민교육과 시민 참여를 배제한 시민교육 그리고 비민주적인 학교 교육환경 등의 문제가 있다.

---

174) 배한동, 『민주시민교육론』, 경북대학교출판부, 2006, 4장.

배한동의 이러한 지적은 기성의 민주시민교육에 대한 우리의 성찰과 맞닿아 있다. 그러나 문제는 그 논의가 전개되는 맥락이다. 그에 따르면 자유민주주의는 이러한 인류의 요구에 부응하는 보편적인 이데올로기임이 이미 검증되었고 따라서 자유민주주의 신념을 심어주는 민주시민교육은 분단된 상황에서 자유체제의 우월성에 관한 확신감을 줄 뿐만 아니라 잘못된 이데올로기의 허구성을 비판할 수 있는 능력을 부여하기도 한다.[175] 비록 그가 민주시민교육의 내용 중 실천적·구체적인 문제를 소홀히 취급했다고 지적하고, 합리적 의사결정 능력과 참여와 비판적 사고를 강조한다고 하더라도, 그것은 자유민주주의라는 민주주의의 맥락에서 전개되는 민주시민교육론이라는 점에서, 상대적으로 참여·심의민주주의와는 근본적인 입각점의 차이를 보일 수밖에 없다.

참여·심의민주주의가 아니라, 자유민주주의적 민주시민교육으로서는 학교 내의 여러 의사결정과정에서의 어린이 참여 배제는 자연스러운 일이다. 투표와 같은 도구적 차원의 참여를 기치로 내건 자유민주주의적 민주시민교육은 이를테면 학교내외에서 교사 스스로의 삶을 소외시킬 뿐만 아니라 어린이의 삶까지 일상의 정치적 삶에서 소외시키며, 민주주의라는 삶의 방식과 무관한 경험을 학교에서 제공할 것을 유도한다. 자유주의적 접근에서의 민주시민교육은 이렇게 정치에서의 주체 망각을 유도하거나 존속케 하는 근원적인 한계가 있다. 그러면 참여와 심의의 민주주의적 민주시민교육은 자유민주주의적 민주시민교육과 다른 어떠한 방향의 민주시민교육을 제시해 줄 것인가?

양자는 정치 주체를 서로 달리 보았을 뿐만 아니라 그에 따른

---

175) 배한동, 『민주시민교육론』, 경북대학교출판부, 2006, 33−34쪽.

당연한 귀결로 민주시민교육의 내용에서도 차이를 보일 수밖에 없었다. 이를테면 자유민주주의에서는 엘리트 정치인을 정치 주체로 상정하고, 개인은 성찰과 비판의 역할보다는 투표의 권한만 부여된 탈정치적 개인으로 상정한다. 그러나 참여·심의민주주의에서 정치의 주체는 이해관계에 관련된 모든 이들이기에, 타자와의 관계 속에서 관련 상황을 숙고하며 비판적 사고와 대화를 통한 잠정적인 결론 도출에 적극적이기를 요구받는다.

이를 다시 풀어 설명하면, 첫째 자유주의적 민주시민교육은 목표 수준에서 참여를 언급했지만, 그것은 선거와 투표에의 참여와 같은 도구적 행위에 국한될 뿐이다. 그러나 참여·심의민주주의는 참여를 무엇보다 강조하며, 참여를 매개로, 그리고 참여자들의 숙고를 통해서 일상의 차원에서도 자신의 결정의 영향을 받는 사안에 참여하고, 토론하며 잠정적 결론을 끌어내도록 권고한다. 둘째, 기성의 자유민주주의가 시장 논리에 지배받는 개인의 단위로 환원되는 정치 이념이라면 참여·심의민주주의는, 하버마스식의 통찰을 빌리면 상호주관적 주권의 담지자를 전제로 한다. 이는 참여·심의민주주의적 민주시민교육의 인간관이 사익만을 추구하는 개인이 아니라 공동선을 지향하는 상호주관적 인간에 있음을 함의한다. 셋째, 자유민주주의적 시민교육은 개인적 의사가 이미 결정되어 있다는 한에서 선호의 집합만을 추구하는 대의제 민주주의를 표방하지만, 참여·심의민주주의는 공적인 사안에 관련된 시민들이 자유로운 참여로 공적 이성을 사용하면서 결론 역시 만들어간다.[176]

---

[176] 심의민주주의자들의 잠정적인 결론은 상호주관적 진리, 곧 구성주의적 진리관을 전제하고 있다.(유명철, 「심의민주주의와 구성주의: 인지적인 면에서의 관련성」, 『중등교육연구』53(2), 2005.)

4. 참여 · 심의민주주의적 민주시민교육과 철학적 탐구공동체

1) 참여 · 심의민주주의적 민주시민교육의 덕목

앞서 심의민주주의에 대한 간단한 언급을 다시 떠올리면, 그것은 "관련된 이들의 토론(심의)을 통해 의사결정을 해야 한다는 정치이념"이자, "자율적인 시민들에 의해 훈련된 이성의 공적 사용의 제도화"이다. 이미 관련된 이들이란 점에서 심의민주주의의 참여 주체는 열려 있고, 이성의 공적 사용이라는 데서 문제 사안을 다루는 방법을 함축한다는 데서 우리는 참여 · 심의민주주의적 민주시민교육의 덕목을 추출할 수 있다.

(1) 비판적 사고와 논리적 사고 능력 함양

개인의 사적 이익을 추구하는 시장처럼, 대의제 엘리트정치가를 바탕으로 하는 자유민주주의는 개인의 사적 이익을 그대로 집합하여 공적 사안에 반영시킨다. 그러나 참여 · 심의민주주의에서는 비록 쉽지 않지만 이성의 공적 사용을 지향한다. 참여주체들이 숙고와 같은 이성의 공적 사용을 통해서 문제를 잠정적으로 해결하려고 한다.

사익을 위한 도구적 이성이 아니라 이성의 공적 사용을 위해서 다음 두 가지 것이 요구된다. 첫째, 이성의 공적 사용을 위해서는 논거를 통한 의견 제시와 이들 논거들에 기초한 변증법적 대화, 그리고 논거와 주장 사이의 논리적인 타당성을 인식할 수 있는 논리적 감수성이 요청된다. 둘째, 기성의 권력 관계를 이성의 공적 사용의 시각 아래에서 해체하기를 요구한다. 권위주의적 발언은 물론이고 나이, 선후배, 성, 지위를 등에 업은 어떠한 발언도 이성의 공적 사용 아래 무화시킨다. 요구되는 것은 논의에 필요한 논거들, 그리고 논거 사이의 논리적 무모순과 타당성의 견지이다. 그러기 위해서는 비판적 사고와 논리 훈련은 필수적이다.

(2) 주체의 참여와 듣기, 그리고 주변부의 자기 목소리 고양

참여·심의민주주의를 받아들이는 이들은 무엇보다 관련 사안에 대한 주체의 참여를 강조한다. 참여 자체가 곧 목적으로 간주될 정도로 주체의 참여는 강조된다. 물론 참여·심의민주주의자들은 참여 주체들이 관련 사안에 대해 서로의 이해관계를 일방적인 선호집합적 방식으로 해결하길 기대하지 않는다. 이들은 숙고를 매개로 비판과 토론을 통해서 잠정적인 결론에 도달하라고 권고한다. 그러나 숙고란 주체의 숙고 능력을 전제로 하기에, 숙고할 능력이 없는 이들에 대해서는 배제의 기제가 작동한다. 그런 의미에서 심의민주주의는 오늘날 논쟁거리가 되는 이성중심주의의 폐단의 핵심을 비켜갈 수 없다. 특히 이성중심주의에 대한 비판과 그 대안의 정점에 주변부의 이야기와 내러티브를 제기하는데 심의민주주의자들은 심의의 지평을 주변부의 목소리의 수용을 통해서 넓히고자 한다. 타인의 목소리에 귀 기울이는 것은 대화가 이루어지기 위한 전제 조건이다. 따라서 참여·심의민주주의적 민주시민교육의 덕목은 주체의 참여와 심의의 지평 확대를 통한 주변부의 목소리에 귀 기울이기를 포함한다.

(3) 관용과 사고의 개방성

타인의 목소리를 듣는다는 것, 그리고 특히 주변부의 목소리를 도외시하지 않는 덕목은 심의민주주의가 자칫 가질 수 있는 이성 중심주의의 폐단을 어느 정도 방지하는 것일 게다. 타인을 언제나 염두에 둔다는 것, 그리고 인식의 측면에서는 서로 다른 사고의 차이에 대한 최소한의 관용을 취한다는 것이 참여·심의민주주의의 주요한 또 하나의 덕목이라 할 수 있다. 참여·심의민주주의에서의 관용은 공적 의결을 공적 이성으로 해결하는 데 있어 서로 다른 사고의 차이를 인정하는 것이다. 참여·심의 민주주의적 민주시민교육은 공적 사안에 대해 참여한 주체들에게 서로의 다른 사고에 대한 근본적인 관용을 요구하고, 서로 다른 점에 대한 감수성 고양을 견지하면서도 동시에 개방적 태도를 요구하는 것을 덕목으로 삼는다.

2) 철학적 탐구공동체의 민주시민교육의 덕목 함축

일반적으로 알려진 어린이철학이란 '어린이를 위한 철학'(philosophy for children)이다. 이 프로그램은 교육에 철학적 사고를 불어넣으려는 일종의 철학교육으로, 개인의 비판적 사고 함양과 공동체의 탐구, 그 속에 자연스럽게 깃든 타인에 대한 배려를 목적으로 한다. 토론의 협동과정이자 산물인 탐구공동체의 형성은 이들 제 목표를 수렴하기 때문에 어린이철학의 중심 과제는 철학적 탐구공동체의 형성에 있다고 해도 과언이 아니다. 그러나 좀 더 엄밀히 말하면 철학적 탐구공동체는 일종의 철학 방법론이다. 홀로 숙고하는 것이 아니라 공동으로 탐구하며, 그리고 서로 다른 사고에 대해 배려적 사고를 발휘하여 잠정적 문제해결을 구하려는 공동체를 방법론으로 삼는다.

철학하는 어린이의 공동체 건설을 통해서 어린이는 철학자의 텍스트를 직접적으로 익히는 것이 아니라, 문제를 철학적으로 숙고하고, 허심탄회하게 주장, 반박하며, 이러한 변증법적 대화를 통해서 잠정적인 답에 이르게 된다. 이러한 토론은 반드시 서로의 주장과 근거의 차이를 인정하고, 무엇보다 이를 경청할 수 있는 배려의 덕목이 수반된다. 그런데 이러한 변증법적 대화의 공동체는 이미 경청과 차이를 인정하는 숙고 민주주의의 덕목을 구현하는 것이며, 논의의 주체가 되는 어린이들의 목소리를 회복시키는 참여 민주주의의 이상과 맞닿아 있다. 탐구공동체는 탐구와 공동체의 두 범주의 유기적 결합이다.[177]

탐구	공동체
문제 직면	협동적인 작업
우리의 사고를 성찰하기	공통목적에 대한 감각
대화와 질문하기	상호 신뢰와 존중
대안의 관점 인식하기	평등주의적 환경
자기 수정이라는 사고하기	"안전한 지위"탐구

탐구 공동체는 의미의 관점에서 말하면 의미에 대한 탐색뿐만 아니라 의미의 형성에 참여하는 것이며, 구조의 관점에서 말하면 탐구하는 개인과 대화하는 상호관계의 상호작용에 의해 형성되는

---

177) Lawrence Splitter, "Philosophy and Democracy in Asia and the Pacific: Philosophy and Civic Education", *Thinking: The Journal of Philosophy for Children*, Volume 13, Number 3, 1997, p.10.

것이다. 다시 말해서 이는 어린이들이 함께 철학하면서 자연스럽게 형성하는 과정이자 형성의 결과이기도 하다. 탐구공동체는 이렇게 참여와 심의의 민주주의의 유기적 고리가 된다. 그런 의미에서 탐구 공동체는 그 자체가 일종의 민주주의에 대한 교육이기도 하다. 이상과 같은 어린이철학의 철학적 탐구공동체의 덕목 구성을 통해서 참여·심의민주주의적 민주시민교육의 덕목과의 통약 가능성을 검토하고자 한다. 철학적 탐구공동체의 특징과 그 교실의 덕목을 간단히 살펴보면 다음과 같다.

(1) 비판적 사고의 함양

철학적 탐구공동체를 줄여서 탐구공동체로 쓰지만 우리는 그 앞의 '철학적'이라는 수식어를 간과해서는 안 된다. 그런데 철학적 사고란 후설식으로 말하면 어떤 전제도 허용하지 않는 사태 자체로의 엄밀한 학이며, 그 무전제의 학은 모든 학문, 모든 사유의 근저에 대해 다시 의심할 것을 요구한다. 이러한 정신이 전적으로는 아니지만, 어느 정도 어린이철학에 반영되어 있다. 어린이철학의 고차적 사고 중 하나가 비판적 사고인데, 비판적 사고는 바로 논의의 전제를 성찰할 것을 요구하는 것이다.

(2) 배려적 사고의 함양

어린이철학은 개인이 홀로 철학하길 권하지 않는다. 철학적 탐구공동체의 명칭이 말해 주듯 철학적 탐구에 참여하는 이들과의 관계 방식도 교육 내용으로 성찰하고 있다. 이를 염두에 두면 교사의 역할과 지위가 탐구공동체의 형성에 조력자의 지위에 지나지 않는다는 것은 놀라운 일이 아니다. 교사의 지위와 역할이 전통적인 권위적 모델에서 벗어날 때 보다 원활하게 탐구 공동체의 구성원들은 보다 열린 환경 속에서 쉽게 참여하게 된다. 허용적인 교실 분위기에서 어린이들은 서로 존중하며, 교사의 안내로 혹은 어린이들끼리의 변증법적 대화 속에서 교화를 배제시키며 공동체를 형성한다. 배려적 사고는 실제 어린이철학이 함양시키고자 하는 다차원적 사고의 주된 요소이다.

(3) 창조성과 상상력 고양

배려적 사고가 서로의 사고 차이에 대한 관용을 적극적으로 구현하기 위한 사고라면 어린이철학은 상상력 고양을 통해서 서로의 처지를 이해할 수 있도록 고려한다. 어린이철학론자들은 이성만이 아니라 정서의 감수성 개발에도 관심을 기울이는데 이들은 이에 대해 이미 나름대로의 정당화를 갖고 있다. 앞서도 언급했듯이 어린이철학론자들은 정서적인 것과 인지적인 것을 분리하는 그 자체를 잘못으로 간주한다. 이는 인지적 능력의 함양뿐만 아니라 창조성과 도덕적 상상력을 고양하여 타인을 이해하게 하고, 결과적으로 도덕적 갈등 사태를 줄여가는 조건을 마련하려는 것이다.

(4) 공동체의 덕목

어린이철학론자들은 철학적 논의를 매개로 공동체의 덕목을 강조한다. 이들은 비판적 사고와 창조적 사고를 통해서 주체의 자기 목소리를 내도록 권장하고, 배려적 사고를 통해서 실수를 두려워하지 않고, 주변부의 어린이조차 자신의 목소리를 제시할 수 있을 환경을 마련하며, 서로의 주장과 그 근거의 관련성에 대해 민감할 수 있도록 장려하고, 전통적인 수직적 교사‒학생의 관계를 수평적으로 전환시키면서 탐구공동체를 자연스럽게 형성하고자 한다.

3) 참여·심의민주주의적 민주시민교육을 위한 어린이철학의 수정필요성

적어도 이상에서 살펴본 비판적 사고와 추론의 강조, 관용과 개방성, 주체의 참여와 주변부의 목소리에 귀 기울이는 데 있어서 참여·심의민주주의적 민주시민교육과 어린이철학의 철학적 탐구공동체의 덕목은 상당부분 공통분모를 가진다고 할 수 있다. 이러한 특징 때문에 양자에 대한 최소한의 관심을 가진 이라면 누구든지 그들 간의 친화성에 주목할 것이다. 김명식 역시 심의민주주의와 어린이철학의 관련성에 주목한다. 그는 어린이의 철학적 사고능력을 인정하는 것은 일반 시민의 공적 이성 능력을 전제로 심의를 요구하는 심의민주주의의 정신과 일치하는 것으로 간주한다.[178] 지적으로 탁월한 소수가 아니라 일반시민들의 대화, 토론을 통해서 합리적인 판단을 할 수 있다는 심의민주주의자들의 이러한 믿음은 어린이들의 사고능력에 대한 신뢰로 확장될 논리적 여지가 있다. 김명식은 교실에서의 탐구 공동체 형성은 곧 하나의 작은 사회를 구성하고 사회적 존재로 성장할 수 있는 중요한 체험과 계기가 되

---

178) 김명식·김민호, 「심의민주주의와 어린이철학교육」, 『인간과 사회』 제4호, 2004.

며, 민주시민으로 성장하는 계기를 가질 수 있다고 본다. 그러나 그는 심의민주주의가 지향하는 것과 비교해 볼 때 어린이철학은 역시 윤리적, 정치적 의미가 약한 것이 사실이라고 비판한다. 심의민주주의의 입장에서 본다면, 진리탐구가 목적인 수업보다는 학급 내의 의사결정을 목적으로 하는 학급회의가 주목의 대상일 수 있다. 그는 심의민주주의 교육에서 핵심이 되는 학문은 '사고력 향상'을 위한 논리학이 아니라 '민주시민 육성'을 위한 사회철학이라고 보면 될 것 같다고 구획을 짓고, 립맨의 어린이철학에 변증법적 논리학 및 사회철학이 결합될 필요가 있음을 논한다. 그의 지적은 타당할 뿐만 아니라 그것은 이미 우리가 지적했던 바이기도 하다.

립맨의 어린이철학이 갖고 있는 정치사회적 측면에도 불구하고, 그것이 탈정치적인 것은 그것이 '내용' 없는 '사고'의 형식적 훈련이기 십상이거나, 비록 내용이 깃든 토론이나 교과서라고 하더라도 그것은 논의의 배경이 되는 정치적, 사회적, 경제적 배경에 대해서는 논의를 진행시키지 않는다는 점에 있다. 이런 의미에서 립맨의 어린이철학은 민주시민교육의 영역과 보다 적극적으로 만나기 위해서는 수정이 불가피하다. 립맨의 어린이철학이 지닌 한계에 대해서는 이후 보다 엄밀하게 제시하겠지만 그중 하나는 그것이 다루는 내용의 제약성이나 논리적 형식의 강조에서 찾을 수 있다. 그것은 립맨의 어린이철학의 의의이자 동시에 한계로서 작용하는데, 문제는 이뿐만이 아니다. 그의 철학적 탐구공동체의 의의와 한계도 존재한다. 철학적 탐구공동체는 한편 민주주의의 정신을 함축한 것이 사실이고, 민주시민교육을 위한 교실공동체로서는 적합할 수 있다. 그러나 다른 한편 만일 어린이의 삶이 교실안팎을 가로지르고, 이에 대해서도 충분히 고려해야 한다면, 그리고 듀이의 민주주의

공동체로서 학교의 관점에 비춰 보면 립맨의 철학적 탐구공동체는 학교라는 민주주의공동체에 대한 성찰과 이에 대한 논의로 적극적으로 나아가지 않는다는 것을 알 수 있다. 탐구공동체는 참여 · 심의민주주의적 민주시민교육 중 심의민주주의의 정신은 어느 정도 실현하고 있는 것으로 평가할 수 있지만, 참여의 이상을 학교라는 공동체 속에서 구현하는 문제로 확장할 경우 그의 철학적 탐구공동체는 효과적인 접근이라고는 할 수 없다. 어린이철학의 탐구공동체에 대한 자세한 언급은 이후 8장을 통해서 제시하겠지만 적어도 립맨이 언제나 강조하는 공동체는 교실 공동체이지, 학교로서의 공동체가 아니라는 데 주목해야 한다. 이를 염두에 두면 그의 민주시민교육이 함의할 내포와 외연의 협소성은 예측하기 어렵지 않다.

따라서 비록 립맨의 철학적 탐구공동체와 참여 · 심의민주주의가 공유하는 교실에서의 덕목의 통약 가능성을 십분 인정하더라도 이들이 쓰는 민주주의의 의미의 차이는, 마치 자유민주주의와 참여 · 심의민주주의에서의 참여의 의미만큼 클 수 있다. 그런 의미에서 어린이철학의 탐구공동체와 참여 · 심의 민주주의와의 상호 연관성은 논리적으로는 충분히 가능했으나 현실적으로 그 간극을 메우려면 립맨의 어린이철학은 상당부분 수정이 불가피할 것이다. 그러나 그럼에도 불구하고 적어도 양자의 덕목 사이에는 최소한의 통약 가능성이 놓여 있고, 새롭게 만들어 갈 어린이철학이 열려 있다고 한다면, 어린이철학과 참여 · 심의민주주의는 서로를 함축할 가능성이 열려 있다고 해야 할 것이다.

5. 삶의 형식으로서 민주주의를 위한 철학적 탐구공동체

지금까지 우리는 철학적 탐구공동체가 민주시민교육의 교실 모델로 적합한지 살피기 위해 여러 논의를 거쳐 왔다. 민주시민교육을 위한 교실모델론은 내용과 형식이 서로를 함축하듯이 그것이 지향하는 민주주의론과 방법론을 유기적으로 묶어주는, 유효한 민주시민교육론의 주요한 요소라고 할 것이다. 그런 의미에서 우리는 현행교과의 민주주시민교육의 내용을 검토하였고, 자유민주주의를 함축하는 기성의 민주시민교육이 갖고 있는 여러 문제들을 확인할 수 있었다.

참여민주주의는 모든 시민을 주체로 삼는 민주주의의 근본정신을 견지하여 정치에 있어서 참여 주체를 무엇보다 강조한다. 또한 심의민주주의는 참여하는 주체들을 전제로 일종의 논의방법을 중심으로 직접 민주주의의 모델을 추구하려고 한다. 이는 공적 사안에 대해 이해당사자들이 공적 이성을 발휘하여 심의와 논증을 통해서 잠정적 합의를 이끄는, 오래전 아테네의 직접민주주의의 이상을 다시 불러내려는 것이다.

이해당사자들의 참여와 심의를 통해 잠정적인 합의를 도출하는 심의민주주의적 민주시민교육의 덕목으로 우리는 첫째, 비판적 사고와 논리적 사고 능력 함양, 둘째, 주체의 참여와 주변부의 자기 목소리 고양, 셋째, 관용과 사고의 개방성을 들었다. 그런데 이러한 주요한 덕목은 어린이철학의 철학적 탐구공동체의 그것과 흡사해 보인다. 논리적 추론과 비판적 사고 함양, 서로 다른 사고에 대한 관용과 배려적 사고의 강조, 어린이의 주체적 참여와 함께 주변부 어린이의 목소리에 귀 기울이는, 탐구하는 과정 혹은 그 결과로서 형성된 탐구공동체는 놀라울 정도로 참여의 민주주의의 이상과 맞닿아 있다.

그러나 양자는 이상의 공통분모에도 불구하고, 이질적 논의 맥락 또한 존재하다. 립맨의 어린이철학론은 논리학을 중심으로 어린이철학을 구성하며, 철학의 논의거리가 될 수 있는 사회적, 정치적, 경제적 배경을 텍스트에서 그의 방식으로 처리하고 있기 때문이다. 자유민주주의와 참여·심의민주주의의 참여의 의미가 기실 서로 다른 맥락에서 다른 의미로 쓰이듯이 립맨의 철학적 탐구공동체와 참여·심의민주주의적 교실공동체의 덕목의 유사성으로 그 차이를 가릴 수 없다. 이는 거꾸로 만일 우리가 정치, 경제, 사회적 배경을 누락시키지 않은 채, 어린이와 함께 일상에서 일어나는 여러 가지 일들은 철학적 이슈로 다룰 수 있다면, 그래서 철학함이 보다 일상에서 풍성해질 수 있다면, 어린이철학의 철학적 탐구공동체는 참여·심의민주주의적 민주시민교육의 교실모델로 보다 정당화될 계기를 확보할 수 있을 것이다. 그때 우리는 립맨의 어린이철학이 아닌 이 땅에 기초한 우리 어린이철학[179]의 가능성을 실현해 나가는 것일 게다.

---

179) "하나의 어린이철학, 실로 상당부분 나 자신의 어린이철학을 제시하면서, 나는 학문적 연구, 글쓰기 그리고 교수의 참된 분야로서의 어린이철학이 미래 철학 교육과정 내에서 어떤 지위를 확보하는 데 도움이 되었으면 한다"(Matthews, *The Philosophy of Childhood*, 1994)는 매튜스의 말처럼 어린이철학은 결코 립맨만의 것일 수는 없다.

제6장 어린이철학과 페미니스트 페다고지
-도덕교육에서의 양성평등한 교실 방법론 탐구-

"수녀님, 성 아우구스티누스가 누구지요?"

"철학자란다. 위대한 사상가, 교부였지." 그리고 수녀님은 내게 성 모니카, 아우구스티누스의 어린 시절과 사제가 되기로 한 결정, 그리고 이후 히포의 주교로 임명된 이야기를 들려주셨다.

"저도 그런 사람이 되고 싶어요." 하고 말했다.

"여자는 안 돼, 앤. 남자 아이만 철학자가 된단다. 남자 아이들만 사제가 되지."

"수녀님은 여자지만 수학을 가르치시잖아요." 하고 나는 말했다. (나 역시 수학교수가 되었으면 좋겠다고 생각했었다.)

"나는 수학을 가르치지. 하지만 수학자와 같은 존재는 아니야. 그리고 네가 철학을 가르칠 수 있을지 모르지만, 여자는 철학자는 못 된단다."[180]

1. 1960: 어린이철학과 페미니스트 철학

위 일화는 어린이철학의 이론적 토대 연구와 실천을 주도하는 대표적인 어린이철학론자 중 한 사람인 샵(Ann Margaret Sharp)의 고교 시절의 회상이다. 위 대화는 비단 그녀만의 기억이 아니

---

180) Ann Margaret Sharp, "Women, Children, and Philosophy", Ann Margaret Sharp and Ronald F. Reed(eds.), *Studies in Philosophy for Children: Harry Stottlemeier's Discovery*, p.47.

다. 여전히 일상은 이러한 기억이 현실로 견지되고 있다. 우리의 학교는, 양성평등교육의 경우 성 불평등한 현실의 퇴행을 극복하려는 흉내는 내고 있으나 정직하게 고백하면 여전히 젠더문제에 대해 둔감하다.

샵의 말처럼 1960년대 운동의 영향사 혹은 문제의식을 공유한 페미니스트 철학과 어린이철학은 60년대에 나타난 새로운 현상이라고 할 수 있다.[181] 그런 의미에서 우리는 어린이철학과 페미니스트 철학의 상당한 친근성을 예감한다.

여기서는 이에 대한 정당화 작업으로 어린이철학과 페미니스트 철학의 양립 가능한 측면을 드러내는 데 노력할 것이다. 논의방식에서 우리는 두 가지 입각점을 취한다. 하나는 철학적 탐구공동체와 페미니스트 철학의 정신을 교육으로 구현하고 있는 페미니스트 페다고지와의 만남을 끌어내는 것이며, 다른 하나는 미시적인 논의의 입각점으로 도덕교육에서의 양성평등교육을 논의 대상으로 삼는 것이다. 성차별에 대한 도덕적 성찰의 유의미성은 두말할 필요도 없는 것이기 때문에, 도덕과 교육에서의 양성평등 논의는 좋은 탐구대상이다. 따라서 우리는 도덕교육에서의 양성평등에 대한 기성의 논의 방식들을 성찰한 뒤, 철학적 탐구공동체가 페미니스트 페다고지의 적극적인 구현을 위한 조력자로서, 혹은 도덕교육의 측면에서 성 불평을 극복하기 위한 하나의 구체적인 대안 모델로서 타당한지 살필 것이다.

---

181) Ann Margaret Sharp, "Women, Children, and Philosophy", p.47.

2. 양성평등교육의 의미와 필요성

도덕적 덕을 함양하게 하고, 도덕적 성찰을 가능하게 하여, 궁극적으로 민주시민의 자질을 갖추게 하는 도덕과의 목표에서 양성평등교육의 관점이 반영되지 못한다면 그것은 성 불평등의 문제를 목표 차원에서부터 고려하지 못한 불충분한 것이 되고 만다. 그러나 도덕교육과 성 불평등을 극복하기 위한 교육의 만남이 그렇게 간단한 일은 아니다. 가령 이에 대한 문제의식을 갖고 도덕과 내용체계와 교육내용을 개발[182]한다고 하더라도 교실에서 적용 가능한 모델 탐색은 별개의 작업을 수반해야 가능한 일이다. 이처럼 도덕교육과 성 불평등을 극복하기 위한 교육의 만남은 다각적이고 유기적이어야 하는데, 대체적인 연구는 교실환경과 교실수업원리에 대한 문제의식까지 포괄하지는 못하고 있다.

그러나 도덕교육에서의 양성평등교육, 대체로 양성평등교육으로 표현되는 연구는 분명한 정의 없이 사용된다. 그것은 무엇보다 평등이나 양성평등의 의미 규정 여부에 따라 양성평등교육의 의미가 달라질 수 있기 때문이다.[183] 물론 양성평등교육에 대한 정의가 불가능한 것은 아니다. 어떤 이는 양성평등교육을, "학생들에게 양성평등의식을 명시적, 의도적으로 가르치는 것은 물론 교사의 교수·학습과정을 비롯하여, 학교 교육활동의 구성 및 운영 전반에 걸친 교육활동이 갖는 성 차별성을 파악하고 이를 부단히 개선함으로써, 학

---

182) 정해숙·김연, 『초·중등 교육과정의 성인지적 개편을 위한 양성평등 교육내용 개발』(한국여성개발원, 2002), 110 – 169쪽.

183) 김재춘·왕석순, 『제7차 교육과정에서의 양성 평등 교육 실현 방안 연구 – 5개 교과 양성 평등 수업 지도 방안 개발을 중심으로』(서울: 한국교육과정평가원, 1999), 11쪽.

생이 성 정형화된 교육경험을 갖는 것을 방지하고, 더 나아가서는 전통적인 성 관계(gender relation)를 극복할 수 있는 교육경험을 갖도록 하는 것"184)으로 정의하기도 한다. 그러나 양성평등교육의 명칭은 양성이라는 이분법적 시선을 강요하는 오도적 문제뿐만 아니라, 성 불평등한 현실에 대한 문제제기를 흐리는 상당히 온건한 논의방식을 함축하기도 한다. 이를 염두에 두고, 여기서는 기성의 양성평등 담론을 비판적 성찰을 통해서 이어갈 것이다.

어쨌든, 우리는 양성평등의 의미를 무엇으로 정의하든 이에 대해서는 다음의 두 시선, 곧 남녀 어린이 모두에게 동일한 교육기회의 혜택을 제공하려는 데 초점을 맞춘 기회 균등의 시각과 보다 급진적인, 반－성차별주의적 접근(Anti－sexist approaches)을 함께 고려하지 않을 수 없다. 와이너(Weiner)에 따르면, 기회균등의 개념은 처음에는 학생들의 잠재성을 실현하기 위한 동등한 기회의 제공으로 받아들여졌으나, 이후 학교 자원과 교육적 수혜의 평등한 배분의 의미로 수정·확대되었다. 그러나 그것은 학교교육에서의 근본적인 변화 없이 여성을 기성의 남성중심적 사회에 귀속·적응시키는 형태를 취하기에 비판될 수밖에 없다. 반면 반－성차별주의적 접근은 학교교육에서 여자아이들과 여성을 교실의 주변부가 아니라 중심에 두어 남성 중심의 지배를 변화시키고자 한다.185) 이는 성편견적 시각을 제거하는 보다 더 나은 접근으로서 성인지적 관점(gender－sensitive perspective)과 맥락을 같이한다. 성인지적 접근은 젠더가 어떻게 작용하는지, 그리고 젠더화되고 있는지 근본적인 물음을 던지기 때문이다.186)

---

184) 정해숙·정경아, 『교사의 성인지적 교육활동 능력 제고를 위한 프로그램 개발』(한국여성개발원, 2003), p.4.

185) G. Weiner, *Just Bunch of Girls: Feminist Approaches to Schooling* (Milton Keynes: Open University Press, 1985), pp.6－10.

  양성평등교육에 성인지적 관점이 포함되어야 하는 이유는 무엇보다 여성 특유의 경험은 남성의 그것과 다르며 여성성은 관계 속에서 정체성을 확인하고 관계 혹은 배려 지향적 태도로 사태를 판단한다는 사실에 주목할 필요가 있기 때문이다.187) 오늘날 여성의 경험과 이해 방식이 남성과 다르다는, 길리건(Gilligan)의 관계지향적인 여성적 가치의 대두188)는 교육과정과 교과서, 교사-학생의 관계와 교수학습원리에 새로운 구성을 요청하는 강한 근거로 작용하고 있다.

  이러한 제언을 함축하고 있는 성인지적 관점은 성적 불평등을 바로잡으려는 당위와 함께 남녀의 서로 다른 차이를 고려하는 논의를 아우르는 것이다. 결국 양성평등교육의 의미는 기회균등의 접근을 넘어 남녀의 차이마저 포괄하는 성인지적 관점을 포함할 때 제대로 규명될 수 있을 것이다. 이러한 통찰은 여성의 자아를 남성의 그것으로 동일시하여 확보하려는 데서 오는 문제점을 일깨워, 여성의 자아확립에 도움을 줄 뿐만 아니라 학교교육에서 교육과정과 교과 내용체계, 그리고 더 나아가 교실 교육형태의 당연한 가정까지도 비판하며 교육의 새로운 길을 안내한다.

---

186) Barbara Houston, "Should Public Education be Gender-Free?" In Lynda Stone(Ed.), *The Education Feminism Reader*(New York, London: Routledge, 1994), p.131.

187) Carol Gilligan, *In a Different Voice*(Cambridge and London: Harvard University Press, 1993), pp.157-174.

188) Carol Gilligan and Jans Attanucci, "Two Moral Orientations", Carol Gilligan · Janie Victoria Ward · Jill McLean Taylor(eds.), *Mapping the Moral Domain*(Cambridge and London: Harvard University Press, 1988), pp.73-85.

3. 도덕과 양성평등교육의 기본방향 탐색

우리는 7차 초등 도덕과 제재내용에서 양성평등교육에 대한 의지를 부분적으로 엿볼 수 있다. 가령 4학년 도덕과 개인생활 영역 중 성실의 가치·덕목 제시에서 여동생을 돌보고, 빨래를 하며, 방 청소를 하는 남자어린이의 삽화가 제시되기도 하며 5학년 도덕과 가정·이웃·학교생활 영역에서는 권위적인 가장으로서의 역할을 벗어난 자애로운 아버지의 사랑도 적극적으로 묘사되기도 한다. 그러나 이는 갑작스러운 변화는 아니다. 이미 6차 도덕과 교육과정에서는 부분적으로 양성평등교육을 받아들였는데, 양성평등교육의 관점에서 볼 때 7차 도덕과 교육과정은 6차 도덕과 교육과정의 직접적인 영향 아래에 놓여 있다. 6차 도덕과 교육과정과 교과서의 내용에 대한 성인지적 관점에서의 분석에 따르면 적어도 초등 도덕과는 남자의 가사노동의 다양성이 부분적으로 수록되어 상대적으로 중·고등학교 도덕과에 비해 성역할의 정형화를 탈피했다.189) 만일 이 분석이 틀리지 않다면 최소한 도덕과가 양성평등교육의 관점을 저버리고 있지 않다는 의의는 확인시켜 준 것으로 볼 수 있다.

그러나 6, 7차 도덕과 교육과정의 양성평등교육에 대한 관심과 수용이 성인지적 접근의 도덕과 내용체계와 교과서 확보에까지 이르는 것은 결코 아니다. 대체적인 도덕과 내용체계는 성인지적 관점의 수용에 대해 소극적이라는 데 대해 이견이 없을 것이다. 그것은 기본적으로 도덕과가 양성평등교육에 대한 최소한의 가치·덕목을

---

189) 정해숙, 정경아, 『성인지적 관점에 기초한 제6차 교육과정 운영 및 교과서 분석』(한국여성개발원, 1998), 132쪽.

내용체계에서 확보하지 못한 데서 분명히 드러난다.

그렇다면 도덕과 양성평등교육의 기본방향은 양성평등교육의 가치·덕목과 내용제재의 미수록에 대한 비판을 바탕으로 살펴야 한다. 기본방향을 살피기 전에 논의의 논리적 전개를 위해서 먼저 도덕과 생활 영역의 내용체계에서 양성평등교육을 위해 보다 더 강화되어야 할 내용부터 살펴야 한다. 양성평등교육을 위한 대체적인 지적 사항은 다음과 같다.[190]

〈도덕과 전문가 조사 의견〉[191]

	주요가치·덕목	학년	의견
개인 생활	생명을 소중히 하기	6	여성이 중심이 된 자연보호 운동 내용 제시
가정 · 이웃 · 학교 생활	효도와 우애	3	화목한 가정을 이루기 위한 아버지 역할 강조 맞벌이 부부의 가사분담 모습 취업모를 이해하고 돕는 모습 아들, 딸의 가사일에 대한 공평한 참여
	약속 규칙 지키기	3	여성의 능동성과 활동성 강화
	친족 간 예절	4	명절 가사노동 분담모습제시 양성평등적 명절 지내는 모습 제시 남성중심의 친족체계에 대한 문제제기
	사랑과 관용의 자세	6	남에 대한 배려의 사례로 남성의 예 제시

---

190) 표는 필자가 정해숙, 김연(2002)의 96쪽, <표 Ⅲ-6>에서 초등도덕과의 주요 가치·덕목만을 추출하여 재구성한 것이다.

191) 정해숙, 김연, 『초·중등 교육과정의 성인지적 개편을 위한 양성평등 교육내용 개발』, 54-57쪽.

	주요가치 · 덕목	학년	의견
사회 생활	공정한 생활 태도	4	남녀 간의 공평한 기회 부여 사례제시
	법과 규칙 잘 지키기	6	법과 규칙을 여성과 연관시킨 사례제시
	타인의 권익존중	5	성역할 고정관념에 대한 토의활동 필요
	타인에 대한 배려와 봉사	6	배려와 봉사하는 남성 사례 제시
국가 민족 생활	국가 안보를 위한 바른 자세	5	여성이 나라를 지키기 위해 애썼던 사례 소개

　많은 이들은 도덕과 생활 영역인 가정 · 이웃 · 학교생활에서 가정은 여성이라는 그리고 여성은 가사 노동의 전담자라는 등식의 고정관념을 깨뜨리는 데 필요한 교육내용을 제시하였다. 사회생활 영역에서 역시 배려와 봉사가 여성만의 역할이 아니며 남녀 모두에게 적용되는 덕목이라는 의견을 제시했다. 이는 전통적인 남녀 성역할의 고정관념을 탈피하도록 요구한 것이다. 이와 같은 분석과 의견은 도덕과 교육과정과 내용체계 수정에 적지 않은 참고가 될 것이다.

　그러나 대부분의 이들은 개인생활 영역과 국가 · 민족생활 영역에 대해서는 지적을 하지 않았다. 이는 한편에서 보면 어린이의 도덕적 성찰 능력을 과소평가한 귀결로 보이지만, 실은 성인지적 관점을 철저하게 견지하지 못한 데서 나온 결과였다.

　성인지적 접근의 내용을 함의한 도덕과 양성평등교육의 기본방향은 도덕과의 가치 · 덕목에 명시적으로 양성평등의 덕목을 도입함으로써 실시될 수 있다. 아무래도 양성평등교육의 분명한 도입은 매 학년마다 동일한 덕목을 반복해서 제시하는 것보다는 다양하고 시의 적절한 제재내용의 수록으로 양성평등의 주제를 탐구하는 것이 바람직할 것이다. 여기서는 주제중심적 접근과 생활 영역 확대법의 일장일단을 떠나 적어도 도덕과 양성평등교육의 절실함에서 가치덕목과 제재확보의 필요성을 전제로 기술하고자 한다.

도덕과 양성평등교육을 위한 기본방향을 제시하기 위해서 도덕과 목표와 도덕과 목표 설정의 일반적 원리, 그리고 도덕교육의 내용체계와 내용체계 개발 기준에 대한 성인지적 접근의 반성이 있어야 할 것이다.

7차 도덕과 교육과정의 목표는 "한국인으로서 바람직한 삶을 살아가는 데 필요한 기본 생활 습관 예절 및 도덕규범을 익히고, 일상생활에서 부딪히는 도덕적 문제를 바람직하고 합리적으로 해결할 수 있는 판단 능력을 기르며, 올바른 시민 의식과 국가·민족 의식, 그리고 세계 평화와 인류의 공영에 이바지하는 의식과 태도를 함양"하는 데 있다. 이와 같은 도덕과 목표에는 적어도 성인지적 관점에서 반성해야 할 요소들이 있다. 무엇보다 목표 수준에서 양성평등교육의 관점이 반영되어야 한다. 논의를 단순화시켜 말하면, 우선 도덕 목표에서 도덕규범과 도덕적 문제 해결방식에 여성의 경험방식을 고려한 윤리학적 성찰이 고려되어야 한다. 도덕적 규범 익히기와 합리적 문제 해결 능력 고양이 남성중심적일 수 있음을 고려하고, 최소한 여기에 주변부의 목소리와 함께 관계와 배려의 여성적 가치를 반영해야 할 것이다. 뿐만 아니라 일상생활 영역에서부터 국가·민족의식에 이르기까지 오늘날의 페미니즘적 성찰에 의해서 섬세하게 살펴 제시되어야 한다.

교육의 내용체계 또한 목표 수준의 반성에서처럼 성인지적 관점의 양성평등교육을 지향해야 할 것이다. 내용체계를 이루는 기성의 가치·덕목들 역시 성인지적 접근에 의해서 성찰되어야 한다. 생활 영역확대법의 방식으로 말하면, 개인 차원의 덕목들은 근본적으로 성인지적 관점에서 재검토되어야 하고[192] 국가·민족생활 영역 역시 민족주의와 통일교육의 경우, 페미니즘적 성찰을 고려하지 않으면 안 된다.[193] 물론 기성의 생활 영역확대법을 따르지 않고, 주제중심적 접근을 통해 제시하면 양성평등교육의 효과와 결과는 보다 더 유의미하게 나타날 것이다. 가령 일상생활에서 남성 중심으로 이루어지는 것을 찾게 하거나, 성차별의 사례들을 일별하게 하며, 가정 내 성역할 배분의 정당성을 성찰하게 하고, 우리 언어에서 남녀차별적인 용례를 찾아 일상언어차원에서 성 편견을 극복하게 하는 등 구체적인 제재로 흥미 있게 주제에 접근하게 한다면 그 효과는 보다 더 극대화될 것이다. 그러나 주제중심적 접근을 취하지 않는다 하더라도, 이상의 언급을 바탕으로 생활 영역확대법의 내용체계에서 동일한 가치·덕목과 제재를 추가하면 최소한의 성과를 얻을 수 있을 것이다. 이런 제언을 고려해서 도덕과 양성평등교육의 기본방향을 살피면 대체로 다음과 같이 정리

---

192) 우리 사회에서 청결과 같은 개인생활의 덕목조차도 여성에게 유독 강조되는 것은 개인생활의 가치 덕목이 성 편견에 자유로울 수 없다는 것을 말해 준다. 김동광, 「청결이라는 이름의 차별 – 왜 여성에게만 청결이 강요되는가」, (한겨레21, 2004. 7. 1), 90 – 91쪽 참조.

193) 정현백, 「민족주의와 페미니즘」, 『민족과 페미니즘』(서울: 당대, 2003) "여성에 의해 덜 군사주의적인 방식으로 민족주의와 젠더가 매개될 수 있음"(50 – 51쪽)을 고려하여, 민족과 국가, 통일교육에 대해서 재검토할 수 있고, 평화·통일운동의 주체로서, 그리고 대안 사회 실현을 위한 운동에 적극적인 주체로서 여성운동을 살필 수 있다.(같은 책, 「페미니즘과 통일운동」 참조.)

될 수 있다.

첫째, 양성평등교육의 실현을 도덕과 목표 수준에서 명시적으로 제시하도록 한다.

둘째, 도덕과 내용체계는 성인지적 관점에서 검토되고, 성인지적 관점의 가치·덕목을 새롭게 추가하도록 한다.

셋째, 개인생활, 가정·이웃·학교생활, 사회생활 영역에서 가부장적 체제와 전통적인 남녀 내외의 성역할을 극복할 수 있는 제재 내용을 수록한다.

넷째, 민족주의와 통일운동, 평화교육을 포괄하는 국가·민족생활 영역에서 여성적 가치의 유의미성을 구체화하여 제시한다.

이상으로 살핀 것은 어디까지나 도덕과 목표와 내용체계에서 다루어야 할 기본적인 도덕과 양성평등교육의 방향에 대한 거친 검토였다. 실제 도덕과 양성평등교육은 교사와 학생, 학생과 학생의 상호작용으로 이루어지는 교실공동체에서 이루어지는데, 우리의 관심은 이를 어떤 방식으로 구현할 것인지에 놓여 있다. 도덕과 양성평등교육을 위한 교실공동체의 원리와 성격을 어디에서 찾을 수 있을까?

4. 철학적 탐구공동체와 페미니스트 페다고지의 만남

1) 철학적 탐구 공동체와 페미니스트 페다고지의 교수학습

도덕과 양성평등교육의 이념을 전개할 수업이란 두 가지 의미를 함축하는 데, 하나는 성차별이 제거된 수업을 뜻하는 양성평등의 수업이며 다른 하나는 양성평등의식과 태도를 길러 주기 위한 양성평등의식 함양 수업이다. 물론 양성평등교육을 위해서는 양성평등한 수업뿐만 아니라 양성평등의식을 적극적으로 길러 주는 양성평등의식 함양 수업을 병행해서 실시할 필요가 있다.[194] 그러나 일군의 연구처럼 항상 성차별을 제거하는 양성평등한 수업과, 양성평등의식을 함양하는 수업이 그렇게 둘로 나뉘어 전개되는 것은 아니다. 철학적 탐구공동체의 교수학습은 앞의 구분대로 하면 양성평등한 수업에 해당될 것이다. 그러나 이를 성차별적 요소를 제거하는 교육으로 협소하게 이해해서는 안 되는데, 왜냐하면 철학적 탐구공동체는 교수학습 과정에서 양성평등의식 함양수업의 가치를 부분적으로 암묵적으로 실현하고 있기 때문이다. 양성평등교육의 제재를 철학적 탐구로 삼을 때, 이를 전개하는 철학적 탐구공동체는 양성평등을 위한 수업이면서, 동시에 양성평등의식교육의 가치를 배제하지 않은 통합적 교수학습이 가능할 수 있다.

　그러나 철학적 탐구공동체가 양성평등교육을, 특히 성인지적 관점을 의도적으로 반영하고 있는가? 그에 대한 대답은 철학적 탐구공동체와 성인지적 관점을 표방하는 페미니스트 페다고지[195]의 친

---

194) 김재춘·왕석순, 『제7차 교육과정에서의 양성 평등 교육 실현 방안 연구－5개 교과 양성 평등 수업 지도 방안 개발을 중심으로』, 64쪽.

195) 페미니스트 페다고지는 여성학적 접근에서의 페미니스트 페다고지와 교육학적 접근에서의 페미니스트 페다고지로 나눌 수 있다. 여성학에 기반을 둔 페미니스트 페다고지는 '페미니스트'의 이론이나 방법론보다는 '페다고지'를 강조한다. 이들은 가르치는 방법론과 내용에 관한 교육학에 초점을 두면서 포스트구조주의 페미니즘의 차이에 대한 통찰을 반영하며, 여성 내부에서의 차이를 살핀다. 이는 페미니스트 페다고지가 주변부의 목소리에 귀 기울이고 개인 경험을 강조하는 것으로 나타난다. 교육 자체에 대한 담론과 실천의 충실성은 여성학만큼 이루어지지 못했는데, 이에 대한 비판이 없지 않다. 반면에 교육학을 기반으로 형성된 페미니스트 페다고지는 교

근성을 밝힌 뒤 제시하고자 한다. 물론 철학적 탐구 공동체가 성인지적 관점의 교육학인 페미니스트 페다고지의 원리를 부분적으로 확보하고 있다고 하더라도 그것이 곧 성인지적 관점 함의가 정당화되는 것은 아니다. 그러나 적어도 통약 가능한 측면을 이끌어낼 수 있다면, 우리의 논의는 무의미하지 않다. 먼저 페미니스트 페다고지의 교수학습 원리부터 개괄하고자 한다.

(1) 페미니스트 페다고지 교수학습의 원리와 환경

성인지적 관점의 도덕과 양성평등교육을 위해서 페미니스트 페다고지의 통찰을 참고하는 것은 여러 가지로 유익하다. 왜냐하면 페미니스트 페다고지는 성인지적 관점을 견지하면서 기성의 학교교육을 비판할 뿐만 아니라, 교실 속에서 소외된 학생들을 위해서 그들의 목소리를 회복하는 데 구체적인 실천 모델을 제공하기 때문이다. 그런 의미에서 페미니스트 페다고지는 주변부의 주변부를 고려하는 교육이라고 할 수 있다. 페미니스트 페다고지의 주요 원리는 대략 다음과 같다.196)

육의 가부장성과 남성중심적 교육담론에 대한 비판에서 시작되었다. 이는 보다 근본적으로 젠더화된 지식과 경험의 형성 과정에 관심을 가지고, 비판적 교육학이 그러하듯 누구를 위한 교육과정인지, 교육의 정치성에 민감하다. 그러나 비판적 교육학을 여전히 남성 중심적이며, 가부장적이라고 하는 데서 비판적 교육학과 변별된다. 그러나 페미니스트 페다고지의 두 접근의 차이에도 불구하고 그것은 교실의 행위주체로 여성을 세우고 억압경험을 통해 가부장적 교육의 재생산 기능을 성찰하게 하며, 주변부의 목소리와 권력부여를 그 공통된 특징으로 하고 있다.(김영희, 「페미니스트 페다고지:대안 교육 담론과 실천」, 『실천교육학』 2호)

196) Walker, K. L, "Feminist pedagogy: identifying basic principles.(the

첫째, 페미니스트 페다고지는 교사와 학생 모두에게 새로운 역할을 제공한다. 전통적 교육이 교사와 학생의 관계를 수직적이고 교사 중심적으로 간주하였다면 페미니스트 페다고지에서는 교사와 학생 사이의 수직적 권력 관계를 해체시키고, 억압적인 권력 관계가 빚어낸 여러 억압과 차별에 대항할 수 있도록 장려한다. 교사에게 일방적으로 주어진 권위의 감소는 단순한 당위가 아니라, 페미니스트 페다고지의 문제의식에 따른 요청이다.[197]

둘째, 페미니스트 페다고지는 소외된 학생들에게 권력을 배분하고자 한다. 슈르즈버리(Shrewsbury)에 따르면 권력부여 전략은, 학생들에게 자신의 목소리를 찾게 하는 데 있다. 권력을 부여하는 교육은 단순히 교사의 권력이나 권위를 없애는 데서 생기는 것이 아니라 교사와 학생들 모두에게 창조적 에너지의 권력을 고양시키는 데서 생겨난다.[198]

셋째, 페미니스트 페다고지는 교실에서의 공동체 건설을 요구한다. 페미니스트 페다고지의 핵심은, 교실을 여성과 남성의 발전적 요구와 들어맞는 개인의 자율성과 타인과의 상호관계를 동시에 고려하는 학습 공동체로서 재이미지화 하는 데 있다. 교사의 권위 감소가 그러하듯이 공동체로서의 교실을 강조하는 것 역시 페미니스트 페다고지의 통찰에 기초한 자연스러운 제안이다.[199]

---

scholarship of teaching and learning)". *Academic Exchange Quarterly*, 2002.

197) Sapp, D. A, "Theoretical, political and pedagogical challenges in the feminist classroom: our struggles to walk the walk", *College Teaching*. 51(4), 2003, p. 131.

198) Shrewsbury, C. M, "What is feminist pedagogy?", *Women's Studies Quarterly*, 21(3&4), 1993, p. 11.

199) Shrewsbury, C. M, "What is feminist pedagogy?", p. 12.

넷째, 페미니스트 페다고지는 학습의 방법으로서의 개인의 목소리에 특권을 부여한다. 당연한 귀결로 개인의 경험 역시 중요한 학습 자료로서 지위가 인정된다. 학생들의 개인적 이야기는 적절한 학습 자료로서 간주되며, 학생들의 사적이고 공적인 이야기들은 결과적으로 교실의 배려적 환경을 조성한다.

다섯째, 전통적 관점에 도전하는 것으로서 페미니스트 페다고지는 지식과 교수 방법이 가치 중립적이란 전통적 통념에 문제를 제기하며, 학교는 양육/자율성, 공적/사적 그리고 남성적/여성적 등의 이분법을 통해 젠더의 사회적 구성을 강화하고 재생산한다고 본다. 남성 중심적 경향에 대한 거부는 기성의 교육을 가부장적이라고 보는 비판으로 정리될 수 있을 것이다.

이상으로 페미니스트 페다고지는 교수와 학생간의 관계 개선, 권력부여, 공동체 건설, 개인의 목소리에 대한 의미부여 등의 원리를 갖추고 있다. 이들 원리는 부분적으로 오늘날 서로 다른 교육 프로그램에서도 발견되는 일반적 가치들로 간주될 수 있다. 그러나 간과해서 안 되는 것은, 이들 여러 원리들은 좋은 덕목들의 단순한 집합이 아니라 페미니스트 페다고지의 인식론적 그리고 사회철학적 통찰에서 연역된 교실 원리라는 것이다.

이들 원리를 확보한 페미니스트 페다고지의 구체적인 실천의 장은 교실이다. 페미니스트 페다고지가 실현되는 교실은 기성의 교실환경과 어떤 변별을 보이는가? 페미니스트 페다고지는 무엇보다 교실에서의 주체를 강조한다. 그것은 비판적 교육학자 프레이리(Freire)의 영향에서 나온 것이었지만 주변부 학생들에게 권력을 부여하는 또 다른 방법으로 고려된 것이다. 비판적 사고는 주체로서의 시선을 확보하는 데 무엇보다 필요한 덕목이기 때문이다. 이렇게 비판적 사고를 함양하는 페미니스트 페다고지의 교실은 학생들이 주체로서 행위 할 수 있는 해방적 교실을 요구한다.

그러나 해방적 교실의 목적은 주체의 강조만으로 달성될 수 없다. 해방적 교실의 개념은 차이를 인정함으로써 가능한데, 그것은 교실 속에서 다른 사람들과 존재하는 새로운 방식이기도 하다. 자신의 학습뿐만 아니라 서로의 학습에 대해 배려하는 사람들의 관계망으로 형성된 교실은 단순히 교사와 학생의 단순한 집합으로서 보는 기성의 교실과는 다르다. 페미니스트 페다고지는 구성원들로 하여금 서로의 차이를 두려워하는 것이 아니라 존중하도록 하는데, 이러한 관점은 생태학적이고 전일적(holistic)이다. 이런 환경은 학습자의 독립심을 발달시키고, 교실은 각자가 개인적 목표들을 이루도록 돕고 상호 간 혹은 나눠진 목표들을 달성하기 위해 함께 일하는 사람들을 위한 하나의 모델이 된다.[200] 페미니스트 페다고지는 교사와 학생 모두 객체가 아닌 주체로서 행위하는 해방적 교실을 위해서 협동하는 탐구와 토론 과정 중심의 학습을 강조한다. 주체와 배려를 동시에 강조하면서 협동과 차이를 고려하는 페미니스트 페다고지는 전통적인 교수 방법 안에서의 주변부 학습자들을 위한 새로운 대안이라고 할 수 있다.[201]

(2) 철학적 탐구공동체의 교수학습의 원리와 환경

페미니스트 페다고지는 자신의 목소리를 낼 수 있는 주체성과

---

200) Shrewsbury, C. M, "What is feminist pedagogy?", p.8.
201) 나임윤경, 「페미니스트 페다고지」, 『여성교육과 실천』(서울: 학영사, 2003), 212쪽.

타인의 학습에 대한 배려가 동시에 가능한 교실공동체를 지향하며, 교사와 학생의 일방적인 관계방식을 문제 삼아 권력의 분산을 요구한다. 어린이에게 맞춰서 진행된 철학적 탐구학습에서 도덕과 양성평등교육을 위한 하나의 교수학습 원리를 찾는다면, 그리고 그것이 페미니스트 페다고지의 주요원리를 함의하고 있다면 도덕과 양성평등교육을 위한 교수학습으로 어린이철학은 현실적인 대안 혹은 적어도 페미니스트 페다고지의 원리와 양립 가능한 접근이라고 간주될 것이다.

철학적 탐구공동체가 이미 하나의 대안 도덕교육프로그램일 뿐만 아니라 상당부분 페미니스트 페다고지의 지향을 함의한다는 것은 이미 여러 사람들에게서 지적된 것이다. 콜린스(Collins)는 어린이철학의 철학적 탐구공동체와 페미니스트 페다고지가 참여한 모든 사람들이 말하도록 장려하는 포괄성을 강조하며, 추상적인 개념을 일상생활에 연결시키고, 교사와 학생의 수평적 권력 배분을 실시함을 지적한다. 또한 억눌린 이들의 목소리를 다시 찾게 하며, 배려하는 교실공동체, 정서와 인지, 그리고 이론과 실천의 비분리를 실현하는 데서 양자는 적지 않은 유사성을 띤다는 것을 그는 간과하지 않는다.202)

페미니스트 페다고지와 어린이철학의 친근성을 말할 수 있는 것은 무엇보다 어린이철학의 독특한 교수학습 환경인 철학적 탐구공동체의 성격 때문이다. 철학적 탐구공동체의 원리와 교실환경, 그리고 수업전개는, 페미니스트 페다고지와 양립될 수 있는 성격을

---

202) Collins, L, "Philosophy for Children and Feminist Philosophy", *Thinking: The Journal of Philosophy for Children*, Volume 15, Number 4, 2000, p.21.

지녔다. 스플리터(Splitter)와 샵(Sharp)은 다음과 같이 철학적 탐구공동체의 성격을 기술한다.

> 철학적 탐구공동체는 공동체와 탐구라는 두 측면에 토대한 구조를 갖고 있다. 즉 협동심, 배려, 신뢰, 안정 그리고 공통목적에 대한 의식을 진작하는 공동체의 한 측면이 있다. 그리고 흥미를 자아내고, 미심쩍으며, 혼란스럽고, 모호한 혹은 파편적인 것을, 판단할 때 잠정적으로 극점에 이르게 하며, 관련자들에게 만족스러운 통합적 전체로 변화시키는 데 필요한 자기 수정의 실천 형식을 일으키는 탐구라는 다른 한 측면이 있다.[203]

공동체와 탐구의 두 측면으로 구성되는 철학적 탐구공동체는 잠정적인 결론에 도달하는 과정 혹은 그 결과로서, 탐구는 자기 조직 형성의 동인이 되고, 서로 배려하고, 정서적, 그리고 의식적 공통감각을 갖춘 관련된 이들이라는 점에서 하나의 공동체이다. 페미니스트 페다고지의 원리에 비견될 만한 탐구공동체의 원리를 추출해 보면 다음과 같다.

첫째, 철학적 탐구공동체에서 교사는 교화를 배제하며 철학적 탐구 과정의 촉진자 역할에 머물러야 한다. 결과적으로 교사에게 제공하는, 전통적인 교육에서 보이는 교실에서의 권력은 약화된다. 교사의 권한이 있다고 하더라도 그 방식은 어린이들의 대화를 유지하기 위해서 개입되는 선에서 그칠 뿐이다.

둘째, 철학적 탐구공동체는 다른 이의 경험과 의견을 경청하는 것으로부터 시작하는 공동 학습이며, 공유하는 경험의 가치의 표

---

203) Laurance J Splitter & Ann M Sharp, *Teaching for Better Thinking*, p.18.

본이다.

셋째, 철학적 탐구공동체는 상호 존중과 배려를 통하여 확보하며, 자기의 목소리를 갖게 하는 허용적 분위기를 형성한다.

넷째, 철학적 탐구공동체는 배려적 사고뿐만 아니라 자기 수정적이고, 맥락에 민감하며, 기준에 의해 인도되며, 판단을 수행하는 비판적 사고를 동시에 강조한다. 또한 정서적인 것과 인지적인 것의 분리를 잘못으로 간주한다.

살펴본 대로, 어린이철학의 철학적 탐구공동체는 전통적인 교사와 학생의 권력 관계를 수정하며, 비판적 사고와 배려적 사고를 통하여 어린이들에게 자기의 목소리를 갖도록 돕고, 공통적인 탐구와 경험의 소중함을 공동체의 형성을 통해 일깨운다. 양자 사이에 유사한 원리가 적지 않은 데서 확인할 수 있듯이, 어린이철학과 페미니스트 페다고지의 원리상 친근성은 간과될 수 없다. 또한 같은 맥락에서, 우리 사회의 억눌린 집단의 권리와, 탐구의 출발점으로서 이야기 같은 개인적 혹은 사회적 경험을 강조하며,204) 정서와 이성, 인식주관과 대상, 몸과 마음, 이론과 실천 등의 엄격한 이원론을 거부하는 측면에서 어린이철학과 페미니스트 철학의 공통점이 지적되는 것은 충분히 이해가 되기도 한다. 어린이철학의 철학적 탐구공동체는 페미니스트 페다고지나 페미니스트 철학의 원리와 공유하는 바가 적지 않기에 성인지적 접근이 배어 있는 독특한 교실 수업 환경을 형성 혹은 적용할 수 있다. 또한 성차별뿐만 아니라 다른 형태의 차별에 대해, 성차별적 생각과 행동이 어린 시절에 형성되며, 그것이 사회적 문화적 요인에 의해 강화됨을 주장하고, 성 역할과 성

---

204) Laurance J Splitter & Ann M Sharp, *Teaching for Better Thinking*, p.22.

정체성의 개념을 평가하고 재형성할 때, 교사와 교육과정에 대해 주시하는 데에서도 공유하는 부분이 있다.[205]

2) 성 불평등 극복을 위한 교육으로서 철학적 탐구공동체의 의의와 한계

철학적 탐구공동체가 성차별주의의 문제와 관계있는 절차적 그리고 실체적 초점 모두를 가져올 수 있는 것은 이미 탐구공동체의 성격이 이를 함축하고 있기 때문이다. 물론 철학적 탐구공동체가 양성평등교육 교수학습모델의 역할을 함의할 때, 그 방식은 철학적 탐구공동체의 수업 속에서 이루어진다. 가령, 성역할에 대한 어린이의 철학적 탐구의 경우, 이를 (a)전통적인 남성과 여성의 역할 묘사, (b)의도적으로 전통적인 남성의 역할을 여성의 역할로, 그리고 그 역으로 바꾸기, (c)남성과 여성 모두에게 임의적인 역할을 주기 혹은 (d) 완전히 다른 어떤 이야기를 만들어, 성 역할에 대해 철학적으로 검토하기 등[206]으로 철학적 탐구공동체의 고유 기능을 통해서 문제의식을 내면화할 수 있다.[207]

---

205) Laurance J Splitter & Ann M Sharp, *Teaching for Better Thinking*, p.206.

206) Laurance J Splitter & Ann M Sharp, *Teaching for Better Thinking*, p.210.

207) Matthew Lipman, *Thinking in Education*, p.241. 철학적 주제에 대해 어린이철학론자들은 교실 수업에서 다음과 같은 다섯 단계를 통하여 탐구공동체를 형성한다. 첫째, 교과서를 제시한다. 추상적 개념을 일상생활의 이야기로 전개한 교과서를 소리 내어 읽고, 점차 교과서 내의 인물의 행위를 내면화한다. 둘째, 안건을 구성한다. 교과서에 대한 처음의 반응과 언급한 어린이의 이름을 기록하고, 공

개인과 공동체의 변증법적인 철학적 탐구를 장려하며 배려와 신뢰의 교실공동체를 형성하고, 어린이에게 자기의 목소리를 낼 수 있도록 할 뿐만 아니라, 협동하는 탐구하는 학습으로 공동체의 덕목을 나눠 갖는 철학적 탐구 공동체의 형성은 어린이철학의 주된 목적 중 하나이다. 적어도 이런 탐구공동체의 성격은 페미니스트 페다고지의 원리와 교실환경의 유의미성을 공유하면서 기성의 도덕교수학습에서 확보하지 못한 양성평등교육의 교실모델의 가능성을 증대시켜 주었다. 교사와 학생 사이의 권력의 수평 이동, 공동체의 건설과 함께 주변부의 목소리를 찾게 해 주는 성찰로서의 교육, 그리고 배려의 분위기에서 차이를 용인하는 것은 철학적 탐구공동체와 페미니스트 페다고지가 동시에 추구하는 원리이기 때문이다. 따라서 철학적 탐구공동체는 페미니스트 철학과 페미니스트 페다고지의 원리를 함의한다는 데서 양성평등교육에 관심을 갖는 우리의 주목을 끌기에 충분하다.208) 또한 철학적 탐구공동체는 양

동체의 공동 작업의 안건을 구성하고, 교사와 어린이가 협동하여 토론을 시작할 곳을 결정한다. 셋째, 공동체를 공고화한다. 성찰보다는 활동을 우선하며, 변증법적 탐구를 통하여 연대를 형성한다. 함께 협동적인 추론을 하며, 공동체의 인지적 행동을 내면화하고, 논증을 따라 집단적으로 모색한다. 넷째, 연습과 토론 계획을 사용한다. 학문적 전통의 질문에 힘쓰고, 철학적 대안에 학생들을 개방시키고, 실제 판단을 하기 위해 구체적인 문제에 초점을 맞춘다. 다섯째, 더 나은 반응을 장려한다.

208) 전통적 교실과 달리, 철학적 탐구공동체에서 남녀 아이들은 모두 자기 목소리를 중요시하며, 집단 자체를 탐구 대상으로 삼으며 동등하게 참여한다는 데서 최소한의 의의가 있으며(Jana Mohr Lone, "Voices in the Classroom: Girls and Philosophy for Children", *Thinking: The Journal of Philosophy for Children*, Vol.13, No.1, 1997.) 철학적 탐구공동체의 구성에서 여자 아이가 탐구공동체에서 누락되지 않으며, 자기 목소리를 잃지도 않는다는 점에서 철학적

성평등교육의 수업방안으로 제시된 기성의 소집단 협동학습이나 여학생의 경험을 중시하는 대화학습, 그리고 이론과 실천의 통합을 도모하는 프로젝트 학습을 포괄적으로 전개하는 특기할 점도 있고, 일부분 그 성과도 보고되고 있다.[209]

그러나 도덕과 양성평등교육을 위한 철학적 탐구공동체의 관계는 보다 더 깊은 성찰을 요구한다. 양자가 만날 수 있는 가능성에도 불구하고 문제는 그것이 양성평등교육을 위한 교수학습 모델로서 전달 방식이 간접적이라는 사실에만 국한되지 않는다. 보다 근본적으로 철학적 탐구공동체와 페미니스트 페다고지는 여전히 그 메울 수 없는 간극이 있다. 이는 크게 두 가지 시각에서 지적 가능한데, 하나는 페미니스트 페다고지가 사회의 전통적 관점에 대한 도전이라는 점에서 탈정치적인 립맨의 어린이철학과 화해할 수 없다는 점이다. 어린이철학이 철학적 논의의 정치적, 사회적, 경제적 배경에 대해서는 다루지 않으며, 민주시민교육에 있어서도, 학교라는 민주주의공동체에 대한 문제의식이 듀이만큼 깊지 않다는 앞서의 지적에서 이미 예고된 것이었다. 페미니스트 페다고지는

탐구공동체는 여자 어린이의 자아 성취에 효과적이라고 할 수 있다.(W. C. Turgeon, "Reviving Ophelia: a role for philosophy in helping young women achieve selfhood", *Thinking: The Journal of Philosophy for Children,* Vol.13, No.1, 1997.)

209) Josephine Russell, "Moral Consciousness in a Community of Inquiry", *Journal of Moral Education,* Vol.31, No.2, 2002, pp.145 – 147. 조세핀 러셀에 의하면 탐구공동체의 운영 결과 젠더 차이는 보이지 않다. 그러나 그는, 저학년의 경우 남녀 공정함에 대한 태도, 그리고 그들의 서로 다른 관계방식이 발견된다고 한다. 피아제의 『어린이의 도덕적 판단』의 결과와 같이, 저학년 아이들은 남자 아이들은 규칙 지키기에 보다 열중하고, 여자 아이들은 보다 관대하며, 함께 나누는 것이 더 중요한 것으로 관찰된다고 지적한다.

프레이리의 해방적 교육처럼 재생산으로서의 교육 이데올로기를 극복하려는 문제의식이 강한 반면 립맨의 어린이철학은 이러한 문제의식이 전무하다고 할 수 있다. 이와 관련된 또 하나의 차이는 성차별에 대한 강한 문제제기와 학교와 사회의 양성평등을 위한 근본적 변화를 목적으로 하는 페미니스트 페다고지에 비하면 철학적 탐구공동체의 성격은 젠더에 대한 민감하지 못하고, 또한 기성의 어린이 철학교재에서 성인지적 접근의 제재가 전혀 확보되지 못했다는 점이다. 같은 맥락에서 또 다른 점을 지적하자면, 어린이철학은 여성주의 인식론의 성찰과 쉽게 화해될 수 없다. 가장 중심적인 논쟁은 이성에 대한 태도일 것이다. 이성의 산물은 가치와 무관한 편견 없는 지식으로 간주되나, 지식의 구성에는 개인적 경험을 간과할 수 없다는 것이 페미니스트 인식론의 한 가지 시각이다. 물론 이는 앞서 페미니스트 페다고지의 원리 중 하나로서 강조된 것이기도 하고, 어린이철학 역시 어린이의 개인적 경험을 고려하는 것이 인정될 수 있다. 문제는 테리 필드(Terri Field)의 지적대로, 어린이철학의 철학적 탐구에는 논쟁을 위한 논증, 가령 가언적 반례 제시 같은 논리중심적 성격이 강하다는 것이다. 그가 샵의 합당성(rationableness) 개념이 전통적 담론의 추론 혹은 엄격한 연역이 아니라 경험과 맥락에 의존한 것으로, 페미니스트 철학의 문제의식과 공유되는 부분이 있다고 지적하더라도,[210] 립맨에게 합당성은 과학적 합리성이 아니지만 만족할 만한 판단으로서의 합리성, 곧 합리적 절차를 따라 잘 판단하는 능력으로 간주되기

---

210) Terri Field, "Feminist Epistemology and Philosophy for Children", *Thinking: The Journal of Philosophy for Children*, Volume 13, Number 1, 1997, pp.20−21.

에211) 개인의 경험, 맥락과 상황의 이해를 앞세우는 페미니스트 페다고지의 인식론적 시각에서 볼 때 양자는 쉽게 양립될 수 없는 측면이 있다고 해야 할 것이다.

그런 의미에서 어린이철학이 양성평등교육을 위한 보다 적극적인 모델로서 간주되기 위해서는 페미니스트 철학과 페미니스트 페다고지의 통찰을 어린이철학내부로 보다 더 유기적으로 통합시킬 필요가 있다. 강한 논증 중심적 접근보다는, 성인지적 감수성에 보다 민감해져야 한다. 그래야만 철학적 탐구공동체가 성인지적 관점의 근본적인 양성평등교육 모델로서 효과적인 기능을 할 것이다. 손쉬운 한 가지 방안으로 교과서 이야기의 대화에, 그리고 교사용 지도서에 페미니스트의 목소리를 적극적으로 추가하는 것이다.212) 이는 비단 양성평등교육을 위한 철학적 탐구공동체만의 강화 방법으로 그치는 제안이 아니다. 그것은 도덕과의 교과서와 내용체계, 그리고 기술방식에 여성의 목소리를 도입하라는 요구로 달리 읽을 수 있다. 또한 앞으로 성인지적 관점에서 철학적 탐구공동체가 보완해야 할 사항으로는 여학생의 학습경험과 이해방식을 고려한 교수학습 원리를 들 수 있다. 여기서 여학생의 학습경험과 이해방식을 고려한다는 것은 여학생을 학습 주체로 복귀시킴을 전제로 한 것이다. 이는 여학생들에게 보다 친근한 방식으로 주체로의 회복을 돕는 것인데, 그것은 철학적 탐구공동체가 강조하는 배려적 사고와 차이를 인정하는 교실공동체의 형성을 수반함으로써 실시될 수 있을 것이다. 우리의 현실은 의도하건 아니건 대체로 어린이에

---

211) Matthew Lipman, 박진환 · 김혜숙 옮김, 『고차적 사고력 교육』, 42쪽과 138쪽.

212) 김재춘 · 왕석순, 『제7차 교육과정에서의 양성 평등 교육 실현 방안 연구－5개 교과 양성 평등 수업 지도 방안 개발을 중심으로』, 22쪽.

게 체제 순응적이기를, 다시 말해서 남성중심의 사회에 대한 비판적 성찰을 포기하기를 강요하고 있다. 따라서 철학적 탐구공동체가 양성평등교육 모델이 되기 위해서는 가부장적 사회 속에서 여성의 지위에 대해 민감할 수 있도록 자극을 주면서 동시에 여학생의 목소리를 낼 수 있도록 성찰의 기회를 제공하는 공동체가 되어야 할 것이다.

5. 어린이철학과 페미니스트 페다고지의 간극을 넘어서

일찍이 급진주의 페미니스트 파이어스톤은 여성의 억압과 어린이의 억압을 별개의 것으로 취급해서는 안 된다고 지적했다.213) 역사에서 주변부로 밀려난 여성과 어린이의 존재 지위는 여러 가지 방식에서 유사하다. 1960년대 여성의 목소리를 되찾는 것과 어린이의 이야기에 귀 기울이는 것이 동시에 제기된 것 역시 우연한 일은 아니다.

여기서는 이들을 대표하는 페미니스트 페다고지와 어린이철학의 철학적 탐구공동체를 살폈다. 철학적 탐구공동체는 적어도 외현적으로 성인지적 관점에 기초한 교육을 표방하는 페미니스트 페다고

---

213) "우리는 페미니스트 혁명을 위한 모든 프로그램에 어린이의 억압을 포함해야 한다. 그렇지 않으면 우리는 우리가 종종 남성을 비난했던 것과 동일한 결점 — 우리의 분석을 충분히 깊이 천착하지 않았고, 단지 그것이 직접적으로 우리와 관련되지 않았기 때문에 억압의 중요한 토대를 간과했다고 남성을 비난했던 결점 — 에 빠질 것이다."(Shulamith Firestone, *The Dialectic of Sex*(New York: Bantam, 1970), p.118.)

지의 원리와 성인지적 교실환경을 상당부분 함의하고 있다. 철학적 탐구공동체는 교사와 학생, 그리고 학생과 학생의 변증법적 대화를 장려함으로써 결과적으로 교사에게 치우친 교실에서의 권력을 학생들에게 수평적으로 배분한다. 또한 인지적인 것과 정의적인 것의 엄격한 이원화를 극복하는 데서, 그리고 여학생에게 자기의 목소리를 낼 수 있도록 장려하는 데서 철학적 탐구공동체는 주변부에 대해 깊은 관심을 갖는 페미니스트 페다고지와 일치한다. 양자는 또한 공동체를 추구하는데, 페미니스트 페다고지가 협동학습을 통한 공동체 건설에 노력하는 것처럼 철학적 탐구공동체는 배려와 신뢰의 공동체에서 변증법적 대화를 통해서 철학적 탐구를 추구한다. 이렇게 양자는 차이를 인정하고 여학생을 포함한 주변부의 목소리를 찾게 하며 공동체를 통한 협력의 가치를 고양하는 원리를 공유한다.

그러나 어린이철학은 페미니스트 페다고지에 비해 성 불평등과 계급에 대한 교육의 재생산과 같은 사회정치적 문제의식이 약할 뿐만 아니라 젠더문제에도 민감하지 못하다. 현실적으로 어린이철학은 그 동안 젠더화의 문제에 진지한 접근을 보여주지 못하였다. 또한 이성과 논리를 앞세우는 어린이철학의 본성상 개인의 경험과 맥락의 이해를 강조하는 페미니스트 페다고지의 문제의식은 간과되기 쉬운 한계를 지니고 있다. 이는 서로 다른 교육 프로그램의 지향성 혹은 강조점의 차이에서 빚어지는 불가피한 귀결이다.

양성평등교육을 위한 철학적 탐구공동체의 의의에도 불구하고 철학적 탐구공동체가 보다 근본적인 양성평등교육의 대안 모델이 되기 위해서는 어린이철학이 사회정치적 문제의식에 열려 있어야 할 뿐만 아니라 젠더문제에 대한 성찰이 더 요구된다. 철학적 탐구공동체를 통하여 도덕과 양성평등교육을 보다 효과적으로 실시하기 위해서는 무엇보다 철학적 탐구공동체 자체가 성인지적이어야 하며, 도덕과 목표와 내용체계, 도덕 교과서의 제재와 교과서 기술 방식에 있어서도 성인지적 관점의 과감한 변화가 뒤따라야 할 것이다.

제4부 립맨 어린이철학에 대한 비판

제7장 립맨 어린이철학에 대한 비판 Ⅰ
-『해리의 발견』을 중심으로-

1. 방법주의로서의 학교교육

우리의 현대 교육은 방법주의에 함몰되어 왔다고 해도 과언이 아니다.[214] 현대사에 있어서 우리의 학교는, 굳이 알튀세르의 말을 빌리지 않더라도 이데올로기적 국가 장치의 탁월한 사례의 전형이었다. 교육현장에 도입되는 교육담론과 실제가 무엇이든, 학교는 용광로처럼 이들을 수업방법으로 환원시킬 수 있는 능력을 보인다. 처음부터 예견된 것이었지만 열린교육은 열린 수업이라는 테크닉만 난무하다 그쳤고 구성주의 또한 사회적·문화적 구성주의, 이

---

214) 방법론이 반성과 비판에 무관할 수는 없다. 오히려 방법론은 내용(철학과 역사)을 전제하면서 유기적으로 결합되어야 한다. 일본 교육학의 한 분야인 교육방법학은 기초 훈련은 방법의 요구가 아니다. 방법 이전에 철학과 역사 연구를 기본으로서 요구한다. 철학과 역사 없이, 오로지 수업방법에 천착하도록 강권하는 것은, 하나의 이데올로기에 다름 아니다. "근대 서구의 자연과학적 산물인 이 가치중립성 개념은 20세기 후반의 우리 학교 문화의 기조로 뚜렷하게 작용한다. 우리 교육에서 가치중립성은 정치적으로는 교사의 정치적 중립성 요구로 드러나고 교육학사에서는 교육철학에 대한 교육과학의 지배 현상을 야기하고 학교 교육 형태에서는 무엇을 가르칠 것인지에 대한 근본적인 고민보다는 가치중립적인 수업 방법에의 강조로 모습을 바꾸어 나타났다." (박찬영, 「자율적 교육과정과 진보 문화를 구축하는 지역 사회 속의 학교」-21세기 우리 교육, 『우리아이들』1999년 11월 호 중에서)

를테면 학교의 민주적 문화구성에 대한 요청은 제거된 채 구성주의수업에 대한 관심만을 불러일으켰다. 오래전에 권위적인 논어나 성경, 고전 텍스트들은 해석학을 통해 해체되었고 재해석되기를 기다리는 처지에 놓였지만, 교과서에 대한 시선이 자유롭지 못한 것도 방법주의의 한 폐단이다. 교육청에서 시행되는 수업연구대회와 같은 것 역시 이에 대한 특화로서 이해할 수 있다. 그 취지를 배려하고 보더라도 좋은 수업은 수 주간 준비해서, 트럭 한 대 분량의 수업준비 자료를 싣고 다니며, 시간에 맞춘 정형화된 수업을 준비하는 것으로 그리고 이에 대한 참관만으로 얻어지지는 않는다. 좋은 학급운영은 덕목의 집합으로 이루어지지 않고, 수업 방법의 추가만으로 가능하지 않기 때문이다. 예술로서의 수업은 이미 어린이와 관계맺음의 방식, 교과서에 자유로울 수 있는 식견과 재구성의 능력을 기초로 해야만 가능한 것이다. 그러나 이러한 방법주의는 근본이 아니라 지엽이고, 원인이 아니라 결과일 따름이다.

우리 학교에는 문화가 없다. 대부분의 학교는 문화는 고사하고, 최소한의 상식조차도 지키기 쉽지 않은 것이 현실이다. 문화 없는 학교는 가치중립적인 교육의 옷을 입고 있다. 그래서 잘 가르친다는 의미의 풍성함은 수업방법에 대한 고민으로 환원된다. 무엇을, 왜 가르치는지, 교육과정은 누구를 위한 것인지, 어떤 관점에서 가르칠 것인지 등의 성찰적 질문은 거세된다. 교육과정과 내용체제가 어떤 사회적·경제적·정치적 맥락에 의존하였는지, 도대체 우리가 무엇을 가르치고 있는지에 대해서 고민을 허용하지 않는다. 그리고 지금의 교사의 현실은 이에 대해 고민을 해 보라고 하더라도, 여러 가지 이유로 적지 않은 교사들은 이에 대한 역량을 갖추고 있지 못하다. 가치중립적 교육은 교육의 탈정치적 태도로 요구되었고, 교육에서의 교사의 역할 역시 교육내용의 재건과 창조가 아니라, 끊임없는 국소화 혹은 도구화를 강요하고 있다.

이러한 우리의 학교에서 어린이들에게 바르고 깊게 생각하길 기대하는 것은 어떤 욕망일까? 교실 안과 교실 밖의 삶이 소외된 일상에서 어린이들에게 바르고 깊은 생각을 하기를 요구하는 것은 무엇을 의미하는가?

앞서의 반성, 무엇을, 왜 가르치는지, 평가를 왜 하는지에 대한 물음은 방법주의에의 함몰을 거부하는 물음이다. 동시에 이는 그 가르침의 전제를 묻는 넓은 의미의 철학적 물음이기도 하다. 우리는 비판과 반성을 자신의 정체성으로 삼는 대표적인 학문으로 철학을 드는 데 주저하지 않는다. 그런데 교육에의 철학의 도입, 그 가능한 현실 중의 하나가 다름 아닌 어린이철학이다. 그러나 기성의 우리 학교는 이에 대해 우호적이지 않다.

> 나의 비형식적인 연구는 세 살에서 일곱 살까지의 어린이가 자발적으로 철학 속으로 떠나는 여행은 결코 특별한 일이 아님을 암시한다. 그러나 그보다 좀 더 나이가 많은 어린이들, 여덟 살이나 아홉 살의 어린이만 하더라도 철학으로의 여행은 드물게 보고되거나 보고조차 되지 않는다. 내 가정은 일단 어린이들이 학교생활에 잘 적응하게 되면, 그들은 그들에게 기대되는 '유용한' 질문만 배운다는 것이다. 그때 철학은 사적으로 추구될 만큼 지하로 들어가서, 아마도 타인과 공유하지 못하거나 아니면 완전히 잠들어버리게 된다.215)

매튜스는 이를 비형식적 연구라고 했지만, 우리는 그것이 다름

---

215) Gareth B. Matthews, *The Philosophy of Childhood*, 1994.

아닌 우리의 현실임을 알 수 있다. 어린이의 자연스러운 질문은 입학한 지 머지않아 멈추고 만다. 이러한 현상은 학년이 올라갈수록 글쓰기 교육이 힘들다는 것과도 유비된다. 그러나 이미 어린이가 사고하고 성찰하고, 서로 존중하고 배려하고, 함께 공동의 문제의식을 나누어 잠정적인 해결과정을 보여주는 것은 초보적인 수준에서 가능할 뿐만 아니라 이는 교육적으로 촉진될 필요가 있는 것이기도 하다. 그러나 대개 어린이들이 학교에 들어가면 천진하면서도 도발적인 물음 혹은 철학적 상상력은 제거된다. 우리의 학교는 안타깝지만, 이끌어내어야 할 것들에 대해서는 사장시키고, 권장하지 않아야 할 것에 대해서는 적극적으로 강조한다.

어린이와 함께 철학한다는 것은 단지 어린이들을 위한 것만이 아니다. 그것은 참여하는 학교공동체 구성원 모두를 위한 것이다. 어린이철학이 학교교육의 모든 질병을 치료해 주는 만병통치약은 아니지만, 적어도 소통과 존중, 배려, 그리고 건전한 상식을 지켜내는 것이 소중하다면, 민주시민교육의 정신을 함축할 뿐만 아니라, 질문과 대화, 그리고 토론을 매개로 한 유효한 교육 프로그램으로서 간주되는 어린이철학의 메시지를 간과할 수는 없다. 게다가 어린이철학의 외연이 대학 이전의 철학교육까지 이르는 것이기에, 어린이철학에 대한 문제의식은 결국 우리 공교육 이념도 함께 헤아리는 것으로, 어린이철학의 통찰이 우리 공교육의 이념을 건강하게 구현시키는 데에서도 좋은 논의의 계기를 마련해 줄 것으로 여겨진다.

그런 의미에서 어린이철학은 단순히 어린이를 위한 하나의 철학교과를 도입하는 의미 이상을 갖고 있다. 그러나 우리는 어떤 어린이철학을 할 것인가? 여기서는 대표적인 어린이철학으로 알려진 어린이를 위한 철학에 대한 비판적 성찰을 시도하는 것으로 이 물음을 대신한다.

2. 방법주의를 넘어서 – 립맨 어린이철학을 통해

1) 립맨 어린이철의 심리학적 토대 – 반피아제, 친비고츠키

어린이의 인지 구조에 대해서 탁월하게 밝혀 놓은 기성의 심리학자들 연구는, 어린이의 추상적 사유 가능성에 대해서는 결코 긍정적이지 않다. 이에 대해 어린이철학론자들은 인지능력 혹은 학습능력에 대한 발달심리학의 성과에 도전한다. 어린이 수준에서 철학교육이 가능하다고 주장하는 것은, 기존의 어린이의 사고능력에 대한 심리학적 이해가 잘못되었다는 것을 함축하거나, 아니면 철학의 의미를 다르게 사용하는 것이라고 할 수 있다. 확실히, 어린이철학을 주장하는 사람들은 이 두 가지를 모두 고려하고 있다.

20세기 어린이의 이해에 새로운 기원을 연 피아제에 따르면 초등학교 어린이는 아직 형식적 조작기에 이르지 못했기에 미성숙한 인지 형태로서는 철학을 할 수 없다고 한다. 일견 피아제의 지적은 타당하게 보일 수 있다. 추상적 사유로 점철된 철학텍스트를 떠올려 보라. 구체적 조작기에 해당되는 어린이가 철학의 고전 텍스트에 기초한 철학을 한다는 것은 갓 태어난 아이에게 걷도록 요구하는 것과 같은 위험한 일일 수 있다. 피아제의 눈으로 보자면, 구체적 조작기에 해당되는 어린이가 형식적 조작기의 내용을 담은 철학을 한다는 것은 어린이에 대한 몰이해이며 이는 교육적 의미에서 바람직하지 않다는 것이다. 그러나 피아제의 시각에는 어린이철학론자들이 동의할 수 없는 문제점이 있다. 립맨 등의 어린이철학자론들이 피아제를 다루는 방식은 여러 가지인데, 그 대응방식은 대체로 다음 세 가지로 요약된다. 그것은 (1)피아제의 이론에 약점을 찾아내려고 노력하거나(Gareth Matthews) (2) 어린이철학의 가능성과 피아제 이론을 조화시킴으로써 피아제를 해석하거나(Hope J. Hass) (3) 어린이철학의 실천과 다른 한편에서 피아제적 언어로 사유하는 것 사이의 문제점을 무시하는 것이다.216)

미국에서 어린이철학을 최초로 시도한 철학자217), 립맨은 어린이의 철학 불가능성을 설파한 피아제의 형식적 조작기 단계에 따라 어린이철학교과서 『해리의 발견』을 썼다. 그렇다면 피아제에 대한 립맨의 태도는 위의 (2)에 해당되는가? 그러나 립맨의 입장이 피아제주의는 결코 아니다. 아니, 립맨은 이 책의 모두에서 제시한 대로 피아제의 형식적 조작기에 기초한 논의들의 허약함을 머지않아 알아차리고 보다 더 이른 시기에 어린이들은 논리적인 사고를 할 수 있다고 확신한다. 그의 피아제 비판은 또 다른 방식으로 진행되는데, 이는 어린이사고에 대한 피아제의 연구방식에

---

216) Ann Gazzard, "Philosophy for Children and the Piagetian Framework", p.245.

217) 어린이철학은 독일의 경우 1920년대까지 소급되는 역사를 지녔지만 오늘날 일반적으로 보급되는 어린이철학은 립맨이라는 미국철학자의 노력 덕분이었다. 마르텐스에 의하면 독일의 경우 어린이철학에 대한 관심이 이미 1920년대부터 있었으나 그것과 국가사회주의와의 결합으로 결국 사람들 사이의 관심에서 사라졌다고 한다. 그 후 독일에서 어린이철학의 유행이 시작한 것은 미국의 립맨 영향이었다고 한다.(Ekkehard Martens, *Philosophieren mit Kindern*, 박승억 옮김, 『어린이와 함께 철학하기』, 지리소, 2000), 1장 참조.

대한 지적이다. 이를테면 그는 하이젠베르크의 불확정성의 원리에 기초해서 어린이의 사고에 대한 관찰과 인터뷰 기법에 있어서의 효과를 피아제가 전적으로 무시하고 있는 데 주목한다.[218] 불확정성의 원리란 전자의 모습을 관찰하기 위해 현미경 스위치 전원을 켜는 순간 우리가 보는 전자는 이미 불빛에 의해 자극 받은 운동하는 전자이듯, 미시 세계를 관찰할 때 관찰자의 관찰 행위 자체가 미시세계에 영향을 미쳐 미시 세계의 원래 모습을 알 수 없다는 것이다. 립맨은 피아제가 어린이의 인지발달 단계를 4단계로 나눌 때 그 실험이 노리는 의도와 실험 과정 그리고 실험 결과에 대한 해석에 있어서 이미 일종의 선입견이 개입되었을 것이라는 해석학적 진단을 내린다. 피아제의 관찰 자료가 순수한 관찰 및 인터뷰의 자료로 보기 힘들다는 립맨의 견해는 최소한 타당하다고 할 수 있다. 우리 나이로 12, 13세, 즉 형식적 조작기에 들어서야 추상적 사고가 가능하다는 피아제의 시각에는 그 이전 연령의 어린이들의 의미 있는 사유의 과정과 결과가 간과될 우려가 있다.

피아제를 비판하는 대신, 립맨은 어린이의 철학 가능성의 근거를 확보하는 데 있어서 러시아 심리학자 비고츠키(Vygotsky)에 의지한다. 립맨은 1940년대 후반 비고츠키의 사유를 접한 바 있었으나, 그보다 훨씬 이후에서야 비고츠키의 『사고와 언어』 *thought and Language*(1962)와 『사회에서의 마음』 *Mind in Society*(1978)로부터 가르침과 정신 발달 사이의 관련성에 대한 적용방법을 얻게 되었다고 한다.[219] 주지하듯 비고츠키는 피아제가 어린이 사고의 한 가지 특징으로 간주한 어린이의 자아중심성에 대해 주목하

---

218) Matthew Lipman, *Natasha: Vygotskian Dialogues*, p.xiii.

219) Matthew Lipman, *Natasha: Vygotskian Dialogues*, p.xiii.

며,220) 자아중심적인 대표적인 사례, 곧 자아중심적 언어를 두고 피아제와 대립한다. 비고츠키의 다음과 같은 언급은 자아중심적 언어에 대한 그의 시각을 그리고 피아제의 시각 또한 잘 대비하여 보여준다.

> 우리와 피아제의 불일치는 다음과 같은 예에서 극명하게 드러날 것이다. 나는 책상에 앉아 내 뒤에 있는, 따라서 볼 수 없는 누군가에게 이야기를 하고 있다. 그러나 그는 떠났고 나는 이를 알아채지 못하고, 그가 듣고 이해할 것이라는 착각으로 계속 이야기를 하였다. 겉으로 볼 때 나는 나 자신과 마주하며 나에게 건네는 이야기를 하지만, 심리학적으로 내 발언은 사회적이다. 그러나 피아제의 시각에서는 정반대의 것이 아이의 경우에서 일어난다. 다시 말해서 그의 자기중심적 이야기는 자신과 마주하며 자신에게 건넨다는 것이다.221)

인용문에 따르면 피아제에게 자기중심적 언어는 빨리 극복해야 할 어린이 단계의 특징에 지나지 않지만, 비고츠키에게 자기중심적 언어는 이미 사회적 차원의 언어이다. 보다 엄밀하게 말하면, 그것은 사회적 언어와는 어느 정도 독립되었으나 아직 사회적 상황에서만 기능하는, 내적 언어의 기능은 갖고 있으나 아직 내적 언어로 느끼지 못하는, 다시 말해서 타인에 대한 언어에서 자기 자신에로의 언어 전이를 나타내주는 특징으로서 간주된다.222) 어

---

220) Lev Vygotsky, *Thought and Language*, The MIT Press, 1986, p.17. 피아제는 어린이의 자아 중심적 사고가 엄격한 의미에서 말의 자폐성과 사회화된 사고의 중간에 서 있다고 하는데, 비고츠키는 바로 이 점이 어린이의 사고에 대한 피아제의 기본적인 가정임을 훌륭하게 지적하고 있다.

221) Lev Vygotsky, *Thought and Language*, p.234.

린이는 자기중심적이어서 철학을 할 수 없다는 피아제의 논거에
반해, 자기중심적 언어는 사회적 차원에서 작용하며 내적 언어로
들어가는 단계라고 하는 비고츠키의 통찰은 어린이철학론자들에게
어린이들이 자기중심적이지 않을 뿐만 아니라 사회적 상황 속에서
언어적 상호작용을 통해서 초보적으로 철학을 할 수 있다는 하나
의 근거가 된다. 비고츠키에 대한 립맨의 경도는 피아제의 자기중
심적 언어에 대한 이와 같은 비판과 근거뿐만 아니라 교육은 인지
발달에 따를 뿐이라는 피아제의 논의를 극복할 심리학적 계기 혹
은 대안 또한 제시하기 때문이다. 비고츠키는 어린이도 철학할 수
있는 가능성을 함축하는 그 밖의 여러 심리학적 단서들을 제시하
고 있다.

> 피아제가 설립한 발달론적 법칙성은 피아제의 연구 조건 아래 주
> 어진 환경에 적용된다. 그 법칙성들은 자연의 법칙에서가 아니라,
> 역사적으로 사회적으로 결정된다. 피아제는 사회적 상황과 환경의
> 중요성을 충분하게 고려하지 못한 탓으로 이미 스턴(Stern)에게
> 비판을 받았었다. 어린이의 이야기가 자기중심적인지 아니면 사회
> 적인지 여부는 아이의 나이에만 달려 있는 것이 아니라 주위의
> 조건에도 달려 있다. 피아제는 어린이가 특정 유치원에서 노는 것
> 을 관찰하였으며, 그것과 관련된 공동요인들은 이러한 특별한 환
> 경에서만 타당하다.223)

비고츠키에 따르면 교육은 어린이의 실제 발달 단계에만 맞추어
서는 안 되며, 실제 학습이 발달을 견인하므로, 좋은 교수활동 역

---

222) Lev Vygotsky, *Thought and Language*, p.235.

223) Lev Vygotsky, *Thought and Language*, p.55.

시 어린이의 발달에 앞서 인도해야 한다. 피아제는 개인의 내적 심리발달에 따른 교육에 그칠 뿐 사회적 상황과 환경의 중요성을 간과하고 있지만, 비고츠키의 말처럼, 보다 넓은 근접 발달 영역 (zone of proximal development)을 갖고 있는 아이는 학교 교육에서 더 좋은 결과를 낳는 것이 당연하다.224) 비고츠키의 친절한 안내에 따르면 근접발달 영역이란 다음을 말한다.

> 우리는 어떤 어린이가 열두 살용 문제를 함께해서는 풀 수 있고, 다른 아이는 혼자 힘으로 아홉 살용 문제를 해결할 수 없는 것을 발견했다. 아이의 실제 정신 연령과 도움을 받아서 문제 해결에 이른 수준 사이의 불일치가 그의 근접 발달 영역이다.225)

어린이가 오늘 협동해서 할 수 있는 것은 내일이면 혼자서도 할 수 있다. 그러므로 좋은 교수란 반드시 발달에 앞서서 그것을 이끄는 것이다.226) 그렇다면, 마찬가지로 적절한 철학 교육적 환경과 언어를 매개로 한 상호작용이 주어지면 어린이의 근접발달 영역은 확장될 것이며, 이는 그만큼 학교교육에서의 의미 있는 교육활동으로서 가능성이 있다. 비고츠키는 피아제의 자아중심성에 대해 비판할 뿐만 아니라 근접발달 영역의 자극으로 실제 발달 단계 이상의 교육이 가능함을 말하기에 피아제를 비판하는 립맨과 같은 어린이철학론자들의 입장에서는 이러한 제언이 호소력 있을 뿐만 아니라 매력적이지 않을 수 없다. 립맨은 비고츠키의 통찰로부터, 아이들이 서로 존중하고 사려 깊게, 사유할 수 있도록 살아 있는

---

224) Lev Vygotsky, *Thought and Language,* p.186.

225) Lev Vygotsky, *Thought and Language,* p.186.

226) Lev Vygotsky, *Thought and Language,* p.186.

교실 대화를 이끌어낸다.

2) 립맨의 철학관과 어린이철학론

립맨의 어린이철학이 가능한 것은 비고츠키 심리학의 통찰도 도움이 되었지만, 무엇보다 어린이와 철학에 대한 그의 견해는 과거의 주류 철학자와 달리했다는 것이다. 어린이는 철학을 할 수 없다는 피아제의 생각 기저에는 발달단계에 대한 피아제의 선입견이 놓여 있었지만 이를 보다 강화시킨 것은 철학에 대한 피아제의 편견이다. 립맨은 그가 영향받은 듀이나 소크라테스, 칸트, 그리고 비트겐슈타인과 같이, 활동으로서의 철학을 강조한다. 그러기에 어린이철학을 이끌 교사 역시 그 중요성에도 불구하고, 반드시 전문적인 철학자 혹은 철학사적 지식을 확보한 사람일 필요는 없는 것이다.

> 어린이를 위한 철학 프로그램의 강조는 토론의 과정에 놓여 있지 하나의 특수한 결론을 얻는 데 있지 않다. 그러기에 선생님 또한 많은 정보를 소유한 것처럼 어린이들에게 제시하지 않아도 된다. 토론을 자극하고 활성화시키는 데 관심이 있는 질문자로서 학급에 선다면 그것으로 족하다.227)

---

227) Matthew Lipman, Ann M. Sharp and Frederick S. Oscanyan, *Philosophy in the Classroom,* p.103. 어린이철학의 바탕에는 자유로운 토론이 있고, 조력자로서의 교사 역할을 말하지만 실제 립맨 어린이철학에서 교사의 역할은, 당연한 것이지만 그 이상의 것을 요구한다. "현재 초등학교 교사가 그러한 책임을 맡을 수 있는지에 대한 합리적인 의문이 있다. 드문 경우를 제외하고는 현재의 교사들은 그런 책임을 맡을 수 없다. 적절한 훈련이 없이 대부분의 교사들에게 논리학의 엄격함이나 윤리학의 민감한 문젯거리 혹은 형이상학의 복잡함에 대해 다루도록 맡겨질 수 없는 것이다.(…) 철학적 대

물론 어린이철학의 바탕에 자유로운 토론, 반성, 비판을 말했지
만, 립맨 어린이철학에도 이를 통해서 확보하기 위한 분명한 목적
이 있다. 립맨 어린이철학의 목적을 간단히 일별하면 이렇다.228)

1. 추론 능력 향상

2. 창조성의 발달

3. 상호 인격적의 성장

4. 윤리적 이해력의 발달

5. 경험에서의 의미 발견 능력의 발달

1) 대안의 발견

2) 공정성의 발견

3) 무모순성의 발견

4) 신념에 대한 논거 제시 가능성의 발견

5) 포괄성의 발견

6) 상황의 발견

7) 부분 - 전체 관계의 발견

7 - 1 추론 능력 향상

7 - 2 창조성의 계발

화를 유도하도록 교사에게 기대한다면 교사 자신이 철학적 대화에
참여해 볼 기회를 제공받아야 하고 철학적인 방식으로 토론을 돕는
방법을 잘 아는 모델들에 의해 제시되어야 한다. 학생들의 측면에서
질문하는 행위를 끌어내기를 교사에게 기대한다면 교사 자신이 연
수에서 그런 행위를 할 수 있는 모델에게 배워야 하다. 어린이들이
추론하는 방법을 가르치도록 교사에게 기대한다면 교사들은 학생들
에게 기대하는 것과 동일한 추론 연습을 해야만 한다. 그리고 말할
필요도 없는 것이지만 학생들에게 탐구 절차에 관심을 갖도록 이끌
고자 한다면 연수 중의 교사들은 탐구 절차를 존중하도록 장려되어
야 한다.”(*Philosophy in the Classroom*, pp.46 - 48.)

228) Matthew Lipman, Ann M. Sharp and Frederick S. Oscanyan,
Philosophy in the Classroom, pp.58 - 81.

7-3 개인과 대인 관계의 성장
7-4 논리적 지성의 계발

립맨의 어린이철학에서 도모하는 목적은 추론 능력을 키우고 창조성을 조력하고 윤리적 지성을 발달시키는 것이다. 추론적 능력, 인지 능력을 향상하고 동시에 이의 연장으로 창조성과 도덕성을 향상시킨다. 결코 지적 측면만을 강조하는 것은 아니나, 적어도 추론이나 인지능력을 전제하고 도덕성을 향상시킨다는 점에서 립맨의 어린이철학은 그가 비판하는 피아제를 많이 닮았다. 물론 피아제와 피아제의 발달단계를 도덕에 접목시킨 콜버그에게서는 어린이 시기란 가능하면 빨리 건너 뛰어가야 할 저급한 단계로 보는 점에서 립맨의 어린이철학과는 양립할 수 없지만 추론과 의미발견 능력 등 인지능력에 대한 대단한 강조라는 측면에서는 그들은 유사하다. 시베리아 전역에 기초 어린이철학 프로그램을 보급한 마르골리스(Arcady A. Margolis)는 어린이철학과정과 러시아의 교육 발달 모델(The Developmental Model of Education)을 비교하면서 양자의 많은 유사점을 지적하면서도 둘 사이의 뚜렷한 차이점을 밝히고 있는데 그중 하나가 다음이다.

일차적인 교육 목적으로서 사유에 관해서 말하자면, 립맨은 아리스토텔레스 전통에 기인하는 사유의 형식적 방법과 논리적 법칙에 근거한 추론을 개발시킬 필요성에 대하여 말한다.229)

---

229) "A Comparison between the Philosophy for Children Approach and the Cultural-Historical and Activity Approaches: Psychological and Educational Foundations", Arcady A. Margolis, (*Natasha: Afterword*), p.126.

그들의 눈에도 립맨 어린이철학은 논리적 추론이 강조되는 것으로 보인다. 추론 능력 향상은 물론 전부는 아니지만, 립맨 어린이철학의 주요한 특징이다. 그러나 립맨이 보는 어린이와 철학에 대한 관점과 그 연습은 피아제나 콜버그의 그것과 비교할 때 훨씬 원초적이고 건강하다. 어린이마저도 철학함이 가능하며 어린이 사유를 있는 그대로 인정해 주고 철학적으로 장려하자는 생각, 특히 어린이의 생각을 보다 더 반성적 사고로 키워갈 수 있도록 환경을 만들어주려는 탐구 공동체의 건설 등은 피아제나 콜버그의 인지발달론과, 그리고 리코나식의 인격교육론과도 구별 짓는다.

어린이철학의 환경 조성, 립맨은 항상 교실에서의 탐구공동체 형성을 말하고 있다. 탐구 공동체(Community of Inquiry)는 어린이가 철학을 할 수 있도록 만들어주는 환경이기도 하지만 동시에 이는 어린이들이 자연스럽게 철학을 할 때 형성되는 상황이기도 하다. 탐구 공동체는 그 자체가 일종의 민주시민교육을 위한 교실 모델이며, 기성의 교실 속에서의 관계 방식도 수정하기를 요구한다. 왜냐하면 탐구 공동체의 목적은 교사 ─ 학생 대화에서 학생 ─ 학생 대화로의 이동에 있기 때문이다.230) 그에 따르면 어린이가 교사나 교과서뿐만 아니라 서로 배움을 구할 수 있다는 점에서 교실의 탐구공동체 건설이 강조되나 이는 특별한 의도라기보다는 이미 오래전, 철학이 활발했던 곳에서는 어디든지 일어날 수 있는 자연스러운 현상으로 가정된다. 가령 아테네 철학자들의 공동체에 대한 다음과 같은 그의 상정이다.

나는 비고츠키의 이론이 역사적으로 유명한 수수께끼(거의 인구

---

230) Matthew Lipman, *Natasha: Vygotskian Dialogues*, p.xvi.

삼만 명도 안 되는 작은 도시들 ─ 나는 지금 기원전 5·6세기의 아테네와 14·15세기의 플로렌스 사람들을 생각하고 있다 ─ 이 매우 강렬하게 예술적이고 과학적인 창조성을 성취해 낸 것이 도대체 어떻게 가능한가)에 대해 한줄기 빛을 던져주었음을 언급하고자 한다. 세계 도처의 뛰어난 사람들이 이들 지역에 몰려들었기 때문이라는 설명은 그러한 사실로서는 옳을지도 모르지만 그것으로는 설명력이 약하다. 도처에서의 발견과 발명은 신선한 사고를 자극했고 그리고 차례로 이는 새로운 발견과 발명을 다시 자극했다는 점에서 이들 마을은 탐구 공동체였다는 것으로 인식하는 것이 보다 더 설명에 도움이 될 것이다. 탐구 공동체의 열망이 없는 사회는 그들 스스로를 자유도 정의도 부도 권력도 우리가 아테네나 플로렌스의 경우에 그토록 열망하는 놀라운 생산력을 보증할 수 없다.231)

3. 립맨 어린이철학에 대한 비판 ─ 『해리의 발견』을 중심으로

립맨의 어린이철학은 적어도 90년 중반까지만 하더라도 미국에만 5,000개 학교에 보급되고 그 프로그램은 18개 언어로 번역되었다. 미국, 칠레, 코스타리카, 브라질, 멕시코, 나이지리아, 스페인, 포르투갈, 과테말라, 아이슬란드, 덴마크, 캐나다, 오스트리아, 오스트레일리아, 그리고 대만 그리고 러시아, 루마니아, 헝가리 그리고 체코슬로바키아에서도 센터를 설립하고 있다.232) 이렇게 립맨의 어린이철학은 30여 년간의 역사를 자랑할 만큼 이 분야에서 독보

---

231) Matthew Lipman, *Natasha: Vygotskian Dialogues,* p.xii.

232) Ann Margaret Sharp and Ronald F. Reed(eds.), *Studies in Philosophy for Children: Harry Stottlemeier's Discovery,* p.xiv.

적인 지위를 갖고 있다. 립맨 등의 어린이철학은 교사 교육, 교육 과정 개발, 교육연구에 종사하는 전 세계 40개 지부 센터가 있는 등233) 적어도 어린이철학에 관한 한 그것은 세계적으로 영향력을 행사하고 있다.

립맨의 어린이철학에서 최초로 만들어진 『해리의 발견』은 IAPC 의 성격을 잘 반영해 주고 있으며 실제 이 책은 립맨의 대표적인 어린이철학 교재다. 그가 처음 어린이철학에 관심을 가졌을 때 '논리학'은 그의 마음 한 가운데에 있었다. 립맨의 어린이철학에서 '논리학'에 대한 입장은 그의 어린이철학의 정체성을 규정한다. 실제 우리말로 『해리의 발견』 혹은 『노마의 발견』이라고 번역된 원명, 『해리 스토틀마이어의 발견』은 주인공 이름 자체가 서양의 고전논리학의 창시자, 아리스토텔레스의 이름을 변형한 것이었을 뿐만 아니라234) 『해리의 발견』에서 다루는 논리는 전통적인 아리스텔레적인 논리학, 곧 삼단논법에 초점을 맞춘 것이다.235) 여기서는 『해리의 발견』을 중심으로 립맨 어린이철학의 하나의 결을 드러내고자 한다. 이를 통해 립맨 어린이철학의 정체성과 그것이 함축하는 문제점을 살필 수 있다.

우리 초등학교 고학년 수준에서 읽을 수 있는 『해리의 발견』은 모두 17장으로 구성되어 있다. 우선 전체의 얼개를 보자. 1장은

---

233) Matthew Lipman, *Natasha: Vygotskian Dialogues*, p.xxiii.

234) Ann Margaret Sharp and Ronald F. Reed(eds.), *Studies in Philosophy for Children: Harry Stottlemeier's Discovery*, p.4.

235) Laurence J. Splitter, "A Guided Tour of the Logic in Harry Stottlemeier's Discovery", Ann Margaret Sharp and Ronald F. Reed(eds.), *Studies in Philosophy for Children: Harry Stottlemeier's Discovery*, p.108. 이하의 『해리의 발견』의 개괄 중 논리에 관한 측면은 스플리터의 정리를 참조한다.

“모든(All)” “어떤 ○○도 아닌(No)”을 주어로 하는 논리적 문장을 다룬다. 주어부와 술어부의 환위에서의 진위도 살핀다. 2장은 이를 좀 더 확장하여 ‘All’의 주어자리에 들어갈 수 있는 다른 양화사의 예들, 이를테면 각각(Each), 모든(Every), 어떤(Any)을 살피며, 만일 - 이라면(If then)의 표현으로 확대한다. 3장은 사고(Thought)와 생각하기(Thinking)의 차이를 식별하게 하고, 환위 가능성의 규칙에 대해 기하학적 근거를 발견하게 한다. 4장은 애매모호함의 문제를 살피고, 양화사 약간(Some)을 도입하며, 5장은 귀납논리를 도입하고, 논의의 비약 문제를 다룬다. 여기서 교육의 문제가 두어 가지가 다루어지는데, 하나는 학교운영의 주체가 누구이어야 하는지 문제이고 다른 하나는 “왜 아이들이 학교에 있는지”,236) 교육의 의미에 대해 숙고하는 대화가 들어 있다. 6장은 마음의 본성에 대해 성찰하게 하고, 지도서 연습문제에는 추론 속에 깃든 잘못된 가정 찾기가 수록되고, 7장은 정도의 차와 종류의 차를 구분하고 인간과 동물의 차이에 대해 다룬다. 8장은 이행관계(Transitive relation)의 문장 연습에서 시작하여 기초 삼단논법을 알아가게 하고, 9장은 아침 조회 때 성조기에 경례를 하지 않았던 데일의 사건에 대해 다루며, 소수자의 문제와 민주주의와 학교장, 그리고 교사의 의무가 언급되며, 공적 토론은 어린이의 자유를 위한 덕목임을 강조한다. 10장은 앞장의 내용을 어린이들의 토론 형식으로 재론하며, 성실의 의무, 자유의지에서의 선택, 그리고 신뢰 등을 검토한다. 11장은 자기존중, 역지사지, 절대적으로 참인 것, 권리와 의무, 소통, 상상속의 존재 지위, 명령과 근거, 좋은 사고와 나쁜 사고의 구별 등 어린이들의 머릿속에 떠오르는 단편을 어떤

---

236) Matthew Lipman, *Harry Stottlemeyer's Discovery,* pp.23 – 24.

설명이나 논증 혹은 대화 없이 짧게 펼쳐 놓고만 있다. 12장은 모순 개념을 다루고, 13장은 시작과 원인, 부분과 전체를, 특히 우주의 시작과 원인과 관련해서 논하고 우주와 하느님과의 관계를 진술한 문장들을 검토한다. 14장은 미술관에 들린 수키와 앤이 작품에 대한 감상을 나누고, 리자와 프란이 탄자니아 여행을 제재로, 빈자와 부자가 공존하는 미국과 함께 굶주리고 함께 풍요로울 수 있는 탄자니아 중 어느 나라가 더 야만적인지 논한다.237) 후반부는 삼단논법의 여러 유형을 다룬다.238) 15장은 논리적 추론 대신에 과학철학의 주요 개념들, 원인과 기술(Description), 원인과 이유의 차이를 제시하며, 16장은 가언적 추론, 전건긍정과 후건부정이 참임을 알게 하며, 끝으로 17장은 동어반복과 논리적 규칙의 의미를 확인한다.

　여기서는 먼저 1장부터 살펴보고자 한다. 1장은 해리가 수업 시간에 졸다가 선생님의 질문, "꼬리를 가지고 있고 76년마다 태양의 주위를 도는 것은 무엇일까?"에 대한 답변으로 나름대로의 추론 끝에 '행성'이라고 대답하는 것으로 시작한다. 주위 친구들은 해리의 답변으로 웃고 해리는 창피함을 느끼지만, 해리의 추론은 다음과 같은 것이었다.

---

237) 그러나 이에 대한 교사용 지도서의 접근은 다소 조야하다. 이후 해당부분의 내용을 간략하게 적시할 것이다.

238) 『해리의 발견』의 교사용 지도서에는 이 삼단논법의 오류 관련 부분이 누락되어 있다. 이 이슈를 탐구할 것인지 여부는 교사의 재량이다. 미국에서 『해리의 발견』은 5학년 교수요강의 부분이지만 스플리터에 따르면 오스트레일리아에는 대개 6학년이 되기 전에는 시작하지 않는다.(Laurence J. Splitter, "A Guided Tour of the Logic in Harry Stottlemeier's Discovery", p.119.)

모든 행성은 태양 주위를 돈다.
그것은 꼬리를 가지고 있고 76년마다 태양 주위를 돈다.
따라서 그것은 행성이다.

여기서 우리가 "그것은 꼬리를 가지고 있고 76년마다 태양의 주위를 돈다."에서 '꼬리를 가지고 있고 76년마다'를 괄호 치고, 이를 다시 다음과 같이 가언적 추론 형식으로 변환시키면 다음과 같이 간단해진다.

만일 X가 행성이라면 그것은 태양 주위를 돈다.
그것은 태양 주위를 돈다.
따라서 "X는 행성이다."

$$p \supset q$$
$$\underline{q}$$
$$p$$

이것은 형식 논리학의 대표적인 오류 형식, 곧 후건긍정이다. 논리학에서 다룰 수 있는 가언적 추론은(이 책에서는 16장에 등장한다) 전건긍정, 전건부정, 후건긍정, 후건부정으로 나눌 수 있는데, 항상 참인 것은 전건긍정과 후건부정이다. 여기서 후건긍정은 대표적인 오류의 형식으로, 해리는 일종의 후건긍정의 오류를 범한 셈이다.

그러나 주인공 해리는 사려 깊은 아이이기 때문에 금방 자신이 한 추론의 잘못을 깨닫는다. 그는 모든 행성이 태양주위를 돌지만, 태양 주위를 돈다고 해서 모든 것이 행성이 되는 것은 아니라는 사실을 깨닫는다. 그때부터 해리는 주어와 술어의 위치를 바꾸면 참인 문장이 아니라는 사실을 알고, 몇 가지 사례들로서 자신의 발견을 확인한다. 가령 '모든 도토리나무는 나무이다'라는 문장은 참이지만, '모든 나무가 도토리나무이다'라고 하면 틀린 것처럼 주어와 술어를 바꾸면 거짓이 된다는 것이다. 해리는 자신의 발견을 친구 리자를 만나 자랑했으나 곧 해리는 난처함에 빠진다. 왜냐하면 리자는 주어와 술어가 바뀌어도 전혀 참, 거짓이 바뀌지 않는 반례를 제시했기 때문이다.

"어떤 독수리도 사자가 아니다."(No eagles are lions)[239]

우리말로는 이런 형식의 문장을 '어떤 ○○도 □□가 아니다'로 번역하기에 주어와 술어의 자리바꿈이 영어의 문형만큼 깔끔하게 와 닿지 않는다. 그러나 영어에서는 독수리와 사자의 문장에서의 위치만 바꾸면 되는 간편한 반례이다. 해리는 리자의 반문에 당혹해하다가 자신의 발견이 적용되지 않는 문장이 있음을 새롭게 알게 된다. 리자와 해리는 반례가 정당함을 몇 차례의 사례를 통하여 확인하고, 1장 끝 부분에서 교실에서의 발견과 토론이 일상생활에서 논리적 오류 지적으로까지 확대됨을 보여준다. 이와 같은 1장에 대한 개요를 필두로, 『해리』의 전 17장은 두어 장을 제외하고는 논리적 추론의 형식에 친숙하도록 고안되어 있다. 물론 『해리의 발견』에는 논리적 추론의 훈련만 있는 것은 아니다. 가령 5장에서는 학교운영의 주체, 교육의 의미, 9장이나 10장에서는 '국기에 대한 경례'와 같은 규칙준수의 의미, 그리고 11장에서는 철학적 제재의 나열, 13장에서는 '우주의 기원', 14장에서는 미학적 주제와 급진주의자(radicals)의 개념도 등장한다.

그러나 『해리의 발견』에서는 이 문제들이 본격적인 주제는 아니다. 물론 교사용 지도서에는 이들 주제 역시 의미 있게 탐구할 수

---

239) Matthew Lipman, *Harry Stottlemeyer's Discovery*, p.3.

있는 활동제재들로써 수록해 놓았지만, 비록 립맨과 샵, 그리고 오스캐년의 공동저술이라고 하더라도, 거기에는 특정의 정치사회화적 시각이 개입되어 있다. 이는 조금 후에 다시 언급하기로 하고, 교과서 전체의 개괄만 두고 보자면, 이들 제재들은 일종의 기초 논리학을 위한 보조적 예시 자료의 성격이 강하다고 할 수 있다. 여타의 제재들을 제쳐두면 『해리의 발견』은 초등학교 고학년의 논리학 교재로서 간주될 정도이다. 이초식은 IAPC의 철학교육이 "내용도 없는 공허한 느낌을"줄 수 있지만, IAPC가 개발한 철학 교재나 교사용 지도서를 읽게 될 때 우리는 그런 우려를 불식할 수 있을 것이라고 말한다.240) 그러나 꼭 그렇지만도 않다.

립맨의 『해리의 발견』이 유일한, 그리고 완전한 어린이철학교재로서 간주될 수 없다는 것은 이미 립맨의 어린이철학이 그들의 철학을 반영한 어린이철학이라는 점에 있기 때문이다. 좀 더 구체적으로 살펴보자.

첫째, 립맨은 자신의 어린이철학이 가장 좋은 유일한 어린이철학프로그램이라고 주장하지만, 그의 어린이철학은 미국의 분석철학과 과학철학, 그리고 미드와 듀이의 영향 속에서 형성된 독특한 철학교육론이다. 그가 강조한 추론의 중요성을 우리가 부인하는 것은 아니지만 고학년 어린이철학의 교과서가 지나치게 논리적 추론 중심으로 전개되는 것은 그것이야말로 그들의 어린이철학임을 방증하는 것이다. 그래서 우리는 마르텐스처럼 립맨의 어린이철학처럼 하나의 어린이철학만 있는지, 아니면 다양한 철학적 배경을 가진 어린이철학이 가능한지 물음을 던져야 한다. 동양 철학이나

---

240) 이초식 감수, 서울교육대학철학연구동문회 편역, 『어린이를 위한 철학교육』, 서울: 서광사, 1986.

그 밖의 철학을 빼놓고 국제 어린이철학을 이야기할 수 있는지에 관한 회의는 물론 당연한 것이다. 아니, 마르텐스의 지적이 아니더라도 인간의 사고 혹은 추론은 과학적인 방식 이상의, 예를 들면 판단, 인간적 지식, 상상, 이해력 그리고 지혜 등을 포함하기 때문에 대륙철학 혹은 영미(Anglo – American) 어린이철학이 아닌 다른 방식의 어린이철학을 고민할 수도 있다.241) 인문학과 사회과학의 식민지성을 넘어서지 못한 우리의 현실을 반영해서, 어린이철학 역시 그네들의 어린이철학을 수입해서, 일말의 성찰 없이 가르치는 것이 우리 어린이철학의 길은 아닐 것이다.

논리의 관점에서 볼 때, 어린이를 위한 아리스토텔레스의 논리학『해리의 발견』에서 보듯 서양의 논리만을 유일한 논리로 간주하고 다가서야 할까? 물론 형식논리는 논리학 연습을 통해서 배워야 할 것이다. 우리의 현실은 지나칠 정도로 왜곡된 의사소통구조로 형성되어 있어, 때로는 초보적인 논리적 사고만 지켜내더라도 도움이 될 정도이다. 그러나 논리학 연습이 곧 의사소통을 원활하게 해 주지도 않으며, 논리적 사고의 직접적인 고양을 함축하지도 않는다. 페미니스트 철학의 통찰이 아니고서도, 어떤 사태에 대한 맥락과 상황파악에 대한 감수성과 이해는 논증보다 더 중요하며, 이러한 메시지는 결코 논리학 연습으로 얻어질 수 있는 것이 아니기 때문이다. 또한 논리 철학적 관점에서 볼 때 역시, 적어도 이를 지도할 철학교사를 위해서 교사용 지도서는 보다 더 근본적인 논리에 대한 성찰을 제시해 주어야 할 것이다. 서양의 논리와 다른 동양의 논리가 있다면242) 우리는 어떤 어린이철학을 해야 할 것인

---

241) Ekkehard Martens, "Philosophy for Children and Continental Philosophy", pp.407 – 408.

가? 아니, 논리적 측면이 아니고서도 『해리의 발견』에 의지하지 않고서는 어린이철학을 할 수 없는 것인가? 서양의 철학만이 하나의 보편적인 철학이고 서구의 것과는 독립된 동양의 논리와 철학이 없다고 한다면 이는 서구적 사유의 독단일 따름이다. 그런 의미에서 립맨의 어린이철학만을 유일한 어린이철학이라고 한다면 이는 영미(Anglo‒American) 어린이철학의 독단이다.

둘째의 지적은 첫 번째 지적과 연관된다. 비록 3‒4학년 초등학생 철학교과서 『픽시』(Pixie)에서 주인공은 부분과 전체의 관계에 대해 고민하고, 개체와 유와의 차이를 자각하며, 존재에 대한 호기심과 경이를 보이며 중학생용 철학교과서『마크』(Mark)에서는 다수결의 원리, 소수의 권리, 법과 질서, 사회적 관계, 자유와 책임, 사회에서의 정의라는 주제의 사회정치적 물음을 던진다고 하더라도, IAPC 초등학교 고학년 철학교과서는 다분히 의미 파악과 추론의 능력 향상을 위한, 철학의 도구적 능력 함양이 그 특징이라고 할 수 있다. 그러다 보니 초등학생을 대상으로 정작 우리 삶, 우리 사회에 대한 논의는 배제된다.

이들은 논리적 추론은 말하지만 논리적 추론 예들의 배경이 되는 문화, 정치, 경제적 맥락을 생략하곤 한다. 의미의 발견을 립맨은 주장하지만 그럼에도 불구하고, 어떤 측면에 있어서는 의미의

---

242) 박동환, 『동양의 논리는 어디에 있는가』, 고려원, 1992. 박동환은 다름을 같음으로 환원시키는 서구의 연역적 사고에 대한 한계점을 부각시키고 동양(중국)의 마음을 결론이 전제를 벗어나지 않는다는 연역이라는 서구의 사유와는 다른, 부음이포양, 음양대대의 논리임을 밝힌다. 그러나 그는 서구와 중국을 상징으로 하는 두 사유체계를 도시문명의 논리로 간주하고, 이에 환원되지 않은 삶을 논리철학적 차원에서 숙고하고자 한다. 박동환의 더 발전된 논의는 다음을 참조할 것.(박동환, 『안티호모에렉투스』(강릉: 길, 2001))

망각을 요구한다. 그의 교과서와 교사용 지도서를 일별하면 우리는 그것이 사회적, 정치적, 경제적 배경에 대한 성찰이 결여되었음을 어렵지 않게 발견한다.

『해리의 발견』 1장 끝에는 해리가 교실에서 배운 후건긍정의 오류를 실생활에서 지적하는 것으로 적용한다. 이웃집 아주머니는 어머니에게 같은 마을에 사는 베이트스 부인(Mrs. Bates)이 가난한 사람들을 돕는 것을 두고 말하면서 모든 급진주의자들은 가난한 사람들을 도와야 한다는 말을 두고 보면, 베이트스 부인은 가난한 사람을 돕는 급진주의자일 거라는 후건긍정의 잘못된 추론을 시도한다. 해리는 이웃집 아주머니의 판단이 논리적으로 틀린 것이라고 하여 바로잡아 준다. 이는 립맨이 교실 안의 철학과 교실 밖의 일상을 화해시키는 방식이다. 그러나 이는 절반의 어린이철학에 지나지 않는다. 『해리의 발견』에는 기초적인 사회 정치적 차원의 질문이 거의 있지 않기 때문이다.

『해리의 발견』에서 보듯 도덕적 딜레마가 다루는 논리적 문제에만 신경 쓰고 딜레마의 배경에 대한 문제는 무시해도 좋은가? 그렇지 않다. 모든 대화는 이미 사회, 정치, 경제적 배경을 혹은 함의를 갖고 있다. 이를테면 교실의 여러 도덕적 딜레마에서 사유재산 혹은 자본주의 체제를 포함한 사회 정치적 배경을 간과하게 될 때 이에 대한 비판적 질문은 봉쇄된다. 그렇게 되면 어린이는 도구적인 이성은 개발될 수 있을지 모르지만, 결과적으로 문제를 일으키는 현실과 제도권에 대해 전혀 문제시하지 않게 된다.[243]

---

243) Jane Roland Martin, "Moral Autonomy and Political Education", p.178. 마틴은 립맨의 어린이철학 외에도 10년 전 우리교육에도 유행이 되었던 적이 있던 열린 교실(open classroom) 또한 실제 삶을 담지 못하는 반사회–정치적 배경을 지닌 것으로 비판한다.(같은

『해리의 발견』 1장 말미에는 여러 차례 급진주의자가 등장하는데, 여기서 급진주의자의 의미를 묻는다든지 혹은 왜 급진주의자들은 분배의 정의를 말하는지, 아니면 가난의 제도적 책임에 대해서는 어떻게 생각해야 될지 등 사회철학 문제가 제기될 법하다. 적어도 교사용 지도서에는 논의가 촉발될 때 참고할 수 있는 자료로서 수록 가능하다. 그러나 그런 것은 립맨의 어린이철학에서 제기되지 않는다. 1982년 판 『해리의 발견』에서는 급진주의자라는 용어가 사라지고 알코올중독자(who can't stop drinking)가 등장한다. '모든 알코올중독자는 술집에 들리는 사람이다. 만일 어떤 이가 술집에 간다면 그는 알코올중독자일 것이다'라고, 다루는 내용을 바꾸어 그것이 후건긍정의 잘못된 논리임을 지적해 준다. 이것이 우리나라의 번역본 『노마의 발견』244)에 오면 알코올중독자가 당뇨병 환자의 문제로 등장한다. 추론 이전에 추론의 대상이 되는 상황, 배경은 거론하지 않으려는 의도가 다분하다. 이는 다루는 내용과 무관하게 논리적 형식의 요건만 타당하면 언제나 옳다는 형식논리학의 정신을 견지한 좋은 논리학 교과서 기술로 보일 수도 있다. 그러나 그러면 그럴수록 립맨의 어린이철학의 기본적 접근은 논리적 추론을 중심으로 한 그들의 철학교육론임을 드러낼 뿐이다.

립맨이 만일 정치, 사회 철학적 문젯거리가 초등학교 어린이에게 적절하지 않은 것으로 판단해서, 이러한 경향의 철학교육을 이끌었다면 이는 두 가지 이유로 잘못이라 할 수 있다. 첫째 어린이

책, 178 – 179쪽.)

244) 『노마의 발견』, 미국어린이철학개발원 지음, 한국철학교육아카데미 옮김, 1999. 4쪽. 이 책이 앞서 알코올 중독자를 다룬 표현의 번역글인지 아니면 그 후의 개정판의 번역인지는 책 속에 원서의 판본을 제시하지 않아서 알 수 없다.

의 추론 불가능성을 들어 어린이가 형식적 조작기의 사고, 곧 추상적 사고가 불가능함을 말한 피아제의 오류를 립맨 스스로 어린이의 정치·사회적 판단에 대해서 반복하는 데 지나지 않는다. 어린이는 나름대로의 정치적, 사회적 입장에 대한 최소한의 판단 능력이 있고 또한 그렇게 살고 있다. 둘째 철학교육론의 본연의 역할 중 하나를 간과한 것이다. 정치, 경제적 배경에 대해 반성적으로 생각해 볼 초보적 기회를 제공하는 것은 철학 본래의 역할에 충실하는 것인데, 이를테면 정치적 자유민주주의 입장에 대해 소개하면서 우리가 그 밖의 여러 민주주의를 성찰하지 못할 이유는 없다. 우리 사회의 정치적, 경제적 근간에 대한 물음을 던지는 것, 우리 체제의 전제에 대해서 반성적 사고를 제기하는 것은 원래 철학의 본업이다.[245]

그러나 립맨의 철학교육론이 함의한 소극적인 정치사회적 성격은 간단히 해석될 수 없다. 립맨이 어린이철학에서 정치, 경제적 측면과 관련된 철학적 성찰 논의에 적극적이지 않지만, 다른 관점에서 볼 때 이 역시 또 하나의 정치적 태도라고 간주할 수 있기 때문이다.

---

245) 가령 우리의 경우 분단 상황에서 통일 교육 문제에 대한 어린이철학적 접근은 "남북한 통일의 정치이념을 만들어감에 있어 최우선적으로 고려해야 하는 것은 남한사회의 사회이념과 정치체계를 최소한 서독의 사회민주주의 수준으로 끌어올려"야 할 필요가 있다는 최문성의 지적에 기초하는 것이 효과적일 것이다. 서로 다른 정치체제에 대한 전제 검토, 이를 초보적 수준에서 어린이의 철학적 토론으로 이끌어낼 필요가 있다.(최문성, 「통일한국의 정치이념」, 진주교대 이념교육연구소, 『인간과 사회』, 103쪽. 조기제, 「통일대비를 위한 도덕 인성교육 방안」, 한국초등도덕교육학회, 『초등도덕교육 창간호, 보경문화사, 1996, 31쪽에서 재인용.)

　　교사용 지도서 『철학적 탐구』 3장의 중심생각과 토론안내 글 중에는 학교운영의 주체문제와 교육의 목적, 그리고 학교를 다니는 이유에 대한 성찰의 발단을 제공한다. 학교운영의 주체문제에 대해서 단서들이 제시되어 있고, 논의를 "자신이 하고 있는 것을 아는" 이가 운영의 주체가 되어야 한다고 논의를 정리한다.246) 이 역시 잠정적인 성찰의 계기로서의 문제제기일 따름이나, 여기에는 플라톤적 본질론이 강하게 개입되어 있다. 물론 사물의 어떤 측면을 이해하는 것이 운영 주체의 한 가지 요소로 간주될 수는 있다. 그러나 만일 관련된 문제 당사자들조차도 강한 의미에서 학교의 의미를 인식할 수 없는 이들이라는 이유로써 배제된다면 이는 지나친 이성 중심적인 집체를 전제하는 것으로, 근본적으로 민주주의를 배반하는 것으로 이어질 수 있다. 교육의 목적을 다루는 데 있어서도, 가장 좋은 것으로서 "스스로 생각하는 법을 배우기 위해서"라는 이유를 제시하지만, 듀이의 『나의 교육적 신조』의 언급이 아니더라도 우리는 심리학적 측면뿐만 아니라 사회학적 측면을, 다시 말해서 개인과 사회 모두를 고려하면, 여기서의 제시는 개인에 정초된 교육의 이념이 강하게 드러나 있다고 할 수 있다. 그것은 "왜 학교에 가는가?"라는 주제하에 제시된 스무 가지 토론 유도 물음들 중에서, 학교가 갖는 이데올로기 재생산의 측면은 어떤 식의 간접적인 형태로도 지적되고 있지 않다는 데서도 확인된다.247) 뿐만 아니라, 14장에서는 리자와 프란이 탄자니아 여행을 두고, 빈자와 부자가 공존하는 미국과 그렇지 못한 탄자니아 중에서 어디가 더 야만적인지(savages) 논한

---

246) IAPC, 『철학적 탐구』, 한국철학교육아카데미 옮김, 한국철학교육아카데미출판부, 1999, 122쪽.

247) IAPC, 『철학적 탐구』, 126쪽.

부분이 있다. 이에 대해서 독자는 비로소 진지한 사회철학적 물음을 던지는가 하고 섣불리 기대할 수 있지만, 『철학적 탐구』는 이는 질문 자체가 복잡한 물음이어서, 어린이들은 학급에서 적지 않은 기준들을 생각해 낼 수 있을 것이라고 전제를 둔다. 그러나 이에 대한 예로써 제시한 문제들조차도 무엇이 진정 야만적인 것인지 식별할 좋은 물음은 아니다.[248]

물론 『철학적 탐구』는 립맨 홀로의 단독저술이 아니라 립맨과 샵, 그리고 오스캐년의 공동저술이기에 립맨의 의도라고 단정할 수는 없다. 그러나 우리는 그의 단독저서, 『해리의 발견』에서도 이와 관련한 문제의식을 살필 수 있다. 가령 15장의 다음과 같은 일화와 교사용 지도서의 처리는, 물론 그것이 우리 실정에 맞는 주인공 이름과 지리 등을 배려한 번역이라고 하더라도 앞서의 의혹을 더해 준다. 15장은 앞서 개괄했듯이 원인과 이유의 구분에 대한 과학철학의 개념을 도입하기 위해 흡연과 관련해서 제시된 것인데, 우리는 다음과 같은 초기의 대화 배경에 주목하고자 한다.[249]

"아빠, 아빠는 피우고 싶어서 담배를 피신다고 했죠. 그렇지만 처

---

248) IAPC, 『철학적 탐구』, 381쪽. 후진 나라인지 아닌지 식별할 기초 물음으로 10개를 드는데 그중 다섯은 다음과 같다. 1. 그리피랜드의 사람들은 나이프와 숟가락을 사용한다. 엘레바니아 사람들은 포크와 숟가락을 사용한다. 2. 그리피랜드의 농부들은 트랙터를 이용한다. 엘레바니아의 농부들은 말과 쟁기를 이용한다. 3. 그리피랜드의 주동력은 석탄과 석유를 이용한 화력발전소이다. 엘레바니아의 주동력은 수력과 태양력이다. 4. 그리피랜드의 사람들은 쇠고기를 먹지 않는다. 엘레바니아의 사람들은 생선을 먹지 않는다. 5. 그리피랜드에서는 18세 이전에는 결혼할 수 없다. 엘레바니아에서는 18세 이전에도 결혼할 수 있다.

249) Matthew Lipman, *Harry Stottlemeyer's Discovery*, pp.79 – 80.

음에도 좋아했어요?” 하고 해리가 말했다.

“기억이 안 나네. 오래전 일이어서. 처음에는 아주 좋아한 것 같지 않지만, 계속 피니까 머잖아 좋아진 것 같은데.”

“담배 피신 지는 얼마나 되었어요? 고등학교 때요?” 해리는 알고 싶었다.

“아니, 사실은 그 뒤였어. 군대에 있었을 때였지.” 하고 해리 아버지는 웃었다.

“한국 전쟁 때요?”

해리 아버지는 고개를 끄덕였다. 아버지는 군대 있을 때 이야기는 좀처럼 하고 싶어 하지 않은 듯했다. 잠시 후, 해리는 “전쟁은 어떻게 시작하나요?” 하고 물었다.

아버지는 말했다. “아, 그건 너도 알아. 사람들은 서로 미워하고 너도 알듯이 싸우지.”

“아빠는 한국 사람들이 미웠나요?”

“네가 말한 건 북한 사람들이지. 우리는 남한 사람들과 함께 북한 사람들하고 싸웠지. 사실대로 말하면, 남한 사람과 북한 사람의 차이를 볼 수 없었어.”

“어쨌든 아빠는 북한 사람들이 미웠어요?” 하고 해리는 물었다.

“아니, 그러지 않았어. 아마도 지금도 그때도 나는, 끝에 가서야 그랬지, 처음에는 아니었어.” 하고 아버지는 대답했다.

해리는 알 수 없다는 듯이 이렇게 말했다. “아빠, 아빠는 아까 처음 사람들이 서로 싫어해서 싸운다고 했죠. 그런데, 아빠의 경우, 반대였어요. 아빠는 전쟁에 참여하고, 그 뒤에 미워하게 되었어요. 어떻게 그럴 수가 있을까?”

한국전쟁의 내전, 외전 여부 등 시비의 관점을 직접적으로 논하자는 것이 아니다. 립맨은 가령 앞서 소개한 대로 11장의 경우 수업을 마친 뒤, 아이들이 책상서랍을 챙기면서 각자 떠올린 여러 생각들을 그대로 기술하고, 교사용 지도서에는 이들에 대해서, 자기존중, 절대적 참, 권리와 의무, 소통, 상상속의 존재, 명령과 근거, 좋은 사고와 나쁜 사고의 구별 등을 이끌어내고 있다. 말 그대로 교과서는 사유의 단편조각을 기술할 뿐이지만, 교사용 지도서에는 이에 대한 충분한 논의거리를 던져 주며 철학적 대화를 이끌어내려고 하고 있다. 그런데 15장의 처음은 흡연의 원인을 습관과 기호의 관계를 통해서 전쟁의 원인과 증오의 관계로 발전시켜 나가는데, 정작 교사용 지도서를 보면, '아버지가 말한 전쟁의 이유가 베트남 사람들에 대한 느낌과 잘 맞는지'에 대한 물음이 17개 발문 중 하나로 들어 있을 뿐이다. 물론 앞서의 우리 지적에 따르면 당연한 것이지만, 이를테면 '정의로운 전쟁'이 가능한 것인지, 전쟁과 제국주의 혹은 한국전쟁과 미국중심의 자본과의 관계 등 그 어떤 것도 간접적으로도 다루고 있지 않다.250)

그런데 15장과 같이 사회, 정치적 차원에서 철학적 성찰을 제시할 부분에 이르러서는 어떤 논의도 배제한다는 것은, 그것이 함축하는 정치사회적 태도가 있다고 해야 할 것이다. 교사용 지도서에서조차 이에 대한 어떤 논의도 이끌어내지 않는다는 것은 포함과 배제의 기제가 나름대로 뚜렷하게 작동하고 있는 것으로 여겨진다. 같은 장에서 사태 기술과 원인 설명의 구분을 주고, 이유에 대한 적절한 답변에 대한 논의를 이끄는 다음의 대화 역시 우리의 이러한 판단을 지지해 준다.251)

---

250) IAPC, 『철학적 탐구』, 392쪽. <토론계획: 미움과 싸움> 중에서. 여기서 한 가지 더 지적할 것은 이들 한국철학교육아카데미 번역자들은 한국전쟁을 베트남전쟁으로, 남한 사람과 북한 사람을 베트남 사람과 월맹군으로 고쳐 번역했다. 이에 대한 평가는 이후 9장의 우리나라 어린이철학의 수용과 전개에서 거론할 것이다.

251) Matthew Lipman, *Harry Stottlemeyer's Discovery*, p.80.

프란 우드가 이렇게 말했다. "맞아, 내가 아는 사람이 특정 타입
의 사람들을 왜 싫어하는지 물었을 때 네가 그 사람은 인종주의
자야, 라고 한다면, 그건 설명이 아닐 거야. 왜냐하면 인종주의는
특정 유형의 사람을 싫어하는 사람들에 대한 명명이니까. 그건 그
런 식으로 행위하는 것에 대한 원인이 아니지."

그러나 짐작할 수 있듯이, 이 역시 교사용 지도서에는 인종주의
에 대한 적절한 어떤 철학적 논의도 제시되지 않는다. 오늘날, 여
성, 인종, 소수자가 철학의 주요한 쟁점이 됨을 고려하면, 립맨의
여러 텍스트 기술에서 보이는 이와 같은 대화, 그리고 교사용 지
도서에서의 소극적인 안내는, 그리고 발문 내용의 포함과 배제가,
그리고 그런 기술방식과 의도 자체가 이미 립맨 어린이철학의 사
회정치적 측면을 보여주는 것이라 하겠다.

4. 립맨 어린이철학의 접근 방법을 넘어서

우리 현대교육사는 가치중립성이라는 미명하에 방법주의 이념을
유지해 왔다. 그것은 이데올로기적 국가 장치로서의 학교 역할에
충실할 때 빚어지는 교육의 결과였다. 방법주의와 도구주의에 함
몰된 우리 교육을 염려하는 이들에게 립맨이 강조하는 "의미에 대
한 갈망(hunger for meaning)"은 대안교육의 기치일 수 있다. 그는
분명 철학의 역할을 풍부한 의미를 찾는 것에서 두었고 교사와 어
린이, 어린이와 어린이의 토론 속에 철학의 의미를 찾을 수 있을
것이라 했다.

실로 철학의 아주 놀라운 것 중 하나는 어느 연령의 사람이든 유익하게 철학적 문제를 반성하고 토론할 수 있다는 것이다. 어린이는 어른들만큼 우정이나 공정함(fairness)과 같은 개념을 매혹적으로 느끼며(…) 어른과 어린이 모두 철학적 가능성을 탐구할 수 있다는 그 가능성은 초등학교 철학(elementary school philosophy)의 가장 참신하고 고무적인 중요성 가운데 하나이다.
철학적 사고 기술 프로그램은 어린이들을 엄격하게 비판적으로 장려할 뿐만 아니라 어린이들로 하여금 풍부한 상상력으로 사고할 수 있도록 한다.[252]

그러나 우리가 살펴보았듯이 립맨의 어린이철학을 도입하더라도 우리는 여전히 의미에 대한 (불충분함을 느끼게 될 것이다)갈망의 상태로 남게 될 것이다. 철학적 문제를 반성하게 함으로써 의미의 갈망을 충족시키려는 립맨 자신의 의도에도 불구하고 우리가 앞서 살펴본 초등학생용 철학교재에서는 그러한 그의 뜻이 충분히 드러나지 못했던 것 같다. 따라서 우리는 립맨의 어린이철학을 극복해 나가며 우리의 어린이철학을 만들지 않으면 안 된다. 여기서는 어린이철학의 접근방법에 한정해서 간략하게 언급하고자 한다.

립맨이 어린이철학의 기치를 든 것은 독립된 어린이철학교재를 만들면서부터였다. 『해리의 발견』과 같은 독립된 교과서는 보다 효율적인 수업의 전개를 이끌어갈 수 있다. 그러나 교과서에 보다 자유로운, 어린이와 함께하는 철학의 경우도 있음을 이 책의 처음에 제시하였다. 그러나 우리는 여기서 이들을 가로지르는 보다 현실적인 한 가지 대안으로 「교과를 통한 어린이철학」을 취하고자 한다. 립맨의 어린이철학 교과서를 완전한 교재로서 간주할 수 없

---

252) Matthew Lipman, Ann M. Sharp and Frederick S. Oscanyan, *Philosophy in the Classroom*, p.26.

고, 비록 그것으로 수업을 한다고 하더라도 교사는 어린이철학수업시간에는 립맨식의 철학 수업을 하지만 다른 교과에서는 철학적 문젯거리조차 발견하지 못하는 철학적 문맹의 수업을 할 수도 있다. 방법주의에의 함몰이라는 초등교육의 현실에서 『해리의 발견』식의 어린이철학수업은 많은 교사들의 접근을 용이하게 하겠지만, 철학함보다는 결과적으로 수업 모형의 한 가지 추가에 그칠 우려가 다분하다. 반면에 어린이와 함께하는 철학의 접근은 교재 구성에 있어서 비교적 자유롭지만, 그만큼 교사에게 적잖은 철학 훈련을 요구한다는 현실적인 어려움이 있다.

그런 의미에서 「교과를 통한 어린이철학」은 교과서에 상대적으로 자유로우면서도, 어린이철학 수업과 교과교육의 소외 또한 극복할 수 있다. 더구나 립맨의 어린이철학이 철학적 문젯거리의 배경이 되는 정치적 · 경제적 · 사회적 배경을 다루지 못함을 고려한다면 「교과를 통한 어린이철학」은 이 점을 극복하는 데 보다 직접적이고 결과적으로 "의미에 대한 갈망"에 대한 충족 역시 가능할 것으로 보인다. 예를 들면, 도덕 교과의 내용을 철학적 문제로 정치하게 환원하여 다가가는 데 성공한다면 그것은 철학교육에서의 일차적인 목적 달성뿐만 아니라 도덕교육의 측면에서도 의미 있는 접근일 것이다. 이는 도덕교과를 통한 어린이철학의 가능성에만 국한되는 문제가 아니다. 사회교과를 통한 어린이철학에서는 정치, 사회, 역사, 지리, 문화에 대한 철학적 토론거리를 구성할 수 있고, 수학 교과에서는 생경하게 보이는 수와 점, 선, 면 등 기하의 의미를 철학 토론에 붙일 수 있으며, 과학교과에서는 과학탐구의 논리와 과학과 비과학의 구획기준에 대해 성찰하고, 음악교과에서는 우리음악을 우리음악답게 하는 것이 무엇인지를 토론할 수 있다.

미술 교과에서는 잘 그린 그림, 잘 만든 작품이라는 것이 무엇을 의미하는지 감상 영역에서 미학적 논의를 도입할 수 있고, 체육 교과에는 몸에 대한 철학적 성찰을 할 수 있으며 보건 영역에서는 성 철학을 도입할 수 있을 것이다. 국어교과를 통해 말과 삶의 관계를 철학적인 토론거리로 삼을 수 있고, 문학작품의 철학적 주제를 이끌어 낼 수 있고, 실과 교과를 통해서는 생활 속에서의 노동의 의의를, 그리고 노작의 즐거움을 철학적으로 반성하여 노동의 철학적 의미 부여를 할 수 있을 것이다.

이렇게 「교과를 통한 어린이철학」의 전환이 가능하다면 어린이철학의 교재 확보는 우려만큼 그렇게 힘들지 않을 것이다. 기성의 교과서를 매개로 이를 자료로 삼아 다시 구성하면 되기 때문이다. 그러나 이는 무엇보다 어린이철학 교사용 지도서 개발을 전제로 할 때 가능하다. 립맨의 어린이철학을 넘어서기 위해 등장한 「교과를 통한 어린이철학」이 의미가 있다면 시급한 것 중 하나는 적절한 내용 배열의 교과서와 이를 위한 교사용 지도서 개발이다. 이는 앞으로 우리의 몫이다.

제8장 립맨 어린이철학에 대한 비판 Ⅱ
― 도덕교육론에서의 듀이와 립맨의 간극 ―

나는 또한 훨씬 이전부터 듀이의 학생이었다.

라일 에디(Lyle Eddy)는 나에게 듀이(와 그의 아내, 두 명의 입양한 어린 아이들)를 소개해 주었다. 듀이는 그때 아흔 무렵이었다. 보청기가 잘 작동하지 않은 것처럼 보였지만(아이들이 아침으로 무엇을 먹었는지 물은 뒤에) 그는 나의 두 시간 방문 내내 대화를 즐거워했다. 아니 우리는 듣는 것을 더 즐거워했다. 내가―듀이의 저서, 『현대 세계에서의 지성』(*Intelligence in the Modern World*)을 배낭에 넣고 이차대전 동안 독일을 거쳐 패튼(Patton)의 보병으로 다녔을 만큼― 얼마나 그의 사유 방식에 빠졌었는지 말하지는 않았다. 대화 내내 우리는 몇 가지 일치점을 찾았다. 그후 이 년이 지나서 듀이의 오랜 삶(초기의 삶은 다른 사람의 것처럼 보인다는 그의 말을 나는 기억한다)은 끝이 났다.

당시 나는 교육에 종사했고, 내가 『인간 본성과 행위』(*Human nature and Conduct* (1922)), 『경험으로서의 예술』(*Art as Experience* (1934)), 『경험과 자연』(*Experience and Nature* (1929 / 1958))과 같은 책에서 표현했던 듀이의 신념들에서 듀이의 교육학을 끌어 냈지만 1960년대 후반 무렵까지 나는 여전히 듀이의 교육에 관한 저서들을 많이 읽지는 못했다.253)

---

253) Matthew Lipman, *Natasha: Vygotskian Dialogues*, p. xiv.

1. 듀이와 립맨, 그리고 도덕교육

립맨이 밝히고 있는 대로 그는 젊은 시절부터 듀이의 철학에 적지 않게 의존하고 있었다. 그런데 1960년대 무렵은 그가 컬럼비아 대학 철학과에 재직하며, 어린이철학을 고민하던 무렵이기도 하다. 그의 고백대로 1960년대까지 주로 참고했던 듀이의 서적,『인간 본성과 행위』,『경험과 자연』, 그리고『경험으로서의 예술』등은 주지하듯 듀이의 중후기의 대표 저작으로서 듀이 프래그머티즘의 일단을 잘 보여준다. 이상의 듀이 저작은 방법으로서의 탐구와 공동체에 대한 듀이의 견해를 싣고 있지만, 립맨이 원용하는 탐구공동체라는 용어가 직접적으로 거론되고 있지는 않다. 그러나 립맨은 이후 탐구공동체는 물론 여러 다른 개념이나 사고방식을 이들 저서에서, 그리고 보다 직접적으로 교육과 관련된 다른 여러 저서들에서 이끌어내고 있기에, 립맨의 문제의식은 어떤 측면에서 듀이의 그것을 보다 발전적으로 이어가는 것으로 볼 수 있다. 그러나 모든 측면이 발전적으로 전개되는 것은 아니다. 이것이 8장 논의의 착안점이다.

우리는 도덕교육론 측면에서 듀이와 립맨의 시각을 드러낼 것이다. 그것은 립맨이 교과 영역 중에서 일찍부터 도덕교육론을 통해서 그의 어린이철학을 개진하였고, 앞에서 살핀 바대로 탐구공동체라는 교육방법론은 도덕교육론의 영역에서 그 지위와 의미가 분명하기에 도덕교육론은 이들을 비교하는 좋은 준거틀이 될 것이다. 특히 듀이가 학교교과로서의 도덕교육은 무의미한 것으로 간주하였음을 염두에 두면, 립맨의 문제의식에서 듀이 문제의식과의 연속과 불연속을 살피는 것은 립맨 고유의 문제의식을 살피는 것일 뿐만 아니라, 불연속의 계기들은 양자 모두에게 비판적 질문을 제기할 논의의 입각점도 될 것이다.

도덕교육론의 목적 중 하나는 인격 발달이라고 할 수 있다. 그런데 듀이는 일찍부터 인격발달을 위한 직접적인 도덕교육은 효과가 없거나, 비록 있다고 하더라도 미미할 뿐이어서, 그것은 좋은 접근이 될 수 없다고 보았다. 대신 그는 간접적이지만 총체적인 일상의 삶으로서의 도덕교육으로 다가가길 기대했다.

도덕교육을 학교교육과정 전체 혹은 일상의 삶을 매개로 한 도덕교육으로 환원시키는 듀이의 문제의식은 도덕교육의 사회적 차원의 중요성뿐만 아니라, 지속적인 성장으로서의 경험의 중요성을 함의한 그의 철학체계에서 당연한 귀결이다. 그러나 이러한 타당성에도 불구하고, 립맨의 관점에서 볼 때, 어린이들이 직접적인 관계를 맺는 교실에서의 수업을 중심으로 한 도덕교육의 접근은 듀이의 도덕교육론에서 간과된 것이라고 할 수 있다. 립맨의 철학적 탐구공동체의 의의는 여기서 시작한다. 왜냐하면 그는 교실 속에서 그리고 교과를 매개로 구성한 탐구공동체는 그 과정 자체의 의의뿐만 아니라 결과 역시 상당한 의의가 있을 것이라고 보았기 때문이다. 탐구공동체에 대한 통찰은 이미 퍼스와 미드, 그리고 듀이에게서도 비춰지는 것이지만, 듀이의 맥락과 무관 혹은 유관하게 교과를 매개로 한 교실공동체의 방법론으로서 탐구공동체의 제시는 역시 립맨의 공이라 하겠다. 그러나 앞으로 우리의 검토를 통해서 확인되겠지만, 립맨의 탐구공동체는 그 나름의 의의가 있지만 근원적으로 문제의식에 있어서 이는 듀이의 건전한 문제의식을 담아내지 못한 한계를 보이는 것이기도 하다. 우리는 이에 대한 논의를 통해서 양자를 다시 비판할 논점을 확보할 것이다. 논의는 듀이의 도덕교육론을 통해서 보다 일반적으로 시작하고자 한다.

2. 듀이의 도덕교육론

1) 학교 교육과정의 전개로서의 도덕교육

오늘날 초등교육의 경우 일각에서 도덕과 교육의 폐지론이 제기된다. 기성의 도덕교육이 덕목 교육일 때, 아니면 인지적 측면이 있다고 하더라도, 나아가 그것이 통합적 접근으로 새롭게 정향되었다고 하더라도, 여전히 강한 덕목 교육 중심의 도덕과 교육은 교육적 유의미성을 전해 주지 못하기 때문이다. 교육과정이 개정될 때 폐지되어야 할 1순위 교과로서 도덕과가 거론되는 한 가지 이유는 여기에 있다. 그런데 이는 이미 오래전 도덕교육론에 대한 듀이의 관점이기도 하다. 듀이는 학교교육에서의 도덕교육의 폐지를 보다 정치한 근거로 제기하며 대신 대안의 시각을 내놓는다. 결론부분만 요약하면 그것은 도덕교육을 위해서는 도덕수업과 같은 직접적인 접근보다는, 비록 간접적이지만 총체적인 학교 교육과정을 통한 접근이 보다 효과적이라는 것이다. 초등 도덕폐지론자들의 견해 역시 대체로 듀이의 이런 입장에 서 있을 것이다.

듀이의 도덕교육론에 대한 개괄은 접근할 방법이 여러 가지가 있겠지만, 논의는 1909년 그가 지은 『교육에서의 도덕원리』(*Moral Principles in Education*)를 시작으로 진행하는 것이 효과적일 것이다. 주지하듯 이는 1897년 발표한, 「교육의 기저에서의 윤리적 원리」"Ethical Principles Underlying Education"를 퇴고한 것이다. 듀이의 『교육에서의 도덕원리』는 1892년의 『윤리학에 대한 비판이론 개요』(*Outlines of a Critical Theory of Ethics*) 『윤리학 연구: 교수요목』(*The Study of Ethics: A Syllubus*), 그리고 1908년,

제임스 H. 터프스(James H. Tufts)와 함께 지은 『윤리학』(*Ethics*)의 성과를 반영하고 있을 뿐만 아니라, 그것은 출판 후 곧 동시대 인물들에게서 학교 도덕교육에 관한 중요한 저서로 높은 평가를 받은 바 있기 때문이다.254)

도덕교육이 특정 교과의 요청만으로 가능한 것이 아니라는 지적은 『교육에서의 도덕원리』에서 역시 중심문제이다. 도덕교육에서 인격의 문제는 중요하듯, 듀이 역시 인격 수양을 도덕교육의 주요한 목적 중 하나라고 간주한다. 그러나 듀이가 여기서 의문시하는 것은 인격 함양을 위한 교육과 도덕수업 혹은 윤리학 수업의 논리적 관계이다. 이 관계는 듀이에 따르면 학교의 도덕교육이 어린이의 인격발달을 함축한다는 전제가 성찰되지 않은 채 놓여 있다. 어린이의 총체적인 도덕적 성장을 위해서 학교가 제공하는 도덕교육은 일부분에 지나지 않는다는 듀이의 지적은 교과로서 도덕교육의 무용론 혹은 도덕교과에 대한 비의존성으로 이어진다. 이는 보다 엄밀한 검토가 필요하나, 다음 절에서 간략하게 다루고자 한다. 어쨌든, 듀이의 견해를 존중하면 대부분의 도덕교육론자들이 학교에서의 도덕교육의 결핍을 지적하는 것은, 부당할 뿐만 아니라 도덕교육과 도덕적 성장의 관계에 대한 통찰이 결여된 판단임은 물론이다.

> 교육 비판가들은 학교 프로그램, 학교 교육과정을 살펴보지만, 따로 마련된 어떤 윤리학 수업이나 '도덕 수업'도 발견하지 못한다. 그들은 학교가 '인격 – 수양'에 아무것도 혹은 거의 아무것도 하지

---

254) Textual Commentary.(MW. 4: 353) 듀이 저작의 초기, 중기, 후기 저서(Early Works, Middle Works, Later Works, Jo Ann Boydston(ed.). Carbondale: Southern Illinois University Press)를 각각 EW, MW, LW로 나타내고 괄호 안에 권수와 쪽수를 병기할 것이다.

않는다고 주장한다. 그들은 공교육의 도덕 결핍에 관해 강한 어조
로, 아주 맹렬하게 비판한다. 반면에 교사는 이런 비판이 부당하
다고 분개하며, 그들은 '도덕을 가르칠' 뿐만 아니라 일주일에 5
일을, 하루 종일 가르친다고 주장한다. 이 논쟁에서 교사는 **원리
상** 옳다.255)

학교가 도덕교육을 충분히 하지 못한다고 지적하는, 듀이가 주
목한 이들 교육비판가들은 대체로 도덕성에 관한 관념에 기초해서
윤리학 수업이나 도덕수업으로 이를 해결하고자 한다. 그러나 듀
이의 문제의식에 따르면 도덕 교과의 부재가 도덕교육의 부재를
함축하지 않을 뿐만 아니라 인간의 도덕적 성장의 전체 영역을 고
려한다면, 오히려 그것은 결코 적절한 접근 또한 아니다. 그래서
그는 이 논의가 갖고 있는 출발점상의 오류를 바로잡기 위해서는,
"도덕교육의 보다 광범위한 영역, 모든 기관, 도움을 주는 수단,
그리고 학교생활의 자료를 통한 인격 발달"256)로 다시 전환되어야
만 한다고 보았다. 여기서 우리는 학교의 지위와 역할에 대한 듀
이의 통찰을 주목해야 한다. 그것은 단지 교실에서의 도덕교육이
지닌 소극적인 효과 때문만은 아니다. 듀이가 학교의 교육과정을
통하여 총체적인 도덕교육적 접근을 한다는 것은 학교의 기능과
역할에 대해 지닌 선입견을 반성한 뒤 제출한 의견이기 때문이다.
듀이에게 학교란 작은 공동체(miniature community) 혹은 태아적
사회(embryonic society)이기에257) 학교를 사회제도로서, 아니면
하나의 지역사회로서 보지 못할 때, 학교를 통해서 실시되는 교육

---

255) John Dewey, *Moral Principles in Education*(MW. 4: 268)

256) John Dewey, *Moral Principles in Education*(MW. 4: 268)

257) John Dewey, *School and Society*(MW. 1: 12)

적 훈련이란 단지 효과만 떨어지는 것이 아니라, 아예 병리적인 것이 된다.

> 사회적 삶에서의 참여를 떠나서는, 학교는 어떤 도덕적 목적도 목표도 없다. 우리가 학교를 고립된 기관으로 제한하는 한, 우리는 어떤 목적도 없기 때문에 이끌어갈 원리도 없다. 예를 들면, 교육의 목적은 개인의 모든 능력의 조화로운 발달이라고 한다. 여기에는 사회적 삶 혹은 사회적 구성원에 대한 어떤 언급도 분명하지 않는데도 많은 사람들은 우리가 교육의 목적에 관한 적절하면서도 완전한 정의를 얻었다고 생각한다. 그러나 이런 정의가 사회적 관계와 독립된 것으로 간주되면, 우리는 쓰고 있는 용어들 중 그 어떤 것도 그것이 무엇을 의미하는지 말할 길이 없다.258)

학교를 적어도 공동체 혹은 사회로서 간주할 때, 학교의 도덕교육은 사회적 맥락에서 접근한 교육이어야 한다. 그러할 때 도덕교육은 교과로서의 직접적인, 그러나 소극적인 접근을 벗어날 수 있다. 학교의 역할과 기능, 그리고 도덕교육과 교과로서의 도덕교육의 관계에 대한 전면적인 반성을 통할 때 듀이가 말하듯, '개인의 능력의 조화로운 발달'과 같은 도덕목표가 얼마나 무의미한 것인지 알 수 있다. 왜냐하면 이러한 도덕적 목표는 개인이 놓인 상황, 곧 사회적 삶이 부재하기 때문이다. 그렇다면 학교에서의 도덕교육은 그 간극을 유기적으로 결합시키는 것이어야 한다. 교육의 병리적인 현상은, 교육이 지닌 사회적 의미, 학교에서의 도덕교육이 함의하는 사회적 삶의 차원을 고려하지 않을 때 자연스럽게 파생되는 결과일 뿐이다.

---

258) John Dewey, *Moral Principles in Education*(MW. 4: 271)

2) 도덕교육의 원리와 수업을 통한 도덕 함양

인격발달에 대한 학교의 도덕과 수업이 그 영향력에 있어서 미미할 수밖에 없다는 앞서의 지적은 사회적 차원의 지적이다. 사회와 개인을 동시에 고려하는 듀이의 문제의식을 존중할 때, 우리는 행위의 심리학적 차원에서 듀이의 도덕교육론을 또다시 살펴야 한다. 근본적으로 인격의 개념, 그리고 그 인격이 드러나는 행위에 대한 이해를 명료하게 하면 할수록 앞서 제시한 학교교육과정으로서의 도덕교육의 유의미성도 보다 분명히 드러난다. 이에 대한 숙고는 교과로서의 도덕교육의 영향력을 과신할 수 없게 할 뿐만 아니라 도덕교육이 왜 사회적 차원으로, 그리고 인간 행위에 대한 심리학적 반성을 통해서 총체적 접근으로 이루어져야 하는지를 일깨워준다.

인격의 문제는 듀이에 따르면 행위, 보다 자세하게 말하면 행위의 중요한 여러 측면들, 가령, 충동, 습관, 그리고 지성의 관계를 통해서 드러난다. 따라서 이들의 관계를 해명할 때 도덕교육의 주요한 문제들은 해법의 실마리는 물론, 듀이의 도덕론과 그의 교육론의 일단이 드러난다.

듀이는 일찍이 그의 강의안, 『윤리학 연구: 교수요목』(*The Study of Ethics: A Syllabus*)에서, 인격을 충동과의 관계로 나타낸 바 있지만259) 충동 개념은, 범주로서의 습관 개념이 이후에야 심화 확대되듯이, 이후에 이르러서야 보다 엄밀하게 술어화된다. 듀이의

---

259) 그는 매개된 충동을 모든 개별적인 행위가 문제시되는 근원으로서 간주할 때 우리는 인격을 말할 수 있다고 했다. 그에게서 인격과 행위는 서로 다른 주체를 지칭하는 것이 아니라, 동일한 주체의 서로 다른 측면이다.(*The Study of Ethics: A Syllabus*(EW. 4: 241))

인격 개념은 확실히 습관 개념과의 관계에서 규명할 때 보다 분명
해진다. 습관은 인격을 가능하게 하는 보다 역동적인 조건으로, 그
의 표현에 따르면 인격이란 습관의 상호침투(interpenetration)에 다
름 아니다. 인격의 존재가 모든 습관들의 지속적인 작용의 결과라
면, 도덕적 상황의 본질이란 존재하지 않는다.260) 이러한 그의 습
관 개념은 짐작하듯이 일상 언어의 습관개념을 넘어서고 있다. 듀
이에게 습관은 그것 없이는 행위와 탐구가 불가능한 사회심리학적
기술어로서 보다 포괄적인 개념이다. 이를 염두에 두고 말하면 습
관은 인간의 행위를 행위와 사고라는 단순한 관계로 환원시키는
위험을 피하게 해 주며, 또한 그 고유한 습관의 영역을 우리에게
간과하지 않도록 함으로써 습관의 교육적인 측면을 숙고하게 하는
의의가 있다고 할 것이다.261)

듀이의 습관 개념은 지성과 관계되었을 뿐만 아니라 행위의 또
다른 층위, 충동과도 관련되어 있다. 충동이 습관에 의존하고 있기

---

260) *Human Nature and Conduct*(MW. 14: 29 – 30) 인격과 습관의 관계
에 대한 시각이 이후 그대로 유지됨은 물론이다. "인격은 행위에 영
향을 미치는 모든 욕망, 목적 그리고 습관을 의미한다. 사고는 욕망
과 목적의 형성 속으로 들어가기 때문에 개인의 마음, 관념 그리고
신념은 인격의 부분이다.(…) 습관은 인격의 조직물이지만, 외적인 행
동의 습관뿐만 아니라 욕망과 상상의 습관도 있다.("Character
Training for Youth"(LW. 9: 186 – 187))

261) 김병길과 송도선은 교육적 습관의 형성에 교육 여건의 개선이 필요
함을 들며(김병길, 송도선, 「듀이의 습관 개념」, 『교육철학』 18집,
2000, 16 – 17쪽.) 이주한은 듀이의 지성적 습관 개념을 받아서, 어
린이의 지적 습관 형성을 위해서는 경험적 사태에 대한 어린이의 참
여, 곧 관련된 문제 사태를 제공하고, 해결과정에의 참여를 강조한
다.(이주한, 「듀이의 습과 개념과 교육」, 『교육철학』 제30집, 2003,
202 – 203쪽.)

는 하지만, 그 의존성 때문에 충동이 지닌 고유한 역할과 지위 자체가 부정되지는 않는다. 활동의 재조직이 좌우되는 추축(pivots)으로서, 기존의 습관에 새로운 방향을 제시하는 것은 충동이기 때문이다.262) 그러나 습관과 충동이 아무리 행위의 원초적인 결정자라고 하더라도, 사고 자체가 지닌 성찰 능력의 중요성은 간과될 수 없다. 충동의 내적 통제에 영향을 끼치고, 직접적인 행위를 연기시키는 것은 바로 사고이기 때문이다.

간략하게 행위의 층위를 충동, 습관, 그리고 지성으로 나눠 기술했지만, 행위는 전체적으로 보면 언제나 도덕의 의미를 함축한 행위이다. 듀이에게 도덕과 행위가 분리될 수 없음은 도덕의 목적이 실재로서의 선이나 내·외재적인 행복이 아니라, "성장 그 자체가 유일한 도덕적 목적"이기 때문이다.263)

듀이의 도덕 개념과 가치를 함축한 행위 개념을 받아들이면, 그의 도덕은 지속적인 과정에 놓여, 끊임없는 성장으로의 길을 목적으로 하는 일반 교육의 목표와 다르지 않다. 이러한 듀이의 행위와 도덕 개념을 염두에 두면 도덕교육을 학교교육에서의 도덕과 교육의 존재 여부로만 살피는 것은 근원적인 성찰이 결여된 것이다. 행위가 그렇듯 도덕 역시 지속적인 과정 위에 놓인 성장으로의 길을 목적으로 하기에, 학교교육에서의 도덕교과 존재 여부에만 집착할 필요가 없기 때문이다. 듀이의 도덕은 행위를 함축하고,

---

262) *Human Nature and Conduct*(MW. 14: 67)

263) *Reconstruction in Philosophy*(MW. 12: 181) 듀이의 성장 개념은 라이프니츠의 모나드의 자기전개와 같은 실재의 자기전개도 아니고, 아동중심적인 흥미에의 집중과 관련시킬 수 없는 것으로, 과거를 요약하고 미래로 가는 발판임을 박철홍은 잘 해명하고 있다.(박철홍, 「존 듀이 成長 槪念의 再理解」, 『교육철학』 제11호, 1993.)

나아가 인격 전체와 관련되어 있다. 행위의 도덕적 속성과 사회적 속성이 동일하다는 성찰은 자연스럽게 학교에서의 도덕교육 역시 사회적 삶에로의 참여를 고려하지 않을 수 없게 한다. 사회심리학적 측면에서 듀이는 도덕성이 사회성을 함의하고 있다는 주장을 다음과 같이 깊은 인식론적 통찰을 담아서 제시한다.

> '라고 생각한다(It thinks)'는 것은 '내가 생각한다(I think)'는 것보다 훨씬 참된 심리학적 진술이다. 사고는 싹트고 식물처럼 자란다. 마찬가지로 관념은 번식한다. '내가 생각한다'는 것은 자발적인 행위에 대한 진술이다. 어떤 제안은 깊은 무의식의 근원에서 물밀듯이 굽이친다.(…) 우리는 그것에 따라 행동하고 그래서 넌지시 그 결론을 주장한다. 신념과 주장은 우리에게 기원하지 않는다. 그것은 다른 데서, 교육, 전통 그리고 환경의 제언에 의해 우리에게 온다. 우리의 지성은 그 재료에 관한 한 우리가 일부분인 공동체 삶과 깊게 관계한다.264)

일견 우리의 지성이 우리 이전에 존재하는 전통과 환경, 그리고 교육에 의존해 있다는 것은 상식적인 주장으로 보인다. 그러나 끊임없이 밀려오는 미지의 것에 대해 각자의 입각점에서 받아들인 결과로서, '내가 생각한다'라는 인식론적 자아가 탄생되었다는 듀이의 언급은, 근원적인 통찰이다. 우리의 의식적 자발성과 우리에게 기원하지 않은 것들과의 상호관련성을 염두에 두면 개인의 도덕적 판단과 책임은 사회적 환경과 불가분의 관계에서 이루어진 작업으로, 그것을 처음부터 사회적 차원의 맥락과 떼어놓고는 생각할 수 없는 것이다. 듀이의 학교가 공동체로서 학교이고, 그의 도덕교육론이 사

---

264) *Human Nature and Conduct*(MW. 14: 216)

회적 맥락과 분리될 수 없는 것은, 사회는 개인의 인식주관에 앞서 있다는 사회 심리학적, 그리고 인식론적 성찰에 토대하고 있기 때문이다.

듀이의 이러한 문제의식은 그의 교수법에 영향을 미친다. 그는 도덕교육이 도덕과 수업의 존재 여부에 달려 있지 않고, 여러 일반 수업을 통해서 가능하다고 했다. 여러 수업의 교수법을 통해서 그는 도덕성 함양을 과정으로서 그리고 결과로서 가져오고자 한다. 이를 간단히 정리하면 다음과 같다.265) 첫째, 수동적 흡수가 아닌 능동적인 사회적 봉사를 기대하고, 단순히 기억하는 것이 아니라 학습에 있어서 구성이나 발표의 방법을 고려한다. 둘째, 사회적 정신의 함양 부족만이 문제가 아니라, 개인주의적 동기와 기준에 대한 적극적인 가르침도 필요하다. 왜냐하면 외재적인 동기는 본질적이지 않아서, 조건이 변할 때 언제라도 무너지기 때문이다. 셋째, 외재적 기준에 따른 경쟁을 극복하기 위해서, 지적이면서도 예술적인 문제들을 다루는 수업, 자연스럽게 협동과 참가를 끌어내는 수업을 고려한다. 넷째, 먼 미래를 준비하면서 현재를 상실하게 되는 문제를 극복하기 위해서는, 아이의 활동력, 구성하고 생산하고 창조하는 어린이들의 능력에 호소할 여러 방법을 도입한다. 이를테면 공작교육이 그것이다. 공작교육은 기술적인 것 이상이며, 어떤 측면에서는 지적인 것 이상이다. 우리들의 학교가 단순한 학습의 과정에 참된 도덕적 효과를 결부시키려고 하는 시도나, 학습에 부수적으로 진행되는 습관으로 도덕적 효과를 기도하는 것은 형식적이거나 자의적인 훈련에 지나지 않는다.

듀이는 도덕교육을 위해서 학교 교육과정 전체를 통해서 접근하

---

265) *Moral Principles in Education*(MW. 4: 275 - 278)

는 것이 효율적이며, 교실에서의 접근은 소극적인 것으로 보았다. 그러나 그는 좋은 수업을 통해서 최소한의 도덕교육이 진행되기를 원했다. 암기나 단순한 학습이 아닌, 학습에서의 구성이나 발표를 통해서 사회적 정신을 키우고, 외재적 동기에 빠지지 않기 위해서, 예술적인 것을 다루고, 자연스럽게 협동과 참가를 끌어내며, 아이들의 활동력이 구성, 생산, 창조로서 기능할 수 있도록 일견 도덕교육과 무관하게 보이는 공작교육을 제안한다. 수업과 인격이 분리되고, 학습과 행위가 분리된 기성의 수업이 보여줄 수 없는 도덕교육을 학교교육과정의 전반적인 활동으로 동시적 이뤄내려고 하는 듀이의 문제의식이 비록 소박하지만 잘 드러나 있다.

3. 립맨의 도덕교육론: 듀이 도덕교육론과의 연속과 불연속

1) 듀이 도덕교육론과의 연속: 탐구와 공동체

이미 우리는 이 책의 2, 3, 4, 5, 6장에서 어린이철학의 방법론인 탐구공동체의 도덕교육적 의의를 다양한 방식으로 제시하였다. 철학적 탐구공동체는 콜버그의 정의공동체와 리코나의 도덕공동체, 그리고 기성의 도덕교육론보다 효과적일 뿐만 아니라, 오늘날 도덕교육에서 간과할 수 없는 민주시민교육과 성 불평등 교육을 극복하기 위한 방법론으로서도 비록 제한적이지만 최소한의 의의가 있음을 밝혔다. 여기서는 듀이의 논의와 연결 혹은 대척점을 보이는 부분을 드러내어 논점으로 삼고자 한다.

어린이철학론자들은 상식적인 주장이지만, 도덕교육은 인지적 측면, 인격 형성, 그리고 감수성 훈련 모두를 필요로 한다고 보았다. 그들 말대로 중요한 것은 이들의 일부가 아니라 모두를 다루는 프로그램을 고안하는 것, 곧 유기적 관계의 확보에 있다. 이를 위해서 어린이철학론자들은 기성의 도덕교육론의 여러 접근들을, 크게 도덕교육에서의 사회화와 자율성의 두 축으로 요약한다. 도덕교육의 사회화는 주지하듯 뒤르케임의 도덕교육론에 잘 드러난다. 개인에 앞서 존재하는 사회적 사실에 대한 뒤르케임의 통찰에서 짐작할 수 있듯 그의 도덕교육론은 사회화에 맞추고 있다. 반면에 자율성에 기초한 접근은 개인에게 내재적으로 존재하는 선의 의지 혹은 내재적 선의 실재를 회복하는 데 중점을 둔 접근이다. 그러나 어린이철학론자들은 이들 접근 모두가 개인이든 사회든 내재적으로 선이나 악으로 간주하는 것으로, 어느 경우든 현재 서 있는 상황에 대한 책임이나 상황을 개선하기 위한 탐구를 배제하는 공통점이 있다고 본다.266)

그런데 도덕교육론이 취하는 사회화나 개인의 내재적 선으로의 환원 등의 문제는 이미 듀이가 지적한 바 있고, 그 해법과 대안 역시 립맨 등의 어린이철학론자와 크게 다르지 않다. 듀이는 일찍이 오로지 선의지만을 고려하는 칸트식의 도덕철학은, 선한 의도

---

266) 우리는 이 책의 2장에서 립맨의 탐구공동체가 인지발달론과 덕교육을 지향하는 현대 도덕교육론의 양축을 극복할 여지가 있음을 확인하였다. 같은 맥락에서, 비고츠키의 근접발달 영역 개념을 통하여 인지발달론과 덕교육을 넘어설 가능성을 모색하는 것으로 다음 글을 참고하라.(Tappan, Mark B, "Moral Education in the Zone of Proximal Development", *Journal of Moral Education*, Vol, 27:2, 1998.) 우리는 이 책 7장에서 립맨의 어린이철학이 비고츠키 심리학에 의존하고 있음을 보여주었는데, 태편의 논문은 인지발달론과 덕교육에 대한 비판과 극복이 비고츠키의 근접발달개념으로 가능함을, 필자가 2장에서 립맨이 인지발달론과 덕교육을 비판한 접근과 유사한 논리로 제시하고 있다.

라는 내적 도덕성을 결과와 무관하게 취급하여, 행위만을 도덕성
의 유일한 척도로 인정하는 쾌락주의나 공리주의의 도전을 낳는다
고 보았다. 이에 대한 극복으로 듀이는 진보적으로 축적되는 사업
에 참여하길 권하며, 이를 통해 지성과 감정의 이원론적 구분도,
동기와 결과에 대한 서로 다른 윤리학적 요구의 불일치도 극복할
수 있다고 보았다.[267]

이러한 듀이의 문제의식은 한 걸음 더 나아간다. 그것은 과정으
로서의 도덕적 성장이 다름 아닌 구체적인 성장 과정이었음을 인
식할 때, 어린이 교육에서의 도덕교육 역시 성인 교육의 그것과
다르지 않다는 메시지이다. 이는 어린이철학의 출발점이 되는 사
고하는 어린이관과 통약 가능하다. 왜냐하면 성장으로서의 교육을
목적에 둔 듀이의 문제의식은 적용에 있어서 아동기와 성인의 시
기를 가리지 않기 때문이다.

> 주로 교육 시기를 사회적 의존 시기로서 그리고 성숙 시기를 사
> 회적 독립 시기로서 가정하는 대립은 해롭다.(…) 우리는 아동기
> 의 지적 의존을 지나치게 과장하기에 어린이는 너무 속박 속에
> 매달려 있고, 우리는 타인과의 접촉과 의사소통의 직접성으로부터
> 성인의 삶을 지나치게 독립해서 본다.[268]

물론 이는 인격발달과 성장의 과정이 둘이 아니고, 또한 어린이

---

267) "학생 자신의 관심을 구현시키는 지속적인 활동이 주어질 때, 거기서
     일정한 결과는 얻어지고, 틀에 박힌 습관도, 받아 적은 지시의 수행도,
     변덕스러운 임시변통도 이에 충분하지 않을 것이며, 거기서 의식적인
     목적, 의식적인 욕망, 그리고 숙고된 반성이 불가피하다." *Democracy
     and Education*(MW. 9: 360)

268) *Reconstruction in Philosophy*(MW. 12: 185 – 186)

와 성인의 성장 과정 역시 동일한 패턴을 가진다는 근거에서 나온 주장이다. 그러나 듀이는 어린이철학론자들이 공유하는 신념을 훨씬 오래전에, 어린이는 물론 유아까지도 추론이, 그리고 그 추론 능력 역시 기본적으로 성인의 그것과 다르지 않다고 제시한 바 있다. 비록 어린이와 성인 사이에는 다루는 주제에 있어서의 차이, 그리고 구체적인 사고 내용에 있어서의 차이는 보이지만, 어린이와 성인 사이에서의 사고 과정의 동일한 패턴은 부정될 수 없다는 신념을 지녔다.269) 적어도 기성 도덕론의 이원론을 문제시하고 이를 극복하는 데서, 그리고 어린이와 성인의 사고 과정의 동근원성을 공유하는 데서 우리는 립맨의 문제의식이 듀이에게 소급된다는 것을 알 수 있다.

듀이와 립맨의 공통된 문제의식은 여기에 그치지 않는다. 우리는 양자 모두 어린이와 성인의 사고 패턴의 동일성을 인정했다고 했는데, 여기서 사고 패턴 혹은 사고과정이란 그것은 바로 탐구과정을 말한 것이다. 탐구 개념에서 립맨은 듀이의 탐구 개념을 십분 원용한다. 듀이에게서도 그러했듯이 립맨에게도 탐구는 그의 인식론적 의지처이며 성장이라는 교육의 목적에 도달하는 방법이다. 립맨은 탐구에 대해 다음과 같이 정의를 내린 바 있다.

나에게 '탐구'란 자기 수정의 실천을 의미한다. 그러나 만일 그것이 단지 관습적, 인습적, 전통적인 것이라면, 탐구행위가 아니다. 단지 실천일 뿐이다. 그러나 자기 수정의 부수적인 실천에 그와 같은 실천이 더해진다면 그 결과는 탐구이다. 나는 탐구 정의가 탐구하는 유아의 행위와 탐구하는 과학자의 행위에 미치고 있기

---

269) "Reasoning in Early Childhood", *Reports of Dewey's Address*(MW. 7: 369 – 370)

때문에, 이와 같은 정의가 지나치게 광범위하다고 생각하지 않는다. 아마 소파 아래 공이 떨어졌을 때, 만지작거리며, 더듬거리고, 추측하려고 하는 것은 대안을 고민하고, 가설을 세우고, 테스트하고, 점차적으로 '지적으로' 인식될 수 있을 정도로 여타의 행동 형식에 참여하는 것이다.270)

립맨은 그의 탐구의 의미와 탐구 과정을 동시에 잘 나타내주었다. 아이가 떨어진 공을 주울 때, 더듬거려 보고, 손에 걸려오지 않을 때, 달리 추측하며 다른 방향으로 몸과 손을 돌리고, 주우려는 행위는 가설을 세우고 테스트하는 듀이의 탐구과정의 행위와 하등 다를 바 없다. 탐구에 대한 립맨의 시각이 『해리』 1장의 전개과정에서 듀이의 탐구 과정을 반복하는 것 역시 같은 맥락에서 이해 가능한 것이다. 이들은 탐구로서의 방법의 중요성, 탐구를 매개로 한 교육적 접근을 공유했고, 어린이의 사고와 성인의 그것이 근원적으로 차이가 없으며, 도덕교육 역시 성장으로 나아가는 것일 뿐, 심성에 기초한 내재적 선이나 사회화로 그칠 수 없다고 본데 일치한다.

우리가 그들의 탐구 개념을 주목하면 자연스럽게 논의는 공동체의 개념으로 넘어간다. 이들에게 탐구와 공동체는 무관한 두 덕목의 결합이 아니기 때문이다. 립맨은 탐구를 인식론적 혹은 문제해결의 도구일 뿐만 아니라 편견을 바로잡기 위해 다른 관점을 취할 때 그것은 필연적으로 총체적, 사회적 그리고 공동체적 의미를 지닌다고 보았다.271) 이는 듀이 역시 그러하다. 듀이에게 탐구는 어린이들의 협동적 문제해결의 과정이며, 그 전개는 민주주의라는

---

270) Matthew Lipman, *Thinking in Education,* p.40.

271) Matthew Lipman, *Philosophy Goes to School,* p.149.

정치사회화를 함축할 정도로, 탐구와 공동체의 관계는 긴밀하다. 립맨의 탐구공동체의 '공동체'는 듀이의 '공동체'의 함의와 상당부분 일치하는 듯하나, 이들이 전적으로 동일한 것은 아니다. 아니, 어떤 측면에서는 양자의 간극은 보다 깊고 넓다.

2) 듀이 도덕교육론과의 불연속:
탐구공동체로서의 학교와 탐구공동체로서의 교실

   립맨의 공동체와 듀이의 공동체가 불일치하는 갈림길은 그들이 추구하는 좋은 사고에 대한 접근법의 차이에서도 비롯된다. 우선 립맨의 탐구공동체, 보다 정확하게 말해서 '철학적' 탐구 공동체는 듀이에게서는 다루어지지 않았던 것이다. 이에 대한 문제의식의 차는 립맨의 어린이철학의 성격을 보다 분명히 규정해 주는 것이지만, 듀이의 관점에서 볼 때 이는 비판의 여지를 남기는 결과가 되기도 한다. 공동체의 차이에 대한 언급 이전에, 좋은 사고를 키우기 위한 이들의 서로 다른 접근 방법론을 살펴보자.

   듀이는 탐구공동체를 교실 방법론으로서, 혹은 그 자체로서 교육의 목표로 간주하여 고민하지는 않았다. 물론 듀이 역시 협동공동체, 그리고 의사소통의 공동체와 같은 '탐구로서의 공동체' 개념이 그의 교육철학의 핵심이기는 하다. 그러나 립맨은 듀이가 탐구공동체라는 용어를 직접적으로 쓴 것이 아닐 뿐만 아니라, 그 공동체의 함의 역시 '과학적' 탐구공동체의 의미가 강하다는 데 주목한다. 립맨은 듀이의 문제의식에 아직 성찰되지 않은 측면, 곧 과학적이라는 것과 철학적이라는 것의 이질성 관계를 문제 삼는다. 립맨은 듀이의 탐구가 항상 과학적 탐구일 뿐이기에, 우리에게 보

다 더 나은 사고를 위해 과학적 탐구를 따라야 할지, 아니면 철학
적 탐구를 따라야 할지 묻고 있다.

> 그러나 듀이의 접근법에는 훨씬 이후에 드러나게 된 잠복된 어려
> 움이 있다. 그 문제란 민주주의가 과학과 자연스러운 제휴가 이루
> 어지지 않듯, 사고 역시 과학과 자연스러운 제휴가 이루어질 수
> 없다는 것이다. 그러나 『사고의 방법』How We Think에서 그러한
> 차이가 호도되었지만, 그러한 문제에 대해 연구하는, 항상 플라톤
> 의 시대까지 거슬러 가는 많은 학생들은 훌륭한 사고란 철학적
> 사고이며, 철학과 과학은 결코 서로 환원될 수 없는 독립적인 시
> 도라고 생각한다. 그러므로 좋은 사고가 교실수업의 제일 목표가
> 된다고 한다면 과학적 탐구 노선을 따라야 하는가 아니면 철학적
> 탐구 노선을 따라야 하는가? 이는 듀이가 전혀 취급하지 않은 것
> 이다.272)

립맨은 교과가 어린이들이 탐구자가 될 수 있도록 과학적 탐구의
형식으로 재건되어야 한다는 데서 듀이에 동의하지만 과학적 탐구
공동체로서는 근본적으로 한계를 지닌다고 보았다. 여기에는 "철학
과 과학은 상호 환원 불가능한 독립적인 활동"으로 간주한 그의 학
문의 구획관이 놓여 있다. 그는 철학과 과학이 환원 불가능한 활동
일 뿐만 아니라, 사고력 향상의 목적을 위해서 듀이의 '과학적 탐
구'는 협소한 것이어서 이를 지양하지 않을 수 없음을 함축하고 있
다. 여기서 문제는 립맨의 듀이관, 곧 듀이의 과학관에 대한 검토의
필요성이다. 립맨의 철학적 탐구의 정당성을 살피기 위해서는 불가
피하게 듀이의 과학과 철학 개념을 살피지 않을 수 없다.

　듀이는 과학을 "체계화된 지식 체계"(body of systemized know-

---

272) Matthew Lipman, *Thinking in Education* 2nd ed, p.36.

ledge)로서 정의하면서, 다시 이를 두 가지의 의미, 하나는 탐구하는 방식과 무관한 정적으로 배열된 사실의 속성을 의미하는 것으로, 다른 하나는 관찰하고, 기술하고, 비교하고, 추론하고, 실험하고, 테스트하는 지적 활동의 의미로 규정하였다. 그러나 정적으로 배열된 속성이란 그 이전의 역동적인 과정에 의존하기 때문에, 과학적인 것은 방법에 대한, 그리고 그 방법에 의한 결과로서 정의되어야 한다고 했다. 따라서 '과학적'이란 어떤 주제에 관한 판단 형식을 통제하는 방법이다.273) 이는 미결정상황을 결정적 상황으로 임시적으로 통제하거나 인도하는 변형으로, 이미 립맨 역시 받아들인 자기 수정의 실천 개념이다. 그러나 우리가 간과해서는 안 되는 것은 듀이에게 있어서 과학이란 윤리와 통약 불가능한 학문 영역이 아니라는 점이다. 왜냐하면 그에 따르면 과학의 명제와 보편적 실재는 판단하는 사람의 습관과 충동적 경향을 매개로 해서만 효과가 있는 것이기 때문이다.274) 듀이에게 과학은 가치의 측면에서 정의될 여지가 있기 때문에, 듀이에게 과학과 가치 사이에는 건널 수 없는 간극이란 없다.275) 그렇다면 이를 두고 립맨이 듀이의 과학적 방법을 국소적인 것이라고 비판할 수는 없다. 뿐만 아니라, 철학의 관점에서 말하면, 듀이는 근원적으로 철학적 탐구 자체를 부정하지 않았다. 오히려 듀이에 따라 말하면 그는 철학과 과학의 구획이 아니라, 경험적 방법을 취한 철학과

---

273) "Essays: Logical Conditions of a Scientific Treatment of Morality"(MW. 3: 3)

274) "Essays: Logical Conditions of a Scientific Treatment of Morality"(MW. 3: 19)

275) Phillip Andrew McReynolds, "John Dewey's Study of Ethics", Doctoral Dissertation, Vaderbilt University(Nashville, Tennessee, 2000), p.115.

비경험적 방법을 취한 철학으로 구획하였다.[276] 그가 일부 철학을 비판할 때, 그것은 경험을 매개로 하지 않은 철학적 접근이 가지는 취약 혹은 문제점에 대한 비판이었지, 과학에서의 철학의 완전한 배제를 의미하지는 않았다.[277]

립맨이 철학과 과학의 통약 불가능성을 앞에서 비판했지만, 우리가 듀이의 과학과 철학관을 일별할 때 그것은 듀이의 철학체계에 그대로 적용시켜 비판할 것은 아니었다. 이는 립맨의 학문적 구획기준을 만족시키기 위해서 듀이의 철학 체계, 특히 그의 과학적 접근이라는 개념과 방법을 협소하게 적용한 뒤, 이를 왜곡되게 평가한 것이다. 그러나 이를 인정하더라도 립맨의 문제의식에 대해 인색하게 평가할 필요는 없다. 적어도 좋은 사고를 위해 립맨이 지닌 고유한 문제의식은 그의 철학체계 안에서 유효할 뿐만 아니라 또한 듀이의 문제의식으로 환원되지 않은 교육적 의의도 있기 때문이다. 그는 탐구로서의 접근을 유의미한 것으로 인정했지만, 보다 분명하게 의미 발견의 접근이 사고력교육에 유효하다고 간주한다.

> 1960년 후반 내가 초등학교 교육과정에 새로운 접근을 시도하려고 결심했을 때 나는 모든 학생이 탐구자가 될 수 있도록 각 학문은 과학적 탐구 형식으로 재건되어야 한다는 듀이의 권고에 공감이 갔다. 그럼에도 불구하고 어린이들이 일차적으로 의미를 얻는데 열중하고 - 이 점은 어린이들이 학교를 무의미한 것으로 종종 비난하는 이유이기도 하다 - 그들은 언어화할 수 있는 의미들을 원했다는 것이 다름 아닌 내 직감이었다. 과학적 탐구가 철학적 탐구보다 덜 기대된다는 것은 바로 이 점에 있었다.[278]

---

276) *Experience and Nature*(LW. 1: 20)

277) *Experience and Nature*(LW. 1: 40)

듀이의 과학적 접근을 협소한 것으로 비판한 립맨의 논거는 듀이 철학에 대한 오해에서 비롯된 것이었지만, 이와 무관하게 그가 어린이의 의미 탐구를 무엇보다 중시하고, 이를 위한 접근으로서 철학적 탐구를 제시하였다는 그 문제의식은 충분히 주목할 필요가 있다. 적어도 이는 그의 철학교육론의 정체성을 반영하고 있는 것으로 존중받을 필요가 있다. 그러나 여기서 립맨의 철학적 탐구의 의의를 십분 인정하더라도 그 의의는 그의 철학교육론의 체계 안에서 타당할 뿐이며, 다른 기준에 의하면 이는 그의 철학교육론의 한계를 드러내는 논거가 된다는 것 역시 간과해서는 안 된다. 그것은 그의 철학적 방법에 대한 집착이 교실에서의 탐구공동체에 맞춰져 진행된다는 것에서도 잘 드러난다. 이는 좋은 사고를 '의미 발견'으로 환원시켜 이에 대해 천착할 때 비롯되는 자연스러운 결과이다. 물론 그에게 학교 교육의 문제에 대한 지적이 없는 것은 아니다.

> 아이가 초등학교에서 발견하는 것은 한편으로 완전히 구조화된 환경이다. 다른 사건들로 넘어가는 사건 대신에 따라야 할 것은 현재의 스케줄이다.(…) 아이들은 점점 그러한 환경이 기운 나거나 도전해 볼 만한 것이 아니라는 것을 발견한다. 실로 구조화된 환경은 아이들이 학교에 갖고 온 진취성, 창의성 그리고 사려 깊음을 고갈시킨다. 학교는 아이들의 에너지를 착취하고 대신에 아무것도 돌려주지 않는다.(…) 학생들이 흥미를 잃는 것은 자연스러운 결과다.(…) 그 해결은 어린이들로 하여금 이야기를 만들게 하고 친구들에게 들려주는 것과 같은, 조직화와 창조성을 모두 고무시키는 차라리 절차의 발견에 있다.[279]

---

278) Matthew Lipman, *Natasha: Vygotskian Dialogues,* p.xv.

279) Matthew Lipman, *Thinking in Education* 2nd ed, pp.13 – 14.

그는 구조화된 환경으로서의 학교를 지적한다. 그러나 그 문제의식에는 학교를 이데올로기적 기제로서 살필 줄도 아는 사회철학적 감수성은 없기에, 어린이의 의미탐구와 흥미를 고갈시키는 환경으로서 살피는 데 그칠 뿐이다. 위 인용문만 보더라도 그의 문제의식은 일견 구조화된 학교의 환경에 맞춰져 있지만, 보다 자세히 살피면 그의 관심은 항상 교실에서의 문제해결로 환원될 뿐이다. 이는 립맨이 학교 교육의 실패를 항상 의미 발견의 실패로 보기 때문이다. 대신 그는 대안으로서 교실에서 어린이들의 공동체 형성과 성장을 고려하는 교육과정을 고려한다. 물론 이는 유효한 한 가지 가능한 대안일 수 있다. 그러나 립맨이 학교로서의 공동체에 대한 문제의식을 탐구공동체에 반영시키지 않을 때, 철학적 탐구공동체는 그 가능한 의의에도 불구하고 심각한 한계를 예고한다. 립맨은 위 인용문에 이어 듀이의 『사고의 방법』을 인용하며, 반성적 사고의 습관을 형성하게 하는 방법, 호기심을 불러일으키고 안내하는 조건 설정, 잇따르는 가정들과 관념의 연속에서의 일관성을 이끌어낸다.[280] 이는 립맨이 듀이의 문제의식을 어디에 중점을 두고 살피고 있는 지 보여주는 부분이지만, 학교로서의 공동체에 대한 문제의식이 희박하다는 것을 달리 보여주는 것이기도 하다. 립맨에게 있어서 좋은 사고를 위해 중시된 것은 어린이의 의미 발견이었기에 듀이의 철학에 대한 원용 역시 탐구나 이들 방법론에 국한된 것뿐이다. 립맨의 공동체가 의미 탐구를 할 수 있는 교실 공동체에 그치는 것은, 이런 데 따른 것이다. 그는 교실이라는 철학적 탐구공동체의 요청만으로도 학교교육의 문제는 해결 가능한 것으로 간주한다. 그러나 과연 그러한가? 문제해결 이전에

---

280) Matthew Lipman, *Thinking in Education* 2nd ed, p.14.

사태를 교실 수준에서 읽어내는 립맨의 논점의 출발점 설정은 타당한가?

여기서 립맨은 교실에서의 탐구공동체에 골몰할 뿐이라는 우리의 지적은 중요하다. 그것은 곧 립맨의 철학교육론의 의의이자 한계를 보여주는 개념이기 때문이다. 탐구공동체를 듀이가 직접 언급하지 않았지만, 듀이에게서의 "탐구공동체란, 일대일의 인간관계의 네트워크 속에서 각 개인이 생애에 걸쳐서 자기의 의미체계를 끊임없이 풍성하게 해 나갈 수 있는 교육적 공동체"[281]로서 간주될 수 있다. 끊임없이 풍성하게 의미체계를 넓혀가는 탐구공동체는 앞서 듀이의 도덕교육론을 일별할 때 드러나는 것이지만, 이는 립맨의 탐구공동체를 객관화시켜 반성케 하기에 충분한다. 생애에 걸쳐서 의미체계를 풍성하게 만들어 나갈 수 있도록 고려한 듀이의 교육 공동체는, 립맨의 탐구공동체가 교실 탐구공동체라는 외연 축소뿐만 아니라, 탐구공동체로서의 학교라는 내포 또한 상실하고 있음을 보여준다.

생애에 걸쳐 지속적인 성장을 목적으로 하는 듀이의 도덕교육론에 따르면, 교실에서의 의미 파악 활동만으로는 인간의 성장을 도모할 수 없다. 물론 의미 발견은 중요하게 고려되어야 하지만, 교실에서의 의미 발견에 도덕교육이 그친다면 그러한 교실탐구공동체는 출발점에서부터 인간 성장의 여러 측면을 아우를 좋은 접근이 아니라고 할 수 있다. 비록 립맨의 탐구공동체가 타인을 존중하고, 협동하며 문제를 해결해 나가지만, 이는 그 문제의식의 끝자락이 교실에서의 탐구공동체 건설에 걸려서 사회적 삶을 적극적으로 고려하는 데 실패하고 있기 때문이다. 앞 장에서 우리는 립맨

---

281) 早川操, 『デューイの敎育哲學』, 名古屋大學出版會, 1994, p.7.

이 그의 교과서와 교사용 지도서를 통해서 의미 탐구를 제시하고 있지만, 정작 문젯거리의 배경이 되는 사회적, 정치적, 경제적 배경에 대해서는 적극적인 논의를 이끌지 못했다는 지적을 했다. 다시 말해서, 립맨의 철학적 탐구공동체는 타인의 서로 다른 의견을 존중하고 함께 공동의 문제를 해결해 가는 협력자로서 교실 공동체에 의미를 부여하지만, 이를 확장한 민주주의공동체로서 학교의 역할과 지위에 대한 성찰로 이어지지 못하고 있다. 이 점은 도덕교육론에 대한 듀이의 통찰을 빌려 올 때 보다 분명해진다.

듀이의 경우 공동체는, 교실을 넘어 학교로서의 공동체, 지역사회 속의 학교 공동체로 나아간다. 듀이의 공동체는 분명 교실에서의 탐구공동체를 함의하면서도 항상 학교와 학교를 매개로 한 지역 사회의 공동체의 요구와 맞닿아 있다. 이는 그가 1934년 산업 민주주의 연맹의 팸플릿에 기고한, 새로운 사회질서에 부응하는 교육이 되기 위한 다섯 가지 고려사항에서 보다 분명히 드러난다. 첫째, 학생들로 하여금 새로운 사회 질서를 이끌 진보적 참여에 능동적 역할을 할 준비를 하고, 교사들의 조직을 강화하고, 둘째, 교사들로 하여금 수업기술에 지나친 경도를 피하고 경제적 문맹을 극복하게 하며, 셋째, 학교를 협동하는 공동체로서 건설하고, 넷째, 성인 교육이 중심 주제가 되도록 할 것이며, 다섯째, 직접적으로 사회적 토대에 기초한 그리고 사회적 목적을 지닌 학습 주제와 방법을 재조직하는 것이다.282) 여기서 듀이가 강조한 여러 지적 사항은, 립맨의 교실 탐구공동체가 그 의의에도 불구하고, 그의 철학교과서, 그리고 다루는 주제가 사회적 차원에서 왜 창백한지 암묵적으로 보여준다. 립맨에게는 이와 같은 듀이의 문제의식이 결여되어 있다. 그것은 교실에서

---

282) "Education and Our Present Social Problems"(LW. 9: 182-184)

의 탐구공동체가 아닌, 협동 공동체로서 제시한 듀이의 학교의 모습
에서 더 극적인 차이를 보인다.

> 교사들은 학교 자체를 협동 공동체로서 조직하는 데에 꾸준하게
> 나아가야 한다. 개인주의적 — 좁은 의미의 개인주의적 — 교육 경
> 향은 학교에서 경쟁적인 방법의 사용과 호소를 자극한다. 죽어가
> 고 파탄난 사회 체제를 위해 학생들을 지배하는 이런 방법의 무
> 의식적 효과는 생각보다 훨씬 크다. 참된 공동체의 토대와 관련된
> 학교 일에 직접적으로 참여하지 못하는 단순한 수업은 더 이상의
> 성과가 없을 것이다. 가능한 한, 특히 고등학생과 대학생은 이 참
> 여가 학교를 넘어 보다 큰 공동체 삶의 국면에서 능동적인 역할
> 을 포함하도록 해야 한다. 협동적 토대에 기초한 재조직은 학생에
> 게만 제한되어서는 안 된다. 그것은 위에서부터 소수 독점 경영이
> 폐지될 수 있도록 행정에까지 확대되어야만 한다.283)

듀이의 협동공동체로서의 학교는 립맨의 교실로서의 탐구공동체
에 비춰볼 때 보다 사회적, 정치적 역할과 지위를 고려하고 있다.
듀이의 탐구 공동체는 자신의 의미체계를 지속적으로 풍성하게 만
들어가는 교육공동체이기에, 도덕교육 역시 사회적 차원에서 숙고
된, 참여해야 할 과정으로서의 교육과 긴밀하게 결합되어 있다. 그
러나 립맨은 학교교육의 문제를 고려하지 않은 것은 아니지만, 그
문제해결 혹은 성찰의 초점은 교실에서의 어린이들의 의미발견에
놓여 있을 따름이다.

그러나 듀이는 그의 도덕교육론에 따라 보다 포괄적인 교수법을
제시하기도 하지만, 립맨과 같이 교실을 탐구공동체로 회복하여
그 자체를 목적으로 삼는 논의를 구체화시키지 못하였다. 립맨의

---

283) "Education and Our Present Social Problems"(LW. 9: 183-184)

문제의식은 적어도 교실에서 교사와 학생이, 그리고 학생과 학생들이 주어진 어떤 문제를 대화를 매개로 협동하여 탐구해 나가며 잠정적인 결론에 이른다는 의미에서 보다 구체적이고 직접적이라고 할 수 있다. 나아가 립맨은 철학 교과서에 있어서도 어린이의 눈높이에 맞춘, 이야기중심의 교과서로 어린이들에게 놀라움과 호기심을 자극할 뿐만 아니라, 과정 자체도 탐구의 절차를 따라 진행시키면서 듀이의 문제의식을 계승하면서 이를 보다 발전적으로 진행해 나간다.

그러나 립맨은 어린이의 의미발견을 가장 중요한 교육문제의 해법으로 간주하고, 이에 기초해서 그만의 어린이철학을 확보했지만, 이러한 의의는 그의 어린이철학의 한계 역시 함축한다. 탐구하는 공동체는 교실에서만 가능한 것이 아니었다. 이는 듀이의 탐구공동체로서의 학교가 무엇을 지향하고 어떤 역할을 요구하는지 살펴보면 쉽게 확인할 수 있는 것이었다.

4. 듀이와 립맨이 전하는 도덕교육론에서의 과제

립맨이 적어도 교사와 어린이가 함께 만들어가야 할 교실에서의 탐구공동체를 강조하여 제시하고, 이를 하나의 목표로 삼은 데서, 교실을 그 목적으로 삼은 것은 충분히 그 의의를 인정해야 할 것이다. 또한 앞서 교과서를 매개로 어린이의 탐구를 장려하는 것 역시 듀이의 수업론에서 비춰지는 암시보다 훨씬 구체적이면서도 적절한 접근으로서 인정되어야 할 것이다. 그러나 이를 전제하더라도 립맨의 교실 탐구공동체는 비판적 성찰을 면할 수 없다. 왜냐하면,

어린이들의 공동의 의미 발견은 자연스럽게 탐구와 교실의 공동체를 유기적으로 연결시키지만, 적어도 립맨의 문제의식을 따라가면 교실의 탐구공동체는 공동체의 의미를 교실내부로 축소화시킬 뿐 아니라, 궁극적으로 교실을 학교로서의 공동체로부터 고립시키는 결과를 초래할 여지가 있기 때문이다. 물론 이를 양자의 강조점의 차이로 볼 수도 있다. 그러나 앞장에서 립맨의 문제의식이 사회적, 정치적 측면을 깊이 헤아리지 못한다고 지적했듯이, 그의 교실 탐구공동체 역시 이 문제점을 그대로 함축하고 있는 것으로 판단되기에 이를 단순한 강조점의 차이로 간주할 수 없다.

  듀이에게 도덕교육은 성장 자체를 목적으로 하는 교육의 목적과 동일하기에, 그는 수업에 있어서도 지적이면서도 예술적인 사태, 구체적으로는 공작수업이 보다 지적이며 예술적일 수 있음을 보여주려고 했다. 그러나 그 제시는 그 도덕교육적 함의를 이해하도록 하기에는 충분했지만 소박했다. 이에 반해 상대적으로 립맨의 탐구공동체의 접근은 교수법과 교과서, 그리고 교실 자체를 탐구 대상과 목적으로 분명히 삼으며 보다 구체적이고 효과적으로 다가가려고 한다. 게다가 도덕교육에 대한 듀이의 문제의식이 덕목 혹은 윤리적 관념에 관한 교수라는 도덕교육의 문제점을 비판한 것이었을 뿐, 교실에서 타인에 대해 진지하게 귀 기울이고, 질문하고, 공동의 문제의식을 협동하여 탐구하는 활동에 대한 비판이 아니었음을 염두에 두면, 립맨의 교실 탐구공동체 건설은 탐구와 공동체라는 듀이의 문제의식을 계승하면서도 보다 발전적으로, 그리고 구체적이면서도 세련되게 고안한 방법론이라고 해야 할 것이다. 립맨은 의미의 발견을 위한 어린이들의 협동적 탐구를 방법으로서 제시할 뿐 결코 도덕적 관념에 대한 직접적인 가르침을 도입하길

원하지 않았다.

　그러나 이러한 의의에도 불구하고, 립맨의 경우 교실로서의 탐구공동체의 외연이 학교로서의 탐구공동체로 확대되지 않는다는 한계를 지닌다. 만일 그의 논의에서 확대가 언급되더라도 그 접근은 듀이의 문제의식에 비추어 볼 때 소극적이라는 한계가 있다. 이러한 결과는 듀이와 립맨이 좋은 사고에 대한 서로 다른 이해, 그리고 이를 뒷받침하는 서로 다른 철학적 토대 때문이다.

　립맨의 어린이철학은 철학적 탐구공동체를 방법론으로 내세우며 공동의 문제의식을 나눠 갖고, 배려하면서도 질문과 답변을 매개로 한 토론을 통해서 그의 어린이철학을 보다 효과적이고 적절한 교육모델로 만들어주었다. 그러나 그 방법론이 교실을 넘어서지 않으며, 매개물로서의 철학 교과서 역시 립맨 어린이철학론의 한계를 잘 보여주었다. 도덕교육론에 있어서 듀이와 립맨의 이러한 연속과 불연속적 측면은 우리에게 도덕교육에서 무엇을 고려해야 할지 성찰의 계기를 제공한다.

제5부 우리 어린이철학의 길

제9장 우리 어린이철학에 대한 가능성 탐색과 과제

해를 가리키며 아이는 아버지에게 물었다.
"아빠, 해는 어디에 붙어 있나요?"
아버지가 말했다.
"하늘에 붙어 있지."
아이가 다시 물었다.
"그럼, 하늘은 어디에 붙어 있나요?"
아버지는 깜짝 놀랐다.[284]

1. 우리 어린이철학의 요청

우리 어린이철학의 가능성 탐색은 우리 어린이철학의 개념, 곧

---

[284] "嘗指日問朱松: "日何所附?" 朱松曰: "附於天." 又問: "天何所附?" 朱松奇之."(束景南, 『朱熹年譜長編』(上海: 華東師範大學出版社, 2001), 31쪽. 원문은 李方子 『紫陽年譜』, 眞德秀 『西山讀書記』卷三十一, 『宋名臣言行錄外集』卷十二에 따른 것이다.) 이는 아버지 주송과 어린 주희의 문답이다. 5세 무렵의 대화로 추정된다. 주희행장에는 이보다 더 잘 알려진 주희의 유년 시대(5세) 일화가 다음과 같이 실려 있다. 아버지(위재)가 하늘을 가리키며 말했다. "하늘이란다." 아이(5세 주희)는 물었다. "하늘 위에는 무엇이 있나요?"(韋齋指天示之曰: "天也." 問曰: "天之上何物?" 韋齋異之.(王懋竑纂訂, 王雲五主編,『宋朱子年譜』(臺北: 臺灣商務印書館, 民國71), 1쪽.) 많은 이들은 이를 동아시아에 지배적인 사상적 영향을 끼친 주희의 어린시절의 놀라운 대화로서 간주하지만, 어린이에게 있어서 정도의 차는 있지만 이러한 물음이 아주 특이한 것은 아니다. 어린이의 형이상학적 질문과 관심은 어른들이 짐작하는 것 이상으로 빈번하며 호기심으로 충만되어 있다.

내포와 외연을 살펴야 하지만, 기본논의는 이 책 <1장. 범주로서 어린이철학의 가능성>의 논의로 대신한다. 1장에서 우리는 기성의 어린이를 위한 철학, 어린이와 함께하는 철학, 그리고 철학분과로서의 어린이철학을 외연으로, 그리고 아동기의 존재에 대한 철학적 탐구와 어린이와 함께하는 철학교육의 통약 가능한 측면을 내포로 삼아 하나의 범주로서 제시하였다. 따라서 한편에서는 어린이에 대한 선이해를 반성하는 작업과 다른 한편에서는 어린이와 함께 철학할 수 있는 가능성들을 이론과 실천의 차원에서 집적하는 것으로 어린이철학의 모색을 시도할 수 있다.

그러나 범주로서 어린이철학의 가능성을 모색하는 것과 별도로 우리 어린이철학의 가능성 탐색은 가능하며, 또한 유의미하다. 이에 대한 논의는 그동안 미국의 어린이철학을 수입하거나 응용하고자 한 우리나라의 어린이철학의 수용과정과 전개 양상을 살핀 것에서부터 시작한다. 여기서 우리의 논의는 어린이철학에 관한 번역서를 중심으로 진행할 것이다. 그것은 아직 어린이철학에 대한 본격적인 연구서는 출현하지 않았고, 또한 여러 작은 단편 논문들과 교육대학원을 중심으로 한 석사논문들은 대부분 번역서의 논의 수준을 넘어서지 못하기 때문이다.

2. 우리나라 어린이철학의 수용과 전개

우리의 경우 어린이철학의 수용과 전개는 일천하다. 어린이철학이 무엇인지, 일반인이 별로 관심을 두지 않은 것은 그렇더라고 하더라도, 교육학자나 철학자 역시 여기에 큰 관심을 두지 않는 것이 사실이다. 물론 어린이철학 자체가 아직도 형성 과정에 놓여 있는 분야이기에 이런 현상은 당연한 것일지도 모른다. 그러나 이를 인정하더라도, IAPC 어린이철학의 역사가 40년에 이른 것을 고려하면 우리의 경우 그쪽의 어린이철학의 경향에 대한 관심 또한 그렇게 깊지는 않았다고 해야 할 것이다. 그러나 적어도 우리말로 번역된 IAPC 어린이철학의 교과서와 지도서, 그리고 어린이철학 담론들을 떠올리면 이러한 평가를 적실한 것이 아닌 것으로 여길지도 모른다. 그럴 수 있다. 실제 IAPC를 거쳐 출판된 적지 않은 텍스트들이 우리말로 번역되었고, 연구되고 있기 때문이다. 립맨이 밝히는 어린이철학의 연대기 중 언급된 텍스트들의 우리말 번역서를 살피면 이는 더욱 타당한 듯하다. 우선 연대기부터 간략하게 살펴보자.

IAPC 어린이철학 연대기[285]

1969 어린이철학 교육과정에서 최초의 책, 11 · 12세용『해리의 발견』저술.

1974 몽클레어 주립 대학의 부설로서 어린이철학개발연구소(IAPC) 설립.

1975 『해리』(*Harry*)지도서『철학적 탐구』(*Philosophical Inquiry*) 초판 집필.

1976 슈만재단(Schumann Foundation)지원으로 IAPC에서 『철학적 탐구』 초판 출판.

IAPC에서 12 - 13세 어린이용 윤리 서적,『리자』(*Lisa*)의 초판 출판.

1977 IAPC에서『리자』(*Lisa*)의 교사용 지도서, 『윤리적 탐구』 초

---

285) 이 연대기는 립맨(Lipman, Matthew)의『나타샤』(*Natasha: Vygotskyan Dialogues,* pp.xix - xxiii.)에 수록된 기록을, 철학교사 양성과 교과서, 그리고 교사용 지도서를 중심으로 필자가 재구성한 것이다.

판 출판.

IAPC에서『교실에서의 철학』(*Philosophy in the Classroom*) 초판 출판.

1978 템플 대학출판부에서 『철학으로 크는 아이들』(*Growing Up with Philosophy*) 출판.

IAPC에서 14–15세용『수키』(*SuKi*) 출판.

IAPC에서 중학생용『마크』(*Mark*) 출판.

1979『사고: 어린이철학저널』(*Thinking: The Journal of Philosophy for Children*) 출판.

IAPC에서 16–17세 청소년용『마크』(*Mark*) 출판.

1980 IAPC에서『마크』의 지도서, 『사회적 탐구』(*Social Inquiry*) 출판.

IAPC에서『수키』(*SuKi*) 지도서『쓰기: 방법과 이유』(*Writing: How and Why*) 출판.

하버드대출판부에서 매튜스의 『철학과 어린이』(*Philosophy and the Young Child*) 출판.

IAPC에서 9–10세의 어린이를 위한『픽시』(*Pixie*) 출판.

1982 IAPC에서 9–10세의 어린이를 위한『키오와 구스』(*Kio and Gus*) 출판.

IAPC에서『픽시』지도서, 『의미 찾기』(*Looking for Meaning*) 출판.

1983 아든 출판사(Arden Press)에서 리드(Ronald Reed)의 『어린이와의 대화』(*Talking with Children*) 출판.

1984 하버드대출판부에서 매튜스의 『어린이와 함께 하는 대화』(*Dialogues with Children*) 출판.

1985 아메리카대학출판부에서 프리차드(Michael Pritchard)의『함께 하는 철학 모험』(*Philosophical Adventures with Children*) 출판

1986 IAPC에서 『키오와 구스』(*Kio and Gus*)의 지도서, 『놀라운 세계』(*Wondering at the World*) 출판.

1987 IAPC에서 6–8세 어린이를 위한 『엘피』(*Elfie*) 출판.

1988 템플 대학 출판부에서 립맨의『철학, 학교에 가다』(*Philosophy*

Goes to School) 출판.

IAPC에서『엘피』지도서,『함께 생각을 모아』(*Getting Our Thoughts Together*) 출판.

1991 캠브리지 대학 출판부에서『교육에서의 사고』(*Thinking in Educa-tion*) 출판.

켄달 / 헌트(Kendal / Hunt)에서 해리스(Leonard Haris)의『혼돈속의 어린이』(*Children in Chaos*) 출판.

1992 템플 대학 출판부에서 『어린이철학:『해리의 발견』연구』(Studies in the *Philosophy for Children: Harry Stottlemeier's Discovery*) 출판.

1993 켄달 / 헌트출판사에서 『생각하는 어린이와 교육』(*Thinking Chil-dren and Education*) 출판.

필 캠(Phil Cam)이 편집한『생각하는 이야기』(*Thinking Stories*) 1권 출판.(오스트레일리아)

1994 필 캠(Phil Cam)이 편집한 『생각하는 이야기』(Thinking Stories) 2권 출판.

하버드 대학 출판부에서 매튜스의 『아동기 철학』(The Philosophy of *Childhood*) 출판.

1995 몽클레어 주립 칼리지가 몽클레어 주립대학(Montclair State University)으로 바뀌고, 어린이철학 박사 과정 신설.

립맨이 밝힌 연대기의 텍스트 중 우리말로 번역 혹은 편역된 것 중 주요한 것만 들면, IAPC에서 만든 1969년 최초의 교과서,『해리의 발견』의 1장이 우리말 번역서『어린이를 위한 철학교육』[286]에 실린 뒤 황경식이 이를 완역하고,[287] 그 뒤 한국철학교육아카데미의 이름으로 다시 번역되었다. 한국철학교육아카데미는 1999

---

286) 이초식 감수, 서울교육대학철학연구동문회 편역, 『어린이를 위한 철학교육』(서울: 서광사, 1986).

287) 황경식 옮기고 지음, 『해리의 발견』 1, 2.(서울: 열림원, 1996)

년『해리의 발견』의 교사용 지도서, 『철학적 탐구』를 번역할 뿐만 아니라 IAPC의 9-10세용『픽시』(*Pixie*)와 교사용 지도서『의미 찾기』(*Looking for Meaning*)를『혼이의 비밀』과『의미의 탐색』의 이름으로, 그리고 누스(*Nous*)를『나의 친구 보임이』로, 그리고 그 지도서『도덕적 판단』을 번역했다. 또한『키오와 구스』(*Kio and Gus*)는 교사용 지도서가 강윤중과 김숙자에 의해 일찍이 공역된 바 있으며,288) 중학생용 윤리 교과서『리자』(*Lisa*)가 황경식에 의해『생각하는 나무』로, 사회철학 교과서『마크』(*Mark*)가『흔들리는 교정』289)의 이름으로 번역되었다.

앞의 한국철학교육아카데미의 번역을 감수한 이초식은 철학교과서뿐만 아니라 립맨 등의 공저, 『교실에서의 철학』(*Philosophy in the Classroom*)290)과 매튜스의『철학과 어린이』의 번역을 감수한 바 있다.291) 황경식은 김성옥과 함께 매튜스의『어린이와 함께 하는 대화』를 공역으로, 이영주와 우동하는 매튜스의『아동기 철학』을 우리말로 옮겼다. 어린이철학의 이론서라고 할 수 있는『철학으로 크는 아이들』이 황경식 등에 의해서 부분 번역되었고,292) 어린이철학을 주도해 온 립맨의 최근 사유 결과물로서『교육에서의

---

288) 강윤중 · 김숙자 옮김, 『아동교육철학: 세계에의 경이』(서울: 형설출판사, 1989).

289) IAPC, Mark. 황경식 옮김, 『흔들리는 교정』(서울: 철학과 현실사, 1990).

290) 이초식 감수, 서울교육대학철학연구동문회 편역, 『어린이를 위한 철학교육』(서울: 서광사, 1986).

291) 이초식 감수, 서울교육대학철학연구동문회 역, 『어린이와 함께 하는 철학』(서울: 서광사, 1987).

292) Matthew Lipman and Ann Margaret Sharp(eds.), *Growing up with Philosophy,* 여훈근 · 송준만 · 황경식 옮김, 『세살철학 여든까지』(서울: 고려원, 1992).

사고』 2판이 박진환과 김혜숙 등에 의해 옮겨졌다.293)

우리나라 어린이철학의 연구는 인문학과 사회과학의 학문이 그렇듯 번역에서 시작되었다. 이들 적지 않은 번역서를 염두에 두면 어린이철학에 대한 기성의 관심과 연구가 깊지 못하다는 모두의 필자의 진단은 쉽게 반증될 진술처럼 보인다. 그러나 그렇지는 않다. 그것은 다음 두 가지 이유 때문이다. 하나는 그 어떤 논의에서도 어린이철학 자체에 대한 근본적인 반성은 존재하지 않았고,294) 다른 하나는 어린이철학 연구서의 부재와 이론서에 있어서 번역의 부실이 이런 경향과 맞물려 진행되어 왔다는 것이다.

그러나 우리의 이러한 평가가 무색하게, 앞에서 소개했듯이 립맨 등의 『교실에서의 철학』(*Philosophy in the Classroom*), 매튜스의 『아동기 철학』, 어린이철학논문집인 『철학으로 크는 아이들』, 그리고 립맨의 『교육에서의 사고』가 이미 번역되어 있다. 적어도 이 책들은 어린이철학에 대한 우리의 궁금증을 해갈하는 데 어느 정도 도움은 된다. 그러나 이 번역서들 역시 조금만 주의 깊게 들여다보면, 그들에게 있어 어린이철학은 적어도 교육에서의 방법 이상의 진지한 관심으로 나아가지 못하고 있는 것으로 판단된다. 철학교육이 립맨의 말처럼 문제들을 "단순히 생각하게 될 뿐 아니라 '비판적이고 신중하게' 생각"하는 것이라면, 이 번역서들과 여타의 연구논문들은 이러한 비판적 정신도 견지하지 못하고 있다.

---

293) Matthew Lipman, *Thinking in Education.* 2nd ed.(Cambridge University Press, 2003) 박진환·김혜숙 옮김,『고차적 사고력 교육』 (서울: 인간사랑, 2005).

294) 립맨의 어린이철학에 대한 부분적인 반성이 대학원 학위논문으로 나오고 있다. 오창진, 「립맨(Matthew Lipman) 어린이철학에 대한 비판적 분석」 한국교원대학교 석사논문, 2008.

그것은 번역에 있어서 원문에 충실하지 않으며,295) 때로는 립맨의
어린이철학 중 비판의 대상이 될 부분에 대해서는 삭제하거나 원
문의 글을 약하게 버전을 달리하는 식으로 옮기는 경우도 있다.
이를테면 『세살철학 여든까지』 중 어떤 부분은, 가령 여훈근은 중
략의 형태로 여러 페이지를 축약하기도 하고, 또 다른 역자, 황경
식은 립맨의 철학교과서에 대한 정당한 비판에 대한 특정 문단을
과감하게 요약해서 처리하고 있다. 다음은 황경식이 누락시킨 부
분이다.

> 도덕교육과 관련된 장들에 있어서, 그들은 "어린이들에게 상황이
> 요구할 때, 그들이 살고 있는 사회를 창조적으로 새롭게 바꾸기 위
> 해서" 스스로 생각하도록 요구한다. 그들은 교육에 자율성뿐만 아
> 니라 개방성도 지지하며 철학이 이 둘 모두에 있어서 기여할 것으
> 로 간주하는 듯하다.(이하 누락된 원문의 글) 그러나 어린이들에게
> 철학을 가르치기 위한 고안물, 립맨의 소설, 『해리의 발견』과 『리
> 자』에서는 기본적인 사회적 정치적 물음이 거의 없고, 있다 하더라
> 도 좀처럼 제기되지 않는다. 해리는 베이트스 부인이 가난한 사람
> 들을 돕는 것에 관해서 이야기하고 모든 급진주의자들은 가난한
> 이들을 도와야 한다고 말하기 때문에 베이트스 부인이 급진주의자
> 라는 이웃 아주머니의 논리가 잘못이라는 것을 교정해 주기는 하
> 지만, 그와 함께 그의 어머니도 가난의 제도에 대해서 결코 문제
> 삼지 않는다. 해리와 친구들은 학교에 대해 불평하고 교육의 목적
> 에 대해 매혹적인 토론을 하지만 아무도 학교 교육 그 자체에 대해
> 문제시하지는 않는다. 리자의 아버지는 다니던 신문사를 그만둔 바

---

295) 가령 『교실에서의 철학』(*Philosophy in the Classroom*)을 『어린이를
    위한 철학교육』으로 편역했다고 서울교대철학연구동문회는 밝히고
    있지만, 이는 상당부분을 요약 정리한, 엄밀한 의미에서 번역서도
    저서도 아닌 형태를 취하고 있다.

로 그날 밤 심장마비로 죽는다. 리자와 친구들은 죽음에 대해서 논하지만 그들은 한 남자를 그렇게 황폐화시키는 실직을 야기하는 자본주의의 제도와 성차별에 대해서는 문제시하지 않는다.

『해리의 발견』에서 가장 극적인 일화는 종교적인 이유로 학교에서 국기에 대한 맹세를 거부하는 한 아이에 관한 것이다. 아이들은 흥미진진한 토론을 하는데, 이는 그 아이에게 국기에 대한 맹세를 강요해도 되는지 여부에 관한 것이다. 그러나 어느 누구도 국기에 대한 맹세의 관습, 그리고 그 기저의 민족주의에 대해서는 문제시하지 않는다. 게다가 어느 누구도 학교장이나 국가가 이런 식으로 행동을 감독할 권리가 있는지 묻지 않으며, 법이나 규칙에 대한 불복종이 정당화되는지 문제시하지 않는다.

『리자』에는 더 인상적인 일화가 있다. 해리의 흑인 친구 루터의 큰형은 남들만큼 일을 잘하는 데도, 남들은 진급이 되는데 자기는 되지 않는다고 말한다. 해리는 사업주가 틀림없이 어떤 법을 어기고 있기 때문에 법률가를 찾아보도록 제안하지만, 루터와 형은 그렇게 하는 것은 문제만 발생시킬 것이기에 난색을 표한다. 그러나 이들 세 어린이는 모두 인종차별이나 사업주와 노동자의 권력 관계에 대해서는 진지한 질문을 던지지 않는다.

대신 루터 동생은 이렇게 말한다. "이야기할 게 있어. 나는 내게 무엇이 옳은 건지 내가 정해, 루터 형도 자기에게 옳은 것을 선택할 양식이 생겼으면 해. 어느 누구도 어떤 여학생과 같이 갈지, 무슨 직업을 선택할지, 어떤 오토바이를 사야 할지 아니면 어떤 잡지를 읽어야 할지 내게 말할 수 없어." 그러나 그는 행위의 사회-정치적 배경에 대하여 비판적으로 질문을 던지고 생각하지 못하며, 그래서 개인적 자율성을 일컬을 때조차도 자율적인 행위의 영역으로부터 그것을 제거하는 것임을 그는 인식하지 못한다. 해리도 형 루터도 그리고 그 소설의 중학생 독자들도 이를 인식하지 못할 것이다.296)

---

296) Jane Roland Martin, "Moral Autonomy and Political Education", pp.188-189.

위의 글은 어린이철학, 특히 립맨의 텍스트를 접할 기회가 있는 이들을 위해서 의미 있는 통찰을 제시하고 있다. 이는, 대부분 초, 중, 고등학교 교사들이 립맨의 철학교과서를 접할 때 적어도 철학교육의 측면에서 볼 때, 정당하게 고려해야 할 철학적 주제들을 누락하거나 간과하는 문제, 특히 립맨의 어린이철학의 주된 문제를 직시하게 할 혜안이라고 할 수 있다. 물론 이 책이 역자의 말대로 "원 저서가 아주 방대하고 우리의 여건에 비추어 관련성이 적은 부분도 있어 부분적으로 생략하고 간추려 만들어진 것"297)이라고 하지만 그렇다고 하더라도 립맨 어린이철학의 수용이 필요할 때조차 '비판적이고 신중하게' 생각하도록 장을 제공하는 것이 건전한 상식일 것이다.

박진환·김혜숙이 공역한 『고차적 사고력 교육』을 보면, 여러 오역의 문제는 제쳐두고서도, 다음 구절은 우리의 문제제기에서 자유로울 수 없음을 잘 보여준다. 원문의 필자 해석과 옮긴이의 해석을 살펴보자.

> "교육에서의 사고" 운동의 대부분의 교육학이 부적절했다는 것을 사람들은 알아채지 못하였다. 보다 완전한 유일한 교육학은 "탐구공동체 접근"이라고 불리는 한 가지뿐이며, 상대적으로 대부분의 교사는 그 접근에 충분하게 준비되지 못하였다.298)

---

297) Matthew Lipman and Ann Margaret Sharp(eds.), *Growing up with Philosophy*, 여훈근·송준만·황경식 옮김, 『세살철학 여든까지』, 332쪽. 그러나 우리의 어떤 여건에 비추어 관련성이 적은 것으로 나머지 십여 개의 논문들을 제쳐두었는지 약간의 의문이 든다. 이 책을 읽어보면 알겠지만, 수록된 것이나 제쳐둔 것이나 어린이철학에 대한 여러 논점들을 확인하기에는 모두 훌륭하기 때문이다.

298) Matthew Lipman, *Thinking in Education.* 2nd ed, p.5.

사고력 교육에 대한 대부분의 교수법이 적당하지 않다는 것을 알
지 못했다. "탐구공동체 접근"이라는 교수법이 있지만 그 방법을
효과적으로 사용할 만한 교사가 없었다.299)

이들은 어린이철학에 대한 립맨의 지나친 자신감을 우리말로 그
대로 옮기지 않는다.300) 이는 어떤 이유로도 정당화될 수 없는 데,
이들의 문제의식은 앞의 7장에서도 다룬 한국철학아카데미에서 번
역한 『노마의 발견』의 인용문에서도 드러난 바 있다. 먼저 해당
원문에 대한 필자의 번역을 싣고, 이어서 『노마의 발견』의 번역문
을 제시한다.

"아빠, 아빠는 담배를 피우고 싶어서 피신다고 했죠. 그렇지만 처
음에도 좋아했어요?" 하고 해리가 말했다.
"기억이 안 나네. 오래전 일이어서. 처음에는 아주 좋아한 것 같
지 않지만, 계속 피니까 머잖아 좋아진 것 같은데."
"담배 피신 지는 얼마나 되었어요? 고등학교 때요?" 해리는 알고
싶었다.
"아니, 사실은 그 뒤였어. 군대에 있었을 때였지." 하고 해리 아버
지는 웃었다.
"한국 전쟁 때요?"(이하 『노마의 발견』은 여기까지의 중복을 피하
고 아래 부분만을 다룬다.)

---

299) Matthew Lipman, *Thinking in Education*. 2nd ed, 박진환 · 김혜숙
옮김, 『고차적 사고력 교육』, 24쪽.

300) 자신이 주도해 온 어린이를 위한 철학에 대한 립맨의 긍지는 대단
하다. 어린이를 위한 철학 중 가장 좋은 접근이 무엇인지에 대한
인터뷰 물음에 대해 그는 자신의 어린이철학이 어린이 사고 개발에
있어서 가장 훌륭한 접근이며, 철학이라는 학문이 하나밖에 없듯
어린이철학 역시 그가 제시한 어린이철학 하나밖에 없다고 답하고
있다.(Saeed Naji, "An Interview with Matthew Lipman", p.24.)

해리 아버지는 고개를 끄덕였다. 아버지는 군대 있을 때 이야기는 좀처럼 하고 싶어 하지 않은 듯했다. 잠시 후, 해리는 "전쟁은 어떻게 시작하나요?" 하고 물었다.

아버지는 말했다. "아, 그건 너도 알아. 사람들은 서로 미워하고 너도 알듯이 싸우지."

"아빠는 한국 사람들이 미웠나요?"

"네가 말한 건 북한 사람들이지. 우리는 남한 사람들과 함께 북한 사람들하고 싸웠지. 사실대로 말하면, 남한 사람과 북한 사람의 차이를 볼 수 없었어."

"어쨌든 아빠는 북한 사람들이 미웠어요?" 하고 해리는 물었다.

"아니, 그러지 않았어. 아마도 지금도 그때도 나는, 끝에 가서야 그랬지, 처음에는 아니었어." 하고 아버지는 대답했다.[301]

"베트남에 있으셨을 때요?"

아버지는 고개를 끄덕이셨다. 아버지는 좀처럼 군대 시절 얘기는 입 밖에 내지 않으시는 편이었다. 잠시 침묵이 흐른 다음 노마가 물었다.

"전쟁은 왜 생기나요?"

"응? 너도 알잖아, 왜. 사람들 보면 서로 미워하고 너도 잘 알다시피 자주 다투고 그러잖니."

"아빠는 베트남 사람들이 미웠나요?"

"베트남 사람들이 아니라 월맹군을 말하는 거구나. 우리는 베트남 사람 모두랑 싸운 게 아니라 그중에서 월맹군하고 싸웠거든. 사실 뭐, 월맹군들도 다 베트남 사람이긴 하지만."

"어쨌거나 그럼 월맹군 사람들은 미워하셨어요?"

"글쎄, 처음부터 미워했는지는 모르지만... 어쨌든 전쟁에 참여해서 서로 싸우게 됐고, 또 그러다 보니까 갈수록 점점 더 미워하게 됐지."[302]

---

301) Matthew Lipman, *Harry Stottlemeyer's Discovery,* pp.79 – 80.

302) Matthew Lipman, 『노마의 발견』(한국철학교육아카데미 옮김, 1999),

물론 이들 역자들은 미국의 어린이 이름을 우리말로 옮기는 과정에서 한국전쟁이 베트남 전쟁으로, 그리고 북한이 월맹군으로 자연스럽게 바뀐 격의번역이라고 자위할지 모르지만, 그것이 적절한 선택이었는지는 더 논의가 필요하다. 이 땅에서 일어난 한국전쟁을 립맨이 교과서에서 직접 거론하고, 이에 대한 교사용 지도서에서 전쟁과 증오에 대해 간략한 언급을 한 것을 의미 있게 고려하면, 게다가 "장차 분단된 귀국의 저편 북쪽의 학교들에서도 이러한 교육의 새로운 이해가 싹"트길 기대한다는 립맨의 바람을 고려하면, 북한 사람을 월맹군으로 고치는 것으로 손쉽게 처리할 일이 아니다. 차라리, 그저 우리말로 있는 그대로 옮겨 놓고 허심탄회하게 논의를 이어가는 것으로 충분하지 않을까? 그런다고 해서 효과적인 하나의 교육모델로서 간주되는 어린이철학의 존재의의가 사라진다고 생각하지는 않는다.

『해리의 발견』과 그 교사용 지도서에 암묵적으로 드러나는 립맨의 특정 정치사회적 안목은 비판되어야 한다. 그러나 대체로 이들 번역서들은 립맨의 철학교육론을 유효한 것이 아니라 유일한 것으로 판단하고, 번역 역시 이런 정신에 따른다. 그러나 립맨의『해리의 발견』은 하나의 효과적인 교과서로서 간주될지언정, 그 이상일 수는 없다. 우리의 이러한 판단과는 달리, 이초식의 경우 1979년 『해리의 발견』을 접하고, "바로 이것이다"[303]라고 여겼다고 하나, 7, 8장에서의 우리의 논의를 상기하면 결코 그렇게 속단할 수는 없다. 이초식과 같이, 립맨의 어린이철학을 비판적 성찰 없이 그대

80쪽.

303) 이초식은 1979년 무렵 서울교대 재직 시, 서울대 교수 심재룡에게『해리의 발견』을 받고, "이것을 읽고 바로 이것이다"라고 했다고 회고한다.(철학교육, 그리고 어린이철학연구소(2) http://www.iphilos.co.kr/)

로 수용하는, 대체로 립맨의 어린이철학에 경도되어 있는 우리나라 어린이철학론자들은 번역에 있어서도 립맨의 흠결을 지우기 위해 애쓰는 식으로 나아가는 것처럼 보인다. 아주 예외적인 경우로, 어떤 이론서의 번역 경우 텍스트에 대한 일차적인 이해도 없이, 무책임한 번역이 시도되고 있는 경우도 있다.[304] 이러한 이상의 현상들을 두고 보면 여전히 어린이철학에 대한 우리의 관심은 일천하다고 한 필자의 진단은 틀리지 않을 것이다.

적지 않은 IAPC 저작물들이 번역되었지만, 대체로 교과서와 지도서에 치중되어 있고, 어린이철학 자체에 대한 진지한 성찰을 담은 연구서는 거의 전무하다. 이초식을 중심으로 한 서울교대 철학연구동문회와 한국철학교육아카데미의 그 대중화의 노력에도 불구하고 이들의 접근은, 교육 담론과 실제의 모델이 학교에 들어올 때 언제나 방법으로만 환원되는, 우리 현대교육사의 방법주의의 궤적을 크게 이탈하지 않는다.

어린이철학의 명명은 일견 누구나 쉽게 접근할 수 있을 것 같은 편견을 주지만, 그것은 철학과 교육학의 경계 영역에 있는, 최소한 철학적 문제의식과 감수성이 있을 때 보다 효과적으로 다룰 수 있는 교육모델이기에 녹록한 분야가 아니다. 이는 철학과 교육학, 그리고 어린이에 대한 이해를 모두 요구하는 독특한 학문적 분야의 성격 때문이다. 어린이철학 대학원 프로그램을 설치하고 있는 몽

---

304) 이영주 · 우동하 옮김, 『유년기 어린이철학』(서울: 교육과학사, 2006) 이 책은 매튜스의 『아동기 철학』을 옮긴 것인데, 주지하듯 이는 매튜스가 제시하는 하나의 가능한 어린이철학을 보여주는 훌륭한 논문집이다. 그러나 유감인 것은 이 번역서는 어디를 펴더라도 쉽게 확인 가능한 오역들이 지나치게 많다. 단순히 독서를 방해하는 수준에 그치지 않는다.

클레어 주립대학교만 하더라도 박사과정에는 현직 교사의 경험과 함께 강한 철학적 소양을 요구한다.305)

그러나 오늘날 우리의 경우 어린이철학에 대한 관심은 그 담론에 대한 비판적 성찰 없이, 수업과 직결되는 논의에 치중된다. 어린이철학에 대한 연구가 철학적 담론에 강하게 의존하고 있기 때문에 교육학자들의 접근을 쉽게 허용하지 않는다. 지금까지 어린이철학을 진지하게 소개하거나 연구해 온 이들이 대부분 철학교수였다는 사실에서, 가령 이초식306)이나 황경식, 그리고 또 하나의

---

305) 어린이철학이 하나의 교육모델이기는 하지만, 그것은 철학적 훈련을 고려하지 않고서는 진행될 수 없는 하나의 철학 분과이기도 하다. 몽클레어 주립대학 대학원 어린이철학과의 필수과정과 선택 과정을 보라. 또한 이들 교육과정은 립맨의 어린이철학이 어떤 철학적 배경에 의지하고 있는지 보여주고 있다.
(http://www.montclair.edu/graduate/programs/doctoral/spphil.shtmlIII.)
III. Required Courses In Philosophy For Children
811 Philosophy, Philosophy for Children, and the Educational Experience
812 Contemporary Political and Social Philosophy
814 Recent American Philosophy and Philosophy for Children
815 Philosophy of Mind, Cognitive Science and Philosophy for Children
816 Ethical Inquiry Through Narrative
IV. Elective Courses in Philosophy For Children
740 Role of Logic in Philosophy for Children
741 Philosophy for Religion and Philosophy for Children
742 Hermeneutics of Childhood
743 Philosophy of Language and Philosophy for Children
744 Philosophy of Body
745 Philosophy for Children and Ancient Greek Philosophy

306) 이초식은 서울교대 재직 시, 그리고 이후 재학생과 동문회를 중심으로 철학교육을 지도해 왔다. 이초식의 직접적인 영향 아래, 립맨

새로운 가능성을 보여준 정보주 모두 철학자로서 현장 교육에 깊은 관심을 가진 이들이라는 데서 이는 확인 가능하다. 그러나 이들의 활동에도 불구하고 어린이철학에 대한 그들의 관심 자체는 여전히 깊지 않다. 정도 차이는 있지만, 이들 모두 어린이에 대한 보다 더 밀착된 연구로 나아가지 못했던 것이 사실이기 때문이다.

물론 우리의 이러한 비판에도 불구하고, 적어도 이러한 논의 지점의 토대를 마련한 데 있어서는 이초식과 서울교대 철학연구동문회, 한국철학교육아카데미, 그리고 황경식의 번역과 소개 등은 이미 쉽게 비판될 수 없는 고유한 영역을 구축해 놓았다. 그러나 이러한 의의를 전제로 하더라도, 우리는 이제 우리 어린이철학의 가

의 어린이철학과 도덕교육의 접목을 시도하는 또 다른 이로서 윤리교육학자, 박진환을 들 수 있다. 그는 "립맨 교수와 한국의 도덕교육모형을 모색하기 위한 국제적 협동연구(2001–2002)를 비롯해서 주로 도덕교육분야의 협동연구"를 하고 있다.(http://koreanp4c.org) 그러나 그의 글 어디에도 립맨의 어린이철학에 대한 근원적인 비판적 성찰은 보이지 않는다.(박진환, 「철학적 탐구공동체방법을 통한 인격교육」, 『국민윤리연구』, 제53호, 2003. Matthew Lipman, Jin Whan Park, Megan Leverty, "A Philosophical for Children Base for a Moral Education Program in South Korea", 『국민윤리연구』 제55호, 2004. 박진환, 「립맨의 탐구공동체의 특징과 윤리교육」, 『탐구공동체교육』 제4집, 2004.) 여기서는 박진환과 함께 서울교대 철학연구동문회 모두 이초식의 범주 아래에 넣어 이초식으로 대신한다. 그리고 어린이철학의 탐구공동체를 도덕교육과 관련 지워 다양한 접근의 연구를 보여주는 김회용과 조성민의 경우도 있으나 그들은 도덕교육론의 방법론에 치중하고 있기 때문에 여기서는 논외로 한다.(김회용, 「어린이 철학 교육 방법론 및 도덕교육에의 활용」, 『초등교육연구』 Vol.15, No.2, 2002. 「탐구공동체 수업에서 교사와 학생이 경험하는 어려움 및 변화·발전에 대한 사례 연구」, 『교육사상연구』 제17집, 2005. 조성민, 『NIE 탐구공동체』(서울: 교육과학사, 2000))

능성 모색을, 적어도 담론 차원에서라도 준비할 때가 되었다.

3. 우리어린이철학의 가능성 탐색과 과제

1) 매튜스 어린이철학의 세 가지 시사점

우리는 이 책 1장에서 매튜스의 어린이철학에 대해서 어느 정도 소개했다. 그는 어린이철학에 있어서 가능한 또 다른 길을 열어 보인 이였다. 매튜스는 립맨과 다른 방식으로 혹은 같은 방식으로 그의 어린이철학을 제시한다. 그가 다루는 두어 주제들을 통해서, 우리 어린이철학의 가능성 논의의 발판을 끌어오고자 한다.

필자가 우리 어린이철학의 가능성을 모색하면서 매튜스의 성과를 살피는 것은 매튜스가 보여준 다음 세 가지 측면의 성과 때문이다. 첫째, 그는 어린이에 대한 철학적 이해를 다각적으로 모색했고 둘째, 어린이와 자유로운 철학적 대화의 탐구를 다양한 사례를 통해서 보여주었으며 셋째, 어린이철학의 내포와 외연 확장에 가능성을 열어주었다는 점이다. 여기서는 필자가 지적한 세 측면을 통해서 우리 어린이철학의 모색을 위한 논의의 계기를 마련하고자 한다. 그러나 이미 둘째, 어린이와의 철학적 대화는 우리말로 잘 번역된 그의 대화모음집이 있어서 이로 대신하며, 여기서는 첫째와 셋째를 중심으로 간단히 그의 어린이철학론의 의의를 일별하고자 한다.

매튜스의 『아동기 철학』(*The Philosophy of Childhood*)은 일련의 논문집이지만, 그의 말대로 '그만의 어린이철학'일 정도로 어린이를 통한 철학 입문서로서 달리 표현될 수 있다. 그것은 그가 다루는 10가지 주제들을 일별하면 쉽게 이해될 수 있다. 이 책 1장은 아동기에 대한 철학자의 시각을 다루고 2장은 아동기에 대한 이론과 모델을 탐색하며 어린이 개념이 현대의 고안물로서 오늘날 이는 진지한 철학적 과제가 될 수 있음을 해명한다. 3장과 4장은 피아제의 인지발달론에 대해 근본적으로 비판한다. 5장 도덕 발달은 콜버그의 도덕성 발달론을 비판한다. 6장 어린이의 권리는 어린이들의 권리가 어느 차원까지 고려되어야 하는지에 대한 논의로 이루어져 있다. 7장 유아기 기억상실은 자아정체성의 물음을 던지며, 8장 어린이와 죽음에서는 어린이가 죽음을 어떻게 수용하는지에 관한 성찰을 제시한다. 9장에서는 어린이 문학과 어린이철학의 만남을 보여주고, 10장 어린이 미술에서는 어린이가 그린 미술작품을 어떻게 평가할 것인지를 논한다. 우선 우리가 주목하는 것은 어린이에 대한 선이해를 역사적, 문화적, 그리고 철학적 측면에서 반성한다는 점이다.

우리의 아동기 개념이 현대의 발명일 수 있다는 점에서 어린이 개념은 역사적으로 의심스럽다. 일찍부터 어린이는 '작은 사람'으로 인식되었던 것처럼 보인다. 작은 사람은 '큰 사람'보다 물론 적게 먹고 적게 일할 수 있으나, 배분된 임무의 방식에서나 생각하거나 행동하는 방식에서 사람들은 그들을 달리 생각하지 않았다.
아동기의 개념은 다른 모든 문화권에서 완전히 공유될 수 없다는 점에서 문화적으로 의심스럽다. 마거릿 미드(Margaret Mead)는 이야기는 어른을 위한 것이며 어린이를 위한 것이 아니라고 생각하는 태평양의 어느 섬 문화에 대해 말한다. 이 문화에서 어린 시절은 환상과 상상의 세계와는 전혀 대조되는 실재적이고 무미건조한 사고의 시기이다.
끝으로 참된 철학적 어려움은 어린이와 어른의 차이가 어떤 종류

의 차이인지 말하는 방식에 있다는 점에서 아동기의 개념은 철학
적으로 의심스럽다.307)

아리에스의 지적대로 어린이는 근대의 발명이다. 그러나 그 발
명을 성찰하는 방식은 역사적, 문화적, 그리고 철학적 접근을 모두
요구할 수 있다. 매튜스는 여러 주제를 통해서 기성의 '발달로서의
어린이관'과 '작은 사람 어린이론' 모두를 비판 대상으로 삼는다.

> 어린이의 존재에 대한 가장 소박한 이론은 소위 "작은 사람 아동
> 기론"이다. 그 이론에 따르면 어린이는 매우 어리기 때문에 단지
> 아주 작은 사람일 뿐이다. 이는 사람들이 어린이의 발달을 몸의
> 확대로 간주할 때 받아들일 수 있는 이론이다.(⋯) 이제까지 어린
> 이는 작은, 성장하는— 유아보다 크고, 청소년보다는 작은— 인간
> 으로 생각하였다. 그것이 전부인가? 어떻게 우리는 아동기에 대한
> 이론을 훨씬 더 흥미롭고, 복잡하게 만들 수 있나?308)

---

307) Gareth B. Matthews, *The Philosophy of Childhood*, p.8.

308) Gareth B. Matthews, *The Philosophy of Childhood*, p.22. 그러나 매
튜스의 아동기에 대한 철학적 탐구를 보면, 어린이와 나눈 그의 여러
철학적 대화들이 그렇듯이 서양철학의 전통에 기대어 이를 시도하고
있다. 가령, 어린이의 유년기 기억상실에 대한 그의 성찰은 로크의 논
의를 끌어들여 정당화한다. 로크에 따르면 동일한 인격(person)이 되
기 위해서 연결 기억이 있어야 한다. 그러나 어린시절에 대한 기억의
상실은 동일한 인격의 정당화를 쉽게 부정할 수 있는데, 이 때문에 매
튜스는 신로크주의자들의 설명을 도입한다.(Gareth B. Matthews, *The
Philosophy of Childhood*, pp.81 – 82.) 오늘날 자아동일성과 같은 형
이상학적 물음은 그 접근이 다양하게 열려 있다. 우리는 자아동일성
을 정당화하는 것뿐만 아니라, 이를 근원적으로 부정하는 여러 철학
적 배경 역시 잘 알고 있다. 불교의 무아론과 도가의 철학적 사유는
물론 현대 서양철학 역시 자아동일성을 전제하는 근대 철학을 비판하
면서 시작한다. 서구 포스트모던 페미니즘의 통찰도 이미 여기에 맞

매튜스는 아동기의 개념에 대해 성찰할 뿐만 아니라, 어린이철학에 대한 간학문적 접근을 보여준다. 그는 어린이문학을 통해서 어린이철학을 시도하는데, 이를 위해 다양한 동화들을 끌어들인다. 그는 어떤 동화의 경우 철학적임을 지적하면서[309] 우리에게 무지와 불확실성을 상기시키는 대화들을 추출한다. 어린이철학의 차원에서 문학과 철학의 만남을 보여주는 것도 흥미롭지만, 이보다 더 흥미 있는 주제는 어린이철학과 어린이미술을 같은 지위로서 간주하며 정당화하는 것일 게다. 매튜스는 네 살 된 아이가 그린 어떤 작품을 어린이 미술(children's art)의 범주에 속하는 것으로 간주하고, 이를 어린이철학과 비교한다. 많은 유아들이 자연스럽게 질문을 제기하고, 논평하며, 심지어 전문 철학자들이 철학적이라고 인식할 수 있는 추론에 참여하듯이, 어린이 미술 역시 그 자체로 예찬되어야하고 성인 미술의 본질과 의의를 평가하게 해 줄 것이 있을지 모른다고 간주한다. 그림을 그리는 것이나 철학함이 도구적 가치와 무관한데서 어린이철학과 어린이미술의 의의를 찾는다.[310]

이렇게 어린이철학은 철학과 문학, 역사, 심리학, 미학과 미술사와 관련된 간학문적인 접근에 열려 있다. 이상의 매튜스의 어린이철학론의 몇 가지 특성들은 우리 어린이철학의 탐색을 위해서 논의의 계기가 될 수 있다.

추고 있다. 여기서 우리가 지적하고자 하는 것은 매튜스 역시 그의 어린이철학론을 하나의 어린이철학이라고 말하듯, 그것은 또 다른 접근, 이를테면 동양철학적 접근을 통한 어린이철학의 가능성이 열려 있음을 다른 방식으로 보여준다는 것이다.

309) Gareth B. Matthews, *The Philosophy of Childhood,* chapter. 9.

310) Gareth B. Matthews, *The Philosophy of Childhood,* chapter. 10.

2) 우리 어린이철학의 가능성 탐색과 과제[311]

우리는 동양철학적 접근을 통해 아동기에 대한 탐구라든지, 아니면 어린이철학과 동양 철학의 현실적 접근 가능성을 생각해 볼 수 있다. 여기서는 수업 방법의 측면에서 논의하지는 않을 것이다. 그러나 수업 방법에 관해서 한 가지만 짚고 가면, 탐구공동체와 동양 전통의 수업법을 학생 중심과 교사 중심, 그리고 비판적 판단의 고양과 암기법으로 엄격하게 대립적으로 파악하는 일반적인 시각[312]은 수정의 여지가 있다는 점이다. 물론 전통적인 동양의 수업이 탐구공동체의 성격이 아니라는 점에서 상대적으로 암기법에 가깝다고는 할 수 있지만, 우리는 암기가 아닌 신유가의 독서법을, 그리고 그들의 독특한 공부론 등을 알고 있기에 전통의 수업법을 암기법이라고 서툴게 비판할 수는 없다.[313]

---

311) 여기서는 우리 어린이철학의 가능성 탐색으로 동양철학적 접근을 고려했다. 그러나 이것이 우리 어린이철학이 곧 동양철학적 전통을 무엇보다 앞서 함축해야 할 것을 의미하지는 않는다. 오히려 현재 어린이들의 삶, 학교, 교실, 그리고 가정, 다시 지역사회 속에서 겪는 여러 가지 문제들, 그리고 교과를 매개로 만나는 여러 논의들을 성찰하는 것이 더 적절하고 근사한 우리 어린이철학의 모습이라고 생각한다. 그러나 이를 충족하는 일련의 제재를 갖춘 어린이철학 교과서를 우린 갖고 있지 못하다. 그러나 일각에서 동양철학적 접근으로 립맨의 문제의식을 계승하거나 혹은 비판하며 구성하는 경우가 있어서 이를 논의거리로 삼고자 한다.

312) Liu Haiqin, "The Difference Between Traditional Chinese Teaching Methods and P4C from the USA", *Thinking: The Journal of Philosophy for Children*, Vol.17, No.1&2, 2004, pp.47－48.

313) 정이천의 경우 그의 텍스트 읽기는 경의 객관적 의미에 대한 초점이 놓인 해석학적 접근으로, 고금의 역사를 살피고(考古今), 사태들을 잘 다루고(揆人事), 자기 몸에 돌이켜 구하고(取諸身), 사물과

어린이철학에 대한 동양철학적 접근의 시도는 둘로 나눠 살펴볼 수 있다. 하나는 기성의 어린이철학, 특히 립맨의 탐구공동체의 방법론적 의의를 긍정하면서 이를 동양의 사유 전통에 기대어 해석하는 식의 논의이며, 다른 하나는 동양 전통의 텍스트를 통해서 철학적 대화를 새롭게 구성하는 시도이다.

먼저 전자부터 살펴보면 근년, 동양철학적 접근을 시도하는 몇몇 논문들이 눈에 띈다. 그러나 이들 논문은 립맨의 어린이철학을 유효한, 아니 거의 유일한 것으로 전제하고 다가서는 한계가 있지만, 적어도 립맨의 철학과 동양철학의 메시지를 관련 지워 어린이철학의 외연을 확장시킨다는 데 있어서 그 나름의 의의가 있다. 이를테면 김정엽(Kim Jung Yeup)은 IAPC, 특히 립맨의 어린이철학을 유일한 어린이철학으로 간주하고,[314] 도덕경의 메시지와 탐구공동체의 도와 방법을 유비시킨다. 그의 논의를 간단히 정리하면 다음과 같다.

사건의 실정을 탐구하는 것이며(察物情)(Yong Huang, "Cheng Yi's Neo-Confucian Ontological Hermeneutics of Dao", Journal of Chinese Philosophy 27:1(March 2000)) 주희에게 독서(黎靖德 編, 王星賢 點校, 『朱子語類』 卷10, 卷11. 「讀書法上」 「讀書法下」, 北京: 中華書局, 1999.)는 후설의 현상학적 환원처럼 자신의 내면의 이치(理)로 돌아가는 자기 몸에서 그것을 돌이켜 구하는(反求諸身) 현상학적 성격이 있다.(강영안, 「주자의 독서론」, 『유교의 공부론과 덕의 요청』(서울: 청계, 2004))

314) Jung Yeup Kim, "The Dao of P4C", *Thinking: The Journal of Philosophy for Children*, Vol.17, No.1&2, 2004, p.69. 그의 서론 도입은 서기 3721년 핵전쟁이 난 이후 립맨의 저서, 『해리의 발견』이 발견되고 이후 수백 권의 해설이 난무하는 데서 시작한다. 발견된, 립맨의 저서 『해리의 발견』은 해석의 여지가 많은데 저자는 이를 마치 노자와 『도덕경』의 관계로 유비시켜 '어린이철학의 도'를 제시한다.

① 탐구공동체의 도 Ⅰ: 탐구공동체는 공동체의 상호존중과 같은 조화의 상태를 지향한다. 그러나 그 집단은 공자가 말한 군자의 화이부동(和而不同)의 상태이지 동일한 견해의 공동체이지 않다. 가령 도덕경 28장, "그 남성적인 것을 알고 그 여성적인 것을 지켜 천하의 골짜기가 될 것이니 떳떳한 덕이 떠나지 아니하며 다시 영아에게로 돌아간다315)는 것이 그것이다. 조화를 이루기 위해서는 항상됨과 함께 특히 "거두어들이고자 할 때는 반드시 베푸는" 통찰(微明)의 의미를 알아야 한다.316)

② 탐구공동체의 도 Ⅱ: "도는 언제나 무명하며 어떤 이름이 없어서 박(樸)인지라 비록 작지만 천하에 그것을 부릴 수 있는 것이 없다.(…) 비유컨대 도가 천하에 있는 것은 시냇물과 골짜기 물이 강과 바닷물에 대한 것과 같다." 탐구공동체는 강에 의해 개울이 만들어지지만, 개울이 다시 강을 만들듯이, 개울과 강에 유비되는 개인과 공동체는 서로를 창조한다. 이름이 없는 박(樸)은 정형화될 수 없는 것으로, 마치 탐구공동체가 편견에 저항하며 인식의 해방을 구하는 것과 같다.317)

③ 탐구공동체 촉진자의 도: "성인이 고정관념이 없이, 백성의 마음으로서 자기의 마음을 삼듯",318) 탐구공동체를 진행하는 교사의 도 역시 마찬가지다.

---

315) 28장. "知其雄, 守其雌, 爲天下谿, 爲天下谿. 常德不離, 復歸於嬰兒."

316) 36장. "將欲歙之, 必固張之, 將欲弱之, 必固强之, 將欲廢之, 必固興之.

317) 32장. "道常無名, 樸, 雖小, 天下莫能臣也, 侯王若能守之, 萬物將自賓, 天地相合, 以降甘露, 民莫之令而自均, 始制有名, 名亦旣有, 夫亦將知止, 知止, 可以不殆, 譬道之在天下, 猶川谷之於江海. 將欲歙之, 必固張之, 將欲弱之, 必固强之, 將欲廢之, 必固興之.

318) 49장. "聖人無常心, 以百姓心爲心."

④ 탐구자의 도: "그 남성적인 것을 알고 그 여성적인 것을 지켜 천하의 골짜기가 될 것이니 떳떳한 덕이 떠나지 아니하며 다시 영아에게로 돌아간다. 그 밝은 것을 알고 그 어두운 곳을 지켜 천하의 법식이 될 것이다. 천하의 법식이 되면 떳떳한 덕이 어그러지지 않아 다시 궁극적 진리로 돌아가리라. 영광된 것을 알면서 욕된 것을 지켜 천하의 골짜기가 될 것이니 천하의 골짜기가 되면 떳떳한 덕이 이에 넉넉하여 다시 소박한 데로 돌아간다."[319]

⑤ 스스로를 위한 사고의 도: "뭇사람들은 희희낙락하며 좋은 음식을 갖춘 잔치를 누리는 듯하고, 봄날 누대에 오르는 듯하나 나는 홀로 담박하여 마음이 움직이지 아니하여, 갓난아이가 웃을 줄 모르는 것과 같다. 지친모습이여, 마치 돌아올 곳 없는 듯하다. 사람들은 모두 남음이 있는 듯하나 나는 홀로 뭔가 잃은 듯하다. 내 어리석은 사람의 마음이여."[320]

⑥ 지적인 보장의 도: 도의 운동은 역설적이어서 하나의 극에 이르면 다른 극으로 치닫는다. "반하려는 것은 도의 움직임이고, 유약은 도의 작용"인데, 이는 이미 탐구자의 길이기도 하다.[321]

⑦ 서두르지 않는 도: 도는 "언제나 무위하되 그에 의해 이루어지지 않는 것이 없"[322]듯이 탐구자 역시 결코 서두르지 않는다.

⑧ 일상의 도: 이상의 성인의 가르침에 익숙하다면 이미 탐구할

---

319) 28장. "知其雄, 守其雌, 爲天下谿, 爲天下谿, 常德不離, 復歸於嬰兒, 知其白, 守其黑, 爲天下式, 爲天下式, 常德不忒, 復歸於無極, 知其榮, 守其辱, 爲天下谷, 爲天下谷, 常德乃足, 復歸於樸."

320) 20장. "衆人熙熙, 如享太牢, 如春登臺, 我獨泊兮, 其未兆, 如嬰兒之未孩, 儽儽兮若無所歸. 衆人皆有餘, 而我獨若遺. 我愚人之心也哉!"

321) 40장. "反者, 道之動, 弱者, 道之用."

322) 37장. "道常無爲而無不爲."

준비가 된 것이다. 탐구자로서, 그리고 철학자로서 함께 읽고, 질
문을 제기하며, 토론을 평가한다. 공동체에서 주제를 선정하고, 자
기 수정의 과정의 탐구 과정을 겪는다.

위에서 보듯이 이 접근은 립맨의 탐구공동체의 덕목과 의의를 도
덕경의 메시지를 원용해서 재진술한 것이다. 그러나 이보다 우리의
흥미를 끄는 것은 역시 동양 전통의 텍스트를 통해서 철학적 대화
를 새롭게 구성하는 시도이다. 싱가포르의 경우 1995년부터 아시아
철학의 개념과 내용을 반영한 교재를 이용한 토론 보고가 있고,323)
하와이 대학 철학과 소속의, 어린이철학의 이론과 실제를 다루고 있
는 스페셜리스트 잭슨(Thomas E. Jackson)은 중국 재래의 이야기를
교재 제재로서 모으는 등 동양철학과 어린이철학의 만남에 여러 관
심이 모아지고 있지만, 본격적인 교재와 지도서의 확보에까지 이른
것은 아닌 듯하다. 그런데 우리는 동양적 접근의 어린이철학의 구체
적 사례들을, 그리고 뚜렷한 문제의식에 기초한 시론 등을 이미 갖
고 있다. 이를테면 정보주가『천자문』을 통해서 어린이철학의 예화
를 구성한 것이 그것이다. 그는『천자문』을 통해서 15과의 제재를
발췌하여 새롭게 구성하였다. <1과. 천지현황: 하늘은 검고 땅은 누
렇다>의 내용이 좀 길지만 그대로 인용하고자 한다.324)

---

323) Lim Tock Keng, "Introducing Asian Philosophy and Concepts Into
the Community of Inquiry", *Thinking: The Journal of Philosophy
for Children*, Vol.16, No.4, 2003, p.43.

324) 정보주, 『「천자문」을 활용한 어린이의 철학적 사고력 신장』, 진주교
육대학교 초등교육연구원, 2003, 66 – 67쪽. 보고자는 안미옥, 박해
순, 박종선, 고명희(진주교대 부설초등학교 4학년 담임교사) 정보주
는 15과 예문을 직접 만들었고, 네 명의 현장 교사들은 수업지도안
을 만들어 재량활동 시간 교재를 만들었다.

연수는 아버지와 한문공부를 하기로 약속하였습니다.(…) 아버지는 천자문을 맨 첫 장을 보여주셨는데, 거기에는 天地玄黃이라는 한자가 적혀 있었습니다. 우리말로는 <천지현황>이라고 읽는다고 합니다. 천은 하늘, 지는 땅을 뜻하고, 현은 검다는 뜻이고 황은 누렇다는 뜻입니다.

연수는 천지현황에 대해서 그 뜻을 알 것 같기도 하고 모를 것 같기도 했습니다. 이 말은 하늘은 검고 땅은 누렇다는 뜻인데, 땅이 누런 것은 알겠는데, 하늘이 검다는 말이 무슨 말인지 궁금했습니다.(…) 연수는 이것이 궁금해서 아버지에게 물었습니다. "아버지 왜 옛날 사람들은 <하늘을 검다>고 했어요? 옛날에는 하늘이 검었나요?" 그러자 아버지께서는 이렇게 말씀하셨습니다. "글쎄다. 네가 생각하기에 하늘은 어떤 색깔이지?" "그거야 파랗지요. 푸르다고 말하기도 하고요. 저는 그림을 그릴 때, 하늘은 파란색으로 칠해요. 구름은 하얀색으로 칠하구요." 그러자 아버지는 이렇게 물으시는 거예요. "낮에는 그렇게 보이지만, 밤에는 어떤 색이지?" 연수는 무릎을 탁 쳤습니다. "아, 그러니까 밤에 본 하늘이 까마니까 하늘을 검다고 했나요?" 그러자 아버지는 빙긋 웃었습니다. "밤에 본 땅은 무슨 색이니?" "맞아요. 밤에는 땅도 까만데. 그럼 하늘이 검다는 것은 밤에 본 하늘 색깔이 까매서 그렇게 말한 것은 아니겠네요? 그럼 왜 그런 표현을 했을까요?" 연수는 참 궁금했습니다.(…) "그런데 현(玄)자가 검다는 뜻도 있지만 오묘하다는 뜻도 있단다. 오묘하다는 말의 뜻을 알겠니?" "그게 뭔데요?" "그건 아주 복잡해서 잘 모르겠지만, 뭔가 깊은 뜻이 있다는 말이지."(…)

연수는 아버지와 이야기하는 동안에, 하늘 저편에 무엇이 있을까 하는 생각을 하였습니다. 한밤에 하늘을 쳐다보면, 많은 별들이 반짝입니다. 그 많은 별들이 총총히 떠 있는 하늘은 뭔가 신비한 것들을 많이 간직하고 있는 것처럼 여겨집니다. 아마 옛날 사람들은 하늘의 그런 모습 때문에, 하늘(천)은 검다(현)이라고 했는지 모릅니다. 색깔로야 검지만, 느낌으로는 잘 모를 것 같으면서도 신비하다는 느낌말입니다.

정보주는 『천자문』을 우주론, 존재론, 사회철학, 윤리학 등 여러 사고를 자극할 매개물로 간주하고, 이를 어린이의 대화 속에 도입하고자 했다. 좋은 선택이라고 생각한다. 그는 『천자문』의 '천지현황'에 대해서, 하늘과 땅으로 이루어진 자연 개념에 대한 어린이의 호기심을 현상과 실재를 가로지르는 어둡다(玄)의 의미에 대한 성찰을 자극하며 이를 심미적 차원으로 이끌고 있다. 실제 현(玄)은 영어로 검다(black)가 아니라 어둡다(dark)로 옮기는데, 그는 재래의 천지관을 어린이들의 사유 한 가운데에 들고 온다. 물론 이런 논의를 사자성어를 통한 여러 대화들의 하나로서 치부할지도 모르지만, 그의 문제의식을 살피면 이를 그렇게 간주할 수 없다. 그는 『천자문』을 통한 사고력 교육을 도입한 취지를 다음과 같이 밝히고 있다.

> 특히 IAPC가 개발한 교재들은 우리나라에도 소개되어 있다. 그리고 그 변형된 형태들이 현재 재량학습을 위한 교재로 구성되어 있기도 하다.
> 그러나 이 교재들이 갖는 중요한 문제점으로는 (1) 소재들이 서양적 상황을 배경으로 하고 있어서 우리 현실에 반영되기 어려운 점이 있다. (2) 철학적인 상상력이나 비판적인 측면들이 서양적 사고의 일면만을 반영하고 있다. (3) 지나치게 논리적이라는 점이 지적될 수 있다.[325]

그의 문제의식은 적어도 립맨의 어린이철학을 객관화시켜 이를 반성한 측면이 엿보인다.[326] 우리 어린이철학을 고려해서 보면 이

---

325) 정보주, 『「천자문」을 활용한 어린이의 철학적 사고력 신장』, 진주교육대학교 초등교육연구원, 2003, 57쪽.

어지는 다음의 내용은 흥미 있다.

그런데 아버지, 우주는 얼마나 넓은 집이에요? 우리 아파트는 작지만 우리 4식구가 살기에는 충분한데, 지구를 포함해서 저렇게 많은 별들이 함께 살려면 우주는 얼마나 넓어야 하지요?" 연수는 아버지에게 물었습니다. "글쎄다. 아마 무한하다고 말할 수 있겠지." "무한이요? 무한이 뭔데요?" "한계가 없다는 뜻이지." "아버지. 한계가 없는 집도 있어요?" "그래 우리 연수는 우주가 얼마나 넓다고 생각하니?" "하늘만큼 땅만큼이요." 그러자 아버지가 크게 웃으셨습니다. "그렇지, 하늘과 땅을 모두 포함하면 우주니까 네 말도 맞지만, 그러나 하늘만큼 땅만큼이 얼마나 넓은 건데?" 연수는 고개를 갸우뚱했습니다. "글쎄요. 끝이 없지요." "그래? 끝이 없다는 말을 이해하겠니?" 연수는 무한하다, 끝이 없다는 말의 뜻을 알 것 같기도 하고 모를 것 같기도 하였습니다. 그러나 이 수많은 별들이 살 집인 우주가 커도 한참은 커야겠다고 생각하였습니다.

그런데 연수는 또 한 가지 의문이 있어서 아버지에게 물었습니다. "아버지 우주가 넓다는 것은 수긍이 가요. 그렇지만 왜 우주가 거칠다고 하였지요?" "글쎄다. 거칠다는 뜻이 무엇일까? 황(荒)이라는 글자만 보면, 이 글자가 풀 초(草) 변에 없을 망(亡), 그리고 내 천(川)자가 합쳐진 글자이니, 풀도 물도 없다는 뜻으로 보이는구나. 물이 없으면 풀이 날 리가 없으니, 우주는 사막과 같다는

---

326) 그의 이러한 문제의식은 도덕교육으로서의 어린이철학이 갖고 있는 한계에 대한 지적과도 맞닿아 있다. "어린이철학은 비공식적 접근에 대해서 크게 고려하지 않고 있다는 약점을 지니고 있다고 말할 수 있을 것이다. 탐구공동체를 통해서 형성되고 체득할 수 있는 사회적 관계의 확대가 비공식적인 교육과정에 그대로 적용될 수 있으리라고 예상해 볼 수는 있겠지만, 다양한 학교생활을 포함한 비공식적인 교육과정을 전제로 하는 도덕교육 프로그램을 구성하는 것은 또 하나의 중요한 도덕교육의 한 장으로 조명할 필요가 있기 때문이다."(정보주, 「어린이철학에 기초한 도덕교육」, 149쪽.)

뜻일까?327) 그런데 이 말은 아마도 시간이 흘러가는 것을 말하는 것이 아닌가 한다." "시간이 흘러가는 것이 왜 거칠지요?" "한 번 생각해 보자꾸나. 우주 속에서 여러 별들이 만들어졌다가 사라지고, 또 우주 속의 한 별인 우리 지구에서 사람들이 나서 죽고, 역사가 변해 가고 하는 것들이 어찌 보면, 순탄한 것 같지는 않구나. 여러 가지 사연들이 많을 것 같고. 그래서 거칠다고 표현할 것이 아닐까?"

연수는 아버지의 말씀을 들으면서 한편으로는 이해가 갈 것 같기도 하고 한편으로는 이해가 잘 가지 않는 점도 있었습니다. <사람들이 나고 죽고, 역사가 흘러가고, 우주에 별들이 생겨나고 없어지고 하는 시간의 흐름을 왜 거칠다고 했을까>라는 생각이 머릿속을 맴맴 돌았습니다.

이렇게 그는 우리 어린이철학의 필요성에 대한 문제의식으로, 『천자문』의 여러 구절에서 자료와 소재를 구한다. 그는 존재, 인식, 도덕, 논리에 대한 관점에서, 이를테면 존재 영역에서는 하늘과 땅에 대한 기본적인 사고, 우주의 넓이와 시간의 무한성의 개념, 모든 것이 연결되어 있을 수 있다는 전체론적 자연관을 숙고해 보고, 인식 영역에서는 사물의 외현과 실재, 우리의 관점에 따라 사물이 다르게 보이거나 다르게 설명할 수 있다는 것, 사물을 과학적으로만 생각하지 않고 그것으로부터 어떤 문학적, 예술적 느낌을 받는다는 것을 논의한다. 논리 영역에서는 반대와 모순의 개념, 과장된 표현과 거짓말

---

327) 『천자문』을 통한 어린이의 사고력 개발이 결코 『천자문』 학습일 수 없다. 그런 의미에서 위 예화의 구성은 연수 아버지의 거칠 황(荒)에 대한 파자 설명을 포함해서 자유롭다. 다만, 사실 여부에 충실해서 한 가지 첨언하면 황(荒)자의 위 설명은 사실과는 다르다. 풀초의 아래 㠩은 죽은 시체의 형상으로, 남은 뼈를 가리키는 亡에 머리카락이 붙어 있는 형상이다.(白川 靜, 『字通』(東京: 平凡社, 1996), 512쪽.)

의 차이 등 언어용례에 대한 구분을 시도하고, 도덕 영역에서는 덕의 의미와 겉으로 드러나는 것과 속에 감추어진 마음의 관계에 대해, 그리고 말과 삶의 관계를 숙고하게 한다. 그는 이상의 네 범주 아래에 『천자문』의 구절들을 다음과 같이 배속시킨다.[328]

> 존재: 천지현황, 우주홍황, 운등치우, 추수동장
> 인식: 일월영측, 진숙열장
> 도덕: 덕건명립, 형단표정, 효당갈력, 언사안정, 상화하목
> 논리: 학우등사, 속이원장, 한래서왕, 천류불식

위의 주제별 배속문제는 다르게 구성될 수 있지만, 그는 이에 대해 자유롭다. 왜냐하면 이는 『천자문』학습이 아니라 『천자문』을 통한 철학적 사고력 신장이 목적이기 때문이다. 『천자문』이 1400년 전 중국(동아시아)의 독특한 사회, 정치, 유사과학 이데올로기를 반영한 서적이라 하더라도, 이와 무관하게 『천자문』의 구절에서 오늘날 철학교재로 적합한 내용을 추출해낼 수 있다.

그러나 이들 예화들이 안고 있는 문제는 보다 근본적이다. 우선 립맨의 그것에 비추어 볼 때 이는 상대적으로 덜 구조적이고 의도적이라는 점이다. 립맨의 어린이철학 교과서는 보다 세련되면서 의도적인 철학적 논의들을 곳곳에 고려하고 있다. 그런 의미에서 정보주의 위 예화들은 보다 세련되게 다시 구성될 필요가 있다. 물론 립맨의 교과서 기술은 의의와 동시에 한계를 보이기에, 그것이 유일한 기준일 수 없다. 매튜스의 철학적 접근 사례를 떠올려 보면 위의 예화는 논의의 첫출발로서 충분하다고 할 수 있다. 그러나 위 예화는 매튜스의 그것에 비춰볼 때 역시 문제를 노출한

---

328) 정보주, 『「천자문」을 활용한 어린이의 철학적 사고력 신장』, 58–60쪽.

다. 무엇보다 위 예화에는 어린이가 보이지 않기 때문이다. 물론 어린이가 등장하며 질문을 던지고 있지만, 여기에는 오랫동안 어린이와 철학적 대화를 나눈 매튜스의 대화만큼 논의의 역동성을 찾아볼 수 없다. 또한 1장에서 매튜스의 접근이 자유로우면서도 대중화되기 어려운 문제를 지녔다고 했는데, 정보주의 이 접근 역시 동일한 문제점을 드러내고 있다. 『천자문』을 통한 이 철학 수업은 철학교사의 의존도가 더 증가되는 데, 이들 예화에 따른 지도안과 협의사항을 보면 철학수업을 위한 교사의 준비가 여의치 않은 데 따른 여러 예기된 문제점들이 발견된다.329) 물론 이들 교사들은 지도안 작성에 적지 않게 고심을 했겠지만 『천자문』을 통한 철학 수업이 때때로 한자 수업으로 전락하는 것은 철학에 대한 기본적인 훈련이 없을 때 발생할 수 있는 여러 문제점 가운데 하나이다. 그러나 이런 여러 부정적인 결과들을 교사들만의 책임으로 돌릴 수는 없다. 간과해서는 안 되는 것은 지금까지 본격적인 어린이철학의 연구는 대체로 철학교수에 의해 진행되고, 그 철학 수업에 있어서의 역할 분담은 기계적으로 연구자와 수업자로 나뉘는데, 이러한 접근으로는 우리 어린이철학의 생산적인 결과물이 요원하다는 점이다.330) 실제 『천자문』을 통한 철학 수업이 성공적

---

329) 예견된 것이지만 교사들이 철학적으로 훈련되지 못하고 철학 수업 방법론도 갖추지 못할 때 『천자문』을 통한 철학수업은 철학적 사고 함양이 아니라 한자의 음과 뜻을 가르치는 기초한자수업으로 진행될 위험이 크며, 실제 이 점이 보고되고 있다. 정보주, 『「천자문」을 활용한 어린이의 철학적 사고력 신장』, 61 – 62쪽.

330) 대개 교대와 사대의 경우 교과교육을 담당하는 교수는 한정되어 있다. 도덕과의 경우, 철학과 정치학 전공 교수들로 구성되는데, 이들은 어린이와 함께 수업을 하거나 수업에 대한 지속적인 참관경험도 없이, 구체적인 현실과의 연계성이 없는 연구물의 제시로 끝내버리

으로 진행되기 위해서는 교사들의 철학 연수도 필요하지만, 집필자가 직접 어린이와 여러 시간을 보내면서 대화를 나눠 보고 연구와 실제의 간극을 줄이는 것이 더 필요하다. 『천자문』을 통한 철학 수업은 립맨식의 관점에서 보면 교사의 철학연수가 거의 전무한 채 이루어진 것이고, 매튜스식의 관점에서 보면 연구자의 참여가 결여되어 있다. 그러나 립맨과 매튜스는 각각의 방식으로 이미 여러 성공적인 결과들을 보여주지 않았는가?

이상의 논의들을 통해서 우리는 우리 어린이철학의 탐색은 말 그대로 시론 차원에 머물러 있다는 점을 인정해야 할 것이다. 이러한 현실을 바탕으로 몇 가지 우리 어린이철학의 과제를 제시할 수 있다.

첫째, 필자는 1장에서 범주로서의 어린이철학(Child Philosophy)의 가능성을 제시했지만 이에 대해서는 보다 더 엄밀한 논의들이 진행되어야 할 것이다. 우리에게는 아직 어린이철학론이라고 할 만한 것이 없다. 이 책에서는 주로 립맨 어린이철학의 의의와 한계에 대해서 비판하며, 동시에 이를 매개로 기성의 도덕교육을 반성하고 극복할 여지를 부각시켰지만 보다 근본적으로 립맨을 포함한 여타의 어린이철학론을 계속 반성해 나가면서 동시에 이런 문제의식을 함축한, 어린이철학의 이론적 배경을 다루는 서적들의 꼼꼼한 번역도 요구된다.

둘째, 어린이철학은 여러 학문과 교과와 관련되기에 이에 대한 간학문적 접근이 요구된다. 어린이철학은 매튜스가 성공적으로 보

곤 한다. 이 같은 연구와 교사들의 수업의 기계적 결합으로서는 철학교육뿐만 아니라 다른 어떤 교과 교육에 있어서도 유익한 결과가 나올 수 없다. 왜 우리에게는 듀이가 없는지 안타까울 따름이다.

여주듯 어린이문학, 여성학, 심리학, 정치학, 미술사, 미학 등 타학문과의 연계 가능성이 있을 뿐만 아니라 그 협동 과제 역시 요구된다.[331] 또한 초등의 거의 모든 교과 교육은 학문의 전제가 앞으로 검토되어야 하거나 검토되고 있는 과정에 있다. 여기에 어린이철학은 근원적으로 어린이에 대한 성찰의 결과를 제공하거나 방법론적 논의에 있어서도 일조할 수 있을 것이다.

셋째, 서양철학적 소재는 물론 동양철학적 소재도 보다 적극적으로 가져와야 할 것이다. 립맨 어린이철학과 유관한 혹은 무관한 사회적, 정치적, 젠더적으로도 성찰이 가능한 또 하나의 어린이철학이 요구된다. 이에 대해서는 (교과)교육학자의 몫도 있겠지만, 그동안 이에 대한 별다른 관심을 두지 못했던 철학자들의 참여가 더 요구될 것으로 본다. 우리가 비판 대상으로 삼은 IAPC 어린이철학 대학원 프로그램이 철학을 전공한 이들을 위한 철학 교육이었음을 상기하면 더욱 그러하다. 매튜스의 어린이철학(PwC)이 자유롭고 논의 역시 개방적이지만, 그것이 유능한 철학교사를 요구한다는 점을 염두에 두면, 어린이철학에는 철학자 혹은 철학을 전공한 철학(윤리)교사의 요구가 더 강조될 것이다.

넷째, 아동기에 대한 철학적 탐구의 요청이다. 우리는 아직 우리

---

331) 「계몽이란 무엇인가에 대한 답변」에서 칸트는 "계몽이란 우리가 마땅히 스스로 책임져야 할 미성년 상태로부터 벗어나는 것이다. 미성년 상태란 다른 사람의 지도 없이는 자신의 지성을 사용할 수 없는 상태"(이한구 편역, 『칸트의 역사철학』(서울: 서광사, 1992), 13쪽.)라고 했는데, 그에게 비유의 대상인 미성년, 어린이 개념은 자명한 것으로 간주된다. 그 역시 이성과 오성의 역할과 의미는 탐구할지언정 그 비유대상의 미성년 어린이는 탐구 대상에 들어오지 못했다. 마치 여성에 대한 성찰이 근대 이후에야 가능했던 것처럼 타자로 밀려난 어린이의 존재는 하나의 철학적 과제로 다가올 것이다.

어린이의 탄생에 대해 아는 바가 없다. 아동기에 대한 철학적 탐구는 역사적 탐구, 문화적 탐구와 함께 진행될 때 더욱 효과적일 것이다. 우리에게는 이에 대한 성찰의 결과가 없다. 우리 어린이철학의 과제 중 하나는, 아니 우리 어린이철학의 참된 과제는 어린이의 탄생에 대해 탐구하는 것에서부터 시작되어야 할지 모른다.[332]

---

332) 몇몇 단편들만 나열하면,『道德經』에서 비록 비유 차원이지만 어린이 개념이 긍정되고,『논어』에서는 어린이가 소인으로 등장하며, 부정적으로 기술된다.("오직 여자와 소인만이 기르기 어렵다. 가까이하면 불손하고, 멀리하면 원망한다"(『論語』「陽貨」第十七 "子曰, 唯女子與小人 爲難養也. 近之則不孫 遠之則怨.") 맹자는 대인을 갓난아이의 마음(赤子之心)으로 나타내며, 이탁오(李卓吾)는 동심을 그 철학적 주제로 길어 올린다. 어린이를 어떻게 보았는지, 그 철학적 근거를 살펴 들어가는 것 역시 하나의 철학적 주제의 가능성이 있다. 참고로 역사적 관점에서 가능한 어린이의 논의, 특히 그 지위 논의들을 일별하면 다음과 같다. 1. 생물학적 과정의 관점에서 어린이들은 어떻게 받아들여지며 어떻게 양육되는가? 2. 사회적 구조(가족과 더 큰 권위 구조, 사회화, 그리고 훈련)의 관점에서 어떻게 전통적 권위는 유지되는가? 3. 경제(소비자, 훈련받는 사람, 생산자로서 어린이)의 관점에서 어린이 기여의 엄밀한 본성은 무엇인가? 4. 교육 프로그램에 대해 강조하는 문화로서 전통적 문화는 어떻게 전해지거나 훼손되는가? 5. 이데올로기의 관점에서 어린이의 모습은 윤리적, 종교적 혹은 정치적 사고의 요소로서 어떻게 사용되는가? 6. 문학과 예술의 관점에서 어린이의 모습은 어떻게 나타났는가? 7. 에릭슨의『아동기와 사회』(*Childhood and Society*)에서 기술된 방식으로, 야기된 불안, 충동에 빠짐, 성인 정서가 나타내는 것들은 아동기 경험의 결과인가? (Kinney, Anne Behnke, *Chinese views of childhood*(Honolulu: University of Hawaii Press, 1995), p.xii.) 저자는 이상의 물음들이 시기와 지역, 젠더, 계급, 그리고 출생순서에 따라 달리 연구될 필요가 있다고 했는데, 어린이의 탄생에 대한 우리의 탐구 역시 이를 고려하지 않을 수 없다.

|참고문헌|

교과서 도덕 6 - 2(2002)

교과서 사회 6 - 2(2002)

교사용 지도서 도덕 6(1997)

교사용 지도서 도덕 6(2002)

교사용 지도서 초등사회 6 - 2(2002)

중학교 교육과정 국어, 도덕, 사회 해설서(1999)

중학교 교사용 지도서 도덕2(2002)

중학교 교사용 지도서 도덕3(2003)

강윤중 · 김숙자 옮김, 『아동교육철학: 세계에의 경이』, 서울: 형설출
　　　　판사, 1989.

강정인, 『소크라테스, 악법도 법인가?』, 서울: 문학과지성사, 1994.

곽삼근, 『여성과 교육』. 서울: 박영사, 2001.

권혁범, 『민족주의와 발전의 환상』, 서울: 솔, 2000.

김명식, 『환경, 생명, 심의 민주주의』, 서울: 범양사, 2002.

김상봉, 『도덕교육의 파시즘』, 서울: 도서출판 길, 2007.

김재춘 · 왕석순, 『제7차 교육과정에서의 양성 평등 교육 실현 방안
　　　　연구 - 5개 교과 양성 평등 수업 지도 방안 개발을 중심으로』,
　　　　서울: 한국교육과정평가원, 1999.

나임윤경, 『여성교육과 실천』, 서울: 학영사, 2003.

박동환, 『동양의 논리는 어디에 있는가』, 서울: 고려원, 1992.

　　　　, 『안티호모에렉투스』, 강릉: 길, 2001.

배한동, 『민주시민교육론』, 대구: 경북대학교출판부, 2006.

선우현, 『사회비판과 정치적 실천』, 서울: 백의, 1999.

송주복,『주자서당은 어떻게 글을 배웠나』, 휴먼필드(청계출판사), 1999.
이한구 편역,『칸트의 역사철학』, 서울: 서광사, 1992.
임병덕·유한구·이홍우,『초등학교 도덕과 교육론』, 서울: 교육과학
　　사, 1998.
임혁백,『세계화시대의 민주주의』, 서울: 나남, 2000.
정덕희,『듀이의 교육철학』, 서울: 문음사, 1997.
정세구 외,『인격교육과 덕교육』, 배영사, 2000.
정해숙·김연,『초·중등 교육과정의 성인지적 개편을 위한 양성평등
　　교육내용 개발』, 서울: 한국여성개발원, 2002.
정해숙·정경아,『교사의 성인지적 교육활동 능력 제고를 위한 프로
　　그램 개발』, 서울: 한국여성개발원, 2003.
정현백,『민족과 페미니즘』. 서울: 당대, 2003.
조선희·유연옥,『유아 사고 교육의 이론과 실제』, 서울: 창지사, 2001.
조성민,『NIE 탐구공동체』, 서울: 교육과학사, 2000.
추병완,『도덕교육의 이해』, 백의, 1999.
헤겔, 임석진 옮김,『정신현상학Ⅰ』, 서울: 지식산업사, 1989.
IAPC 지음,『노마의 발견』, 한국철학교육아카데미 옮김, 1999.
IAPC 지음,『철학적 탐구』, 한국철학교육아카데미 옮김, 1999.
IAPC 지음,『해리의 발견』1, 2, 황경식 옮기고 지음, 열림원, 1996.
Aries, Philippe Aries, 문지영 옮김,『아동의 탄생』, 서울: 새물결, 2003.
『經書』, 성균관대학교 대동문화연구원, 1996.
『朱子語類』, 黎靖德 編, 王星賢 點校,『朱子語類』, 中華書局, 北京,
　　1999.
白川靜,『字通』, 東京: 平凡社, 1996.
樓宇烈,『王弼集校釋』, 北京: 中華書局, 1999.
早川操,『デューイの探究教育哲學』, 名古屋大學出版會, 1994.
束景南,『朱熹年譜長編』, 束景南, 上海: 華東師範大學出版社, 2001.
王懋竑 纂訂, 王雲五 主編,『宋朱子年譜』, 臺北: 臺灣商務印書館, 民
　　國71.

강영안, 「주자의 독서론」, 『유교의 공부론과 덕의 요청』, 서울: 청계, 2004.

강정인, 「토크빌: 자유민주주의의 결함과 그 보완의 모색」, 『사상』가을호, 2002.

김낙진, 「현대 한국사회에서의 성실 관념의 변화」, 『인간과 사회』 제2호, 2002.

김동광, 「청결이라는 이름의 차별 – 왜 여성에게만 청결이 강요되는가」, 한겨레21, 2004. 7. 1.

김명식 · 김민호, 「심의민주주의와 어린이철학교육」, 『인간과 사회』 제4호, 2004.

김병길 · 송도선, 「듀이의 습관 개념」, 『교육철학』 18집, 2000.

김세균, 「자유민주주의의 역사, 본질, 한계」, 한국정치연구회 사상분과, 『현대민주주의론』, 서울: 창작과 비평사, 1998.

김영희, 「교육의 성불평등 문제와 그 대안 탐색」, 한국교원대학교 대학원, 2005.

______, 「페미니스트 페다고지: 대안 교육 담론과 실천」, 『실천교육학』 2호, 2007.

김주성, 「자유주의와 절차주의: 사려깊은 민주주의의 가능성」, 『사회과학연구』, 한국교육원대학교, 1996.

김회용, 「어린이 철학 교육 방법론 및 도덕교육에의 활용」, 『초등교육연구』 Vol.15, No.2, 2002.

______, 「탐구공동체 수업에서 교사와 학생이 경험하는 어려움 및 변화 · 발전에 대한 사례연구」, 『교육사상연구』 제17집, 2005.

목영해, 「제7차 도덕과 교육과정과 인격교육론의 관련성」, 『교육학연구』 제37권 제3호.1999.

박진환, 「철학적 탐구공동체방법을 통한 인격교육」, 『국민윤리연구』 제53호, 2003.

______, 「립맨의 탐구공동체의 특징과 윤리교육」, 『탐구공동체교육』 제4집, 2004.

Matthew Lipman, Jin Whan Park, Megan Leverty, "A Philosophical for Children Base for a Moral Education Program in South Korea", 『국민윤리연구』 제55호, 2004.

박찬영, 「자율적 교육과정과 진보 문화를 구축하는 지역 사회 속의 학교」 – 21세기 우리 교육, 『우리아이들』 1999년 11월 호

______, 「립맨 어린이철학에 대한 비판 Ⅰ」, 경남도덕교육학회, 『인간과 사회』 제2집, 2002.

______, 「어린이철학 – 도덕교육의 새로운 접근」, 한국초등도덕교육학회, 『초등도덕교육』 제11집, 2003. 3.

______, 「7차 교육과정 초등도덕과에 대한 반성과 새로운 대안 모색 – 어린이철학의 관점에서」, 한국초등도덕교육학회, 『초등도덕교육』 제13집, 2003. 8.

______, 「철학적 탐구공동체를 통한 도덕과 양성평등교육 모델 탐구」, 한국초등도덕교육학회 『초등도덕교육』 제16집, 2004.

______, 「범주로서 어린이철학의 가능성」, 새한철학회, 『철학논총』 50호, 2007.

박찬영·권철호, 「철학적 탐구공동체, 참여·심의민주주의적 민주시민교육을 위한 교실 모델로 가능한가?」, 전교조, 『실천교육학』 창간호, 2007.

박철홍, 「존 듀이 成長 槪念의 再理解」, 『교육철학』 제11호, 1993.

오창진, 「립맨(Matthew Lipman) 어린이철학에 대한 비판적 분석」, 한국교원대학교 석사 논문, 2008.

유명철, 「심의민주주의와 구성주의: 인지적인 면에서의 관련성」, 『중등교육연구』 53(2), 2005.

유팔무, 「참여민주주의와 대안적 교육체제의 모색」, 『동향과전망』, 여름호, 제38호, 1998.

이유택, 「어린이와 함께 철학하기: 어린이 철학의 가능성과 원칙에 관하여」, 대한철학회, 『철학연구』 86집, 대한철학회, 2003. 5.

이종훈, 「어린이철학! 무엇이고 왜인가?」, 『철학과 현실』 2006 겨울호.

이주한, 「듀이의 습과 개념과 교육」, 『교육철학』 제30집, 2003.

임희숙, 「자유민주주의와 참여민주주의의 시민참여와 시민교육에 관한 논쟁」, 『통일논총』 제18호, 숙명여자대학교 통일교육연구소, 2000.

정보주, 「어린이 철학에 기초한 도덕교육」, 『초등도덕교육』 제7집, 한국초등도덕교육학회, 2001.

______, 「제7차 초등도덕교육의 철학적 토대」, 『초등도덕교육』, 한국초등도덕교육학회, 2001 특집호.

______, 『「천자문」을 활용한 어린이의 철학적 사고력 신장』, 진주교육대학교 초등교육 연구원, 2003.

정원규, 「민주주의의 두 얼굴: 참여민주주의와 숙고민주주의」, 『시대와 철학』 제10호, 2005.

조기제, 「통일대비를 위한 도덕 인성교육 방안」, 한국초등도덕교육학회, 『초등도덕교육 창간호, 보경문화사, 1996.

최문성, 「통일한국의 정치이념」, 진주교대 이념교육연구소, 『인간과 사회』

______, 「한국 초등도덕교육의 비판적 성찰 – 그 이론의 식민지성을 중심으로」, 한국초등도덕교육학회, 『초등도덕교육』 제10집, 2002.

최은수, 「학교교육에 의한 민주시민교육 연구: 초·중고등학교를 중심으로」, 『교육사회학연구』, Vol.7, No.4, 1997.

최현, 「한국 시티즌쉽」, 『민주주의와 인권』 제6권 1호.

퍼펠, 데이빗 「인격교육론의 정치학」 알렉스 몰네르 편, 『아동인격교육론』, 박병기·심성보·이인재·조강모 옮김, 인간사랑, 1999.

홍은숙, 「자유주의 사회에서의 시민교육: 공적 영역과 비공적 영역의 이중언어교육」, 『교육과정연구』, Vol.23, No.3, 2005.

황경식, 「정치적 자유주의」, 『계간 사상』 여름호, 1994.

______, 「성윤리·성철학·성교육」, 철학과 현실 가을호, 1994.

Barber. B. 1984. *Strong Democracy: Participatory Politics for a New Age.* UC Berkerly Press.

Matthews, Gareth B. 1980. *Philosophy and the Young Child.* Cambridge: Harvard University Press. 이초식 감수, 서울교대철학연구동문회 옮김, 『어린이와 함께 하는 철학』, 서울: 서광사, 1987. 鈴木晶譯, 『子どもは小さな哲學者』, 東京: 思索社, 1983.

________1984. *Dialogues with Children.* Cambridge: Harvard University Press. 황경식 · 김성옥 옮김, 『어린이를 위한 철학이야기』, 서울: 샘터사, 1994. 鈴木 晶 譯, 『續 · 子どもは小さな哲學者』, 東京: 思索社, 1987.

________1994. *The Philosophy of Childhood.* Cambridge: Harvard University Press. 이영주 · 우동하 옮김, 『유년기 어린이철학』, 서울: 교육과학사, 2006. 倉光修, 梨木香 步譯, 『哲學と子ども: 子どもとの對話から』, 東京: 新曜社, 1997.

Dewey, J. 1893－1894. *The Study of Ethics: A Syllabus.* In J. A. Boydston(ed.) *The Early Works of John Dewey,* Vol.4(Carbondale, IL, Souther Illinois University Press).

________1901. *School and Society.* In J. A. Boydston(ed.) *The Middle Works of John Dewey,* Vol.1(Carbondale, IL, Souther Illinois University Press).

________1909. *Moral Principles in Education.* In J. A. Boydston(ed.) *The Middle Works of John Dewey,* Vol.4(Carbondale, IL, Souther Illinois University Press).

________1916. *Democracy and Education.* In J. A. Boydston(ed.) *The Middle Works of John Dewey,* Vol.9(Carbondale, IL, Souther Illinois University Press). 李相沃 譯, 『민주주의와 교육』, 서울: 博英社, 1989.

________1920. *Reconstruction in Philosophy.* In J. A. Boydston(ed.) *The Middle Works of John Dewey,* Vol.12(Carbondale, IL,

Souther Illinois University Press).

________1922. *Human Nature and Conduct.* In J. A. Boydston(ed.) *The Middle Works of John Dewey,* Vol.14.(Carbondale, IL, Souther Illinois University Press). 신일철 역, 『인간성과 행위』, 서울: 삼성출판사, 1992.

________1925. *Experience and Nature.* In J. A. Boydston(ed.) *The Later Works of John Dewey,* Vol.1(Carbondale, IL, Souther Illinois University Press). 河村望 譯, 『経驗と自然』, 東京: 人間の科學社, 2004.

________1938. *Logic: The Theory of Inquiry.* In J. A. Boydston(ed.) *The Later Works of John Dewey,* Vol.12(Carbondale, IL, Souther Illinois University Press).

________1938. *Experience and Education.* In J. A. Boydston(ed.) *The Later Works of John Dewey,* Vol.13(Carbondale, IL, Souther Illinois University Press).

Engle, S. H. & Ochoa, A. H. 1988. *Education for Democratic Education.* New York & London: Teachers College Press.

Firestone, Shulamith, *The dialectic of sex: the case for feminist revolution.* New York: Bantam Books, 1971.

Kinney, Anne Behnke. 1995. *Chinese views of childhood.* Honolulu: University of Hawaii Press, 1995.

Lickona, T. 1991. *Educating for Character: How Our Schools Can Teach Respect and Responsibility.* New York: Bantam.

Lipman, M. and Sharp, Ann M. 1978. *Growing up with Philosophy,* Temple University Press. 여훈근 · 송준만 · 황경식 옮김, 『세살 철학 여든까지』, 서울: 고려원, 1992.

Lipman, M, Sharp, Ann M. and Oscanyan, Frederick S. 1982. *Philosophy in the Classroom.* Philadelphia: Temple University Press. 이초식 감수, 서울교대철학연구동 문회 편역, 『어린이를

위한 철학교육』, 서울: 서광사, 1986.

IAPC, 『철학적 탐구』, 한국철학교육아카데미 옮김, 한국철학교육아카데미출판부, 1999.

Lipman, M. 1982. *Harry Stottlemeyer's Discovery,* 한국철학교육아카데미 옮김, 『노마의 발견』, 한국철학교육아카데미출판부, 1999. 『해리의 발견』1, 2, 황경식 옮기고 지음, 열림원, 1996.

______1981. *Pixie.* IAPC. 『혼이의 비밀』, 철학교육아카데미 역, 한국철학교육아카데미, 한국철학교육아카데미출판부, 1999.

______1982. *Mark.* IAPC. 황경식 옮김, 『흔들리는 교정』, 서울: 철학과 현실사, 1990.

______1986. *Kio and Gus.* IAPC.

______1988. *Philosophy Goes to School.* Philadelphia: Temple University Press.

______1997. *Natasha: Vygotskian Dialogues.* New York: Teachers College Press.

______1991. *Thinking in Education.* Cambridge University Press, 1991.

______2003. *Thinking in Education.* 2nd ed, Cambridge University Press, 박진환 · 김혜숙 옮김, 『고차적 사고력 교육』, 서울: 인간사랑, 2005.

______『의미의 탐색』, 한국철학교육아카데미 옮김, 한국철학교육아카데미출판부, 1999.

Martens, Ekkehard. *Philosophieren mit Kindern.* 박승억 옮김, 『어린이와 함께 철학하 기』 지리소, 2000.

Molnar, Alex (ed.), 1999. 박병기 · 심성보 · 이인재 · 조강모 옮김, 『아동인격교육론』, 인간 사랑.

Moore, Edward C. 1996. *American Pragmatism, Peirce, James and Dewey.* New York and London: Columbia University Press.

Piaget, Jean. 1951. *The Child's Conception of The World.* Joan and

Andrew Tomlinson(Trans.), Littlefield Adams Quality Paperbacks.

Plato, *Crito. The Dialogues of Plato.* Vol 1, trans. by B. Jowett, Oxford University Press, 1969.

Sharp, Ann Margaret and Reed, Ronald F.(eds), 1992. *Studies in Philosophy for Children: Harry Stottlemeier's Discovery.* Philadelphia: Temple University Press.

Splitter, Laurance J & Sharp, Ann M. 1995. *Teaching for Better Thinking: The Classroom Community of Inquiry.* Australian Council for Educational Research.

Vygotsky, Lev. 1986. *Thought and Language.* The MIT Press, 1986. 柴田義松　譯, 『思考と言語』 上・下, 東京: 明治圖書, 1962.

Ward, Victoria & Taylor, Jill McLean.(eds.), 1988. *Mapping the Moral Domain.* Cambridge and London: Harvard University Press.

Weiner, G. 1985. *Just Bunch of Girls: Feminist Approaches to Schooling.* Milton Keynes: Open University Press, 1985.

Benjamin, Martin. 1993. "Comments on Developing Philosophies of Childhood." In Matthew Lipman(ed.) *Thinking Children And Education.* Kendall / Hunt Publishing Company.

Benninga, Jacques S. 1991. "Moral and Character Education in the Elementary School Classroom: An Introduction." In Jacques S. Benninga(ed.) *Moral, Character, and Civic Education in the Elementary School.* New York: Teachers College Press.

Bohman, James. 1998. "Survey Article: The Coming of Age of Deliberative Democracy." *The Journal of Political Philosophy* 6:4.

Collins, L. 2000. "Philosophy for Children and Feminist Philosophy." *Thinking: The Journal of Philosophy for Children* 15:4.

Coppens, Sven. 1998. "Some Ideological Biases of the Philosophy for Children Curriculum: An Analysis of Mark and Social Inquiry." *Thinking: The Journal of Philosophy for Children* 14:3.

Dewey, J. "Reasoning in Early Childhood", Reports of Dewey's Address."In J. A. Boydston(ed.) *The Middle Works of John Dewey,* Vol.7(Carbondale, IL, Souther Illinois University Press).

____, 1933. "Education and Our Present Social Problems." In J. A. Boydston(ed.) *The Later Works of John Dewey,* Vol.9(Carbondale, IL, Souther Illinois University Press).

____, 1933. "Character Training for Youth." In J. A. Boydston(ed.) *The Later Works of John Dewey,* Vol.9(Carbondale, IL, Souther Illinois University Press).

Ekkehard Martens. 1993. "Philosophy for Children and Continental Philosophy." In Matthew Lipman(ed.) *Thinking Children And Education.* Kendall / Hunt Publishing Company.

Gazzard, Ann. 1993. "Philosophy for Children and the Piagetian Framework." In Matthew Lipman(ed.) *Thinking Children And Education.* Kendall / Hunt Publishing Company, 1993.

Gilligan, Carol and Attanucci, Jans. 1988. "Two Moral Orientations." In Gilligan, Carol · Ward, Janie Victoria · Taylor, Jill McLean(eds.) *Mapping the Moral Domain,* Cambridge and London: Harvard University Press.

Hare, R. M. 1978. "Value Education in a Pluralist Society." In Matthew Lipman and Ann Margaret Sharp(eds.) *Growing up with Philosophy.* Philadelphia: Temple University Press.

Liu Haiqin. 2004. "The Difference Between Traditional Chinese Teaching Methods and P4C from the USA." *Thinking: The Journal of Philosophy for Children* 17: 1&2.

Howard, Robert W. 1991. "Lawrence Kohlberg's Influence on Moral

Education in Elementary Schools." In Jacques S. Benninga(ed.) *Moral, Character, and Civic Education in the Elementary School.* New York: Teachers College Press.

Huang, Yong. 2000. "Cheng Yi's Neo‒Confucian Ontological Hermeneutics of Dao." *Journal of Chinese Philosophy* 27:1.

Kim, Jung Yeup. 2004. "The Dao of P4C." *Thinking: The Journal of Philosophy for Children* 17: 1&2.

Kymlicka, Will & Wayne Norman. 1995. "Retern of the Citizen: A Survey of Recent Work on Citizenship Theory." In A. Beiner(ed.) *Theorizing Citizenship.* Albany: New York of University Press.

Kohan, Walter. 1999. "What Can Philosophy and Children Offer Each Other." *Thinking: The Journal of Philosophy for Children* 14:4.

Kohlberg, L. 1978. "The Cognitive‒Developmental Approach to Moral Education." In Peter Scharf.(ed.), *Readings in Moral Education.* Minneapolis: Winston Press.

______, 1980. "High School Democracy And Educating for A Just Society." In Ralph L. Mosher(ed.), *Moral Education.* Praeger Publishers.

______, 1980. "Stages of Moral Development and Moral Education." In Brenda Munsey(ed.), *Moral Development, Moral Education, and Kohlberg.* Birmingham Alabama: Religious Education Press.

______, 1985. "The Just Community Approach to Moral Education in Theory and Practice." In Marvin W. Berkowitz and Fritz Oser(eds.), *Moral Education: Theory and Application.* Hillsdale, New Jersey: Lawrence Erlbaum Associates, Publishers.

Leming, James S, "In search of Effective Character Education." Educational Leadership. 1993. 정세구 외, 『인격교육과 덕교육』,

배영사, 2000.

Lickona, T. 1985. "Parents as Moral Educators." In Marvin W. Berkowitz and Fritz Oser(eds.), *Moral Education: Theory and Application.* Hillsdale, New Jersey: Lawrence Erlbaum Associates, Publishers.

_____, 1991. "An Integrated Approach to Character Development in the Elementary School Classroom." In Jacques S. Benninga(ed.), *Moral, Character, and Civic Education in the Elementary School.* New York: Teachers College Press.

Lim Tock Keng. 2003. "Introducing Asian Philosophy and Concepts Into the Community of Inquiry." *Thinking: The Journal of Philosophy for Children* 16:4.

Lipman, M. 1993. "Philosophy for Children." In Matthew Lipman(ed.), *Thinking Children And Education,* Kendall / Hunt Publishing Company.

_____, 1993. "Philosophy for Children and Critical Thinking." In Matthew Lipman(ed.), *Thinking Children And Education.* Kendall / Hunt Publishing Company.

Liu Haiqin, 2004. "The Difference Between Traditional Chinese Teaching Methods and P4C from the USA." *Thinking: The Journal of Philosophy for Children* 17: 1&2.

Lone, Jana Mohr. 1997. "Voices in the Classroom: Girls and Philosophy for Children." *Thinking: The Journal of Philosophy for Children* 13:1.

Markovits, Elizabeth. 2006. "The Trouble with Being Earnest: Deliberative Democracy and the Sincerity Norm." *The Journal of Political Philosophy* 14:3.

Martens, Ekkehard. 1993. "Philosophy for Children and Continental Philosophy." In Matthew Lipman(ed.) *Thinking Children And*

Education. Kendall / Hunt Publishing Company.

McReynolds, Phillip Andrew. 2000. "John Dewey's Study of Ethics." Doctoral Dissertation. Nashville, Tennessee: Vaderbilt University.

Murris, K. 2000. "Can Children do Philosophy?" *Journal of Philosophy of Education* 34:2.

Naji, Saeed. 2004. "An Interview with Matthew Lipman." *Thinking: The Journal of Philosophy for Children* 17:4.

Olssen, Mark. 2001. "Citizenship and Education: from Alfred Marshall to Iris Marion Young." *Educational Philosophy and Theory* 33:1.

Pardales, Michael. J. & Girod, Mark. 2006. "Community of Inquiry: Its Past and Present future." *Educational Philosophy and Theory* 38:3.

Pritchard, Michael S. 1992. "Moral Education: From Aristotle to Harry Stottlemeier." In Ann Margaret Sharp and Ronald F. Reed(eds.), *Studies in Philosophy for Children: Harry Stottlemeier's Discovery.* Temple University Press.

Rees, M. N. 1997. "Feminist pedagogy, interdisciplinary praxis, and science education." *NWSA Journal.*

Remer, Gary. 2000. "Two Models of Deliberation: Oratory and Conversation in Ratifying the Constitution." *The Journal of Political Philosophy* 8:1.

Russell, Josephine Russell. 2002. "Moral Consciousness in a Community of Inquiry." *Journal of Moral Education* 31:2.

Sanders, Lynn M. 1997. "Against Deliberation." *Political Theory* 25:3.

Sapp, D. A. 2003. "Theoretical, political and pedagogical challenges in the feminist classroom: our struggles to walk the walk."

College Teaching 51:4.

Shapiro, Ian. 2002. "Optimal Deliberation." *The Journal of Political Philosophy* 10:2.

Sharp, Ann M. 1992. "A Letter to a Novice Teacher: Teaching Harry Stottlemeier's Discovery" In Sharp, Ann M and Reed, Ronald F.(eds.) *Studies in Philosophy for Children: Harry Stottlemeier's Discovery.* Temple University Press.

______, 1992. "Women, Children, and Philosophy." In Ann Margaret Sharp and Ronald F. Reed(eds.) *Studies in Philosophy for Children: Harry Stottlemeier's Discovery.* Temple University Press, 1992.

Sharp, Ann M. 1993. "The Community of Inquiry: Education for Democracy." In Matthew Lipman(ed.) *Thinking Children And Education,* Kendall / Hunt Publishing Company, 1993.

Shrewsbury, C. M. 1993. "What is feminist pedagogy?" *Women's Studies Quarterly* 21:3&4.

Splitter, Laurence J. 1992. "A Guided Tour of the Logic in Harry Stottlemeier's Discovery." In Sharp, Ann M and Reed, Ronald F.(eds.), *Studies in Philosophy for Children: Harry Stottlemeier's Discovery.* Temple University Press, 1992.

______, 1997. "Philosophy and Democracy in Asia and the Pacific: Philosophy and Civic Education", *Thinking: The Journal of Philosophy for Children* 13:3.

Stanley, J. 1986. "Sex and the Quiet Schoolgirl." *British Journal of Sociology of Education* 7:3.

Tappan, Mark B. 1998. "Moral Education in the Zone of Proximal Development." *Journal of Moral Education* 27:2.

Tinder, Glenn. 1993. "Community as Inquiry" In Matthew Lipman(ed.) *Thinking Children And Education.* Kendall / Hunt Publishing

Company, 1993.

Turgeon, W. C., Turgeon. 1997. "Reviving Ophelia: a role for philosophy in helping young women achieve selfhood." *Thinking: The Journal of Philosophy for Children* 13:1.

Walker, K. L. 2002. "Feminist pedagogy: identifying basic principles." *Academic Exchange Quarterly.*

Weithman, Paul. 2005. "Deliberative Character." *The Journal of Political Philosophy* 13:3.

이초식, 「철학교육, 그리고 어린이철학연구소(2)」(http://www.iphilos.co.kr/)

(http://www.montclair.edu/graduate/programs/doctoral/spphil.shtmlIII.)

http://koreanp4c.org

|원문출처|

이 책 원문 출처사항을 간단히 적시하고자 한다. 1장은 새한철학회『철학논총』제50호에「범주로서 어린이철학의 가능성」(2007)으로 실렸다. 2장과 3장, 그리고 5장은 한국초등도덕교육학회『초등도덕교육』에,「어린이철학 – 도덕교육의 새로운 접근」(2003. 3),「7차 교육과정 초등도덕과에 대한 반성과 새로운 대안 모색 – 어린이철학의 관점에서」(2003. 8.), 그리고「철학적 탐구공동체를 통한 도덕과 양성평등교육 모델 탐구」(2004. 12.)의 이름으로 실렸다. 6장은 박찬영·권철호의 공저로 전교조 학술지『실천교육학』창간호에「철학적 탐구공동체, 참여·심의민주주의적 민주시민교육을 위한 교실 모델로 가능한가?」(2007)의 이름으로 실렸고, 7장은 경남도덕교육학회『인간과 사회』에「립맨 어린이철학에 대한 비판Ⅰ」(2002)으로 실렸다.

논의 전체의 최소한의 일관성을 위해서 위 글 중 어떤 것들은 부분적인 논의의 가감이 이루어졌다. 박찬영·권철호의 글은 이 책에서 필자의 글만으로 다시 구성되었지만 우리의 문제의식은 여전히 동일하다. 어린이철학과 페미니스트 페다고지의 만남은 어린이철학의 연구과제의 확장을 위해서뿐만 아니라 우리 교육을 진지하게 고민할 때 이미 필수불가결한 과제로 되었다. 립맨이 의존하고 있는 듀이 철학과의 관계는 본격적인 탐구가 필요한데, 이 역시 이후의 과제이다. 끝으로 우리에게 어린이는 어떻게 탄생되었는지 상당한 시간을 요할 탐구과제는 홀로 감당할 수 있는 과제는 아니지만, 이는 그 자체로 매력적일 뿐만 아니라 이 땅의 어린이철학을 세우기 위해서 결코 빠뜨릴 수 없는 작업이 될 것이다.

|색 인|

· 저자 ·

박찬영　　**·약　력·**

진주교대 도덕교육과 졸업
연세대 대학원 철학과 석사
연세대 대학원 철학과 박사 수료
나고야대 대학원에서 중국철학 수학
진주교대 강사 울산 서부초 교사

·주요논저·

「宗密과 朱熹의 사유구조의 유사성 - 심성론을 중심으로」(『철학연구』104)
「『理惑論』에서의 모자의 불교 수용론에 대한 해석학적 성찰」(『대동철학』35)
「주자의 敬: 일상의 철학을 위한 공부론」(『철학논총』45)
「『상서고훈』「우서」를 통하여 본 다산의 정치사상」(『東洋哲學』25)
「젠더적 관점에서 본 李卓吾의 음양론과 유교와 페미니즘의 비교 논의에서의
함의」(『東洋哲學』27)
「범주로서 어린이철학의 가능성」(『철학논총』50)
「어린이철학: 도덕교육의 새로운 접근」(『초등도덕』11)
「철학적 탐구공동체를 통한 도덕과 양성평등교육 모델 탐구」(『초등도덕』16)
「철학적 탐구공동체, 참여·심의민주주의적 민주시민교육을 위한 교실 모델로
가능한가?」(『실천교육학』창간호)(공저)
외 다수

어린이철학,
도덕교육에 대한 또 다른 목소리

· 초판 인쇄	2008년 3월 31일
· 초판 발행	2008년 3월 31일
· 지 은 이	박찬영
· 펴 낸 이	채종준
· 펴 낸 곳	한국학술정보㈜
	경기도 파주시 교하읍 문발리 513-5
	파주출판문화정보산업단지
	전화 031) 908-3181(대표) · 팩스 031) 908-3189
	홈페이지 http://www.kstudy.com
	e-mail(출판사업부) publish@kstudy.com
· 등　록	제일산-115호(2000. 6. 19)
· 가　격	30,000원

ISBN　978-89-534-8450-4 93190 (Paper Book)
　　　　978-89-534-8451-1 98190 (e-Book)